KINDLER STUDIENAUSGABE

JOSEF RATTNER

Psychoanalyse und Gruppenpsychotherapie der Angst

D1866234

JOSEF RATTNER

Psychoanalyse und Gruppenpsychotherapie der Angst

Protokolle von 9 Therapiesitzungen
mit über 200 Teilnehmern

KINDLER STUDIENAUSGABE

Copyright 1972 by Kindler Verlag GmbH, München
Alle Rechte vorbehalten, auch die des teilweisen Abdrucks, des
öffentlichen Vortrags und der Übertragung in Rundfunk und Fernsehen
Redaktion: Wolf Keienburg
Korrekturen: M. Flach
Umschlaggestaltung: H. Numberger
Druck: Appl, Wemding
Bindearbeiten: Conzella, München
Printed in Germany
ISBN 3 463 00531 X

Inhaltsverzeichnis

Vorwort

Das vorliegende Buch gibt Rechenschaft über einen Versuch, mit psychotherapeutischen Großgruppen zu arbeiten, d. h. Psychotherapie in Gruppen bis zu über 200 Teilnehmern durchzuführen. Das Ungenügen der Einzeltherapie ist dem psychoanalytischen Praktiker wohlbekannt. Die Einzelbehandlung ist sehr kostspielig und zudem wenig effizient. Da die Zahl der seelischen Erkrankungen sehr hoch ist und es wenig geschulte Analytiker gibt, drängt sich die Gruppentherapie als ein Ausweg aus der psychohygienischen Misere auf. Gruppenbehandlung ist nicht nur billiger für den Patienten, sie hilft ihm auch mehr, da die soziale Interaktion für den Analysanden lebenswichtig ist. Als Mitglied einer Therapiegruppe lernt der Patient nicht nur seine eigene Problematik verstehen: er übt auch, sich in fremde Schicksale einzufühlen und anderen Leuten Hilfe zu leisten. So kommt er von seiner ichhaften Blickweise los und lernt seine Nöte im Zusammenhang mit den allgemeinen Lebensschwierigkeiten aller zu sehen.

Im Gegensatz zur »orthodoxen Gruppentherapie« im Sinne von Slavson, Moreno und ihren Schülern wird bei der vorliegenden gruppentherapeutischen Methode die Zahl der Gruppenmitglieder nicht begrenzt. Die Gruppe ist »offen« – es kann jeder zu ihr stoßen, der sich in ihr wohlfühlt. Unter der Leitung des Therapeuten wird nicht etwa *acting out* getrieben, sondern die Gruppe lernt, fachmännische Anamnesen zu erheben, Charakteranomalien zu diagnostizieren und auch hilfreich zu beeinflussen. Im Grunde wird jeder Analysand bei diesem Verfahren zum Ko-Therapeuten. Es ergibt sich ein lebendiges Lehren und Lernen der »Kunst des Lebens«, als welche man die psychotherapeutische Wissenschaft unseres Erachtens auch verstehen kann.

Die von mir geleiteten psychotherapeutischen Großgruppen in Berlin werden neben den Therapiesitzungen auch in die Theorie der Tiefenpsychologie eingeführt. An speziellen Gruppenabenden werden einzelne Themen der Psychohygiene in gemeinsamer Diskussion abgehandelt. Als eine Probe hiervon wird nun eine Serie von acht Diskussionsabenden über die »Angst« vorgelegt. Der Leser gewinnt einen Einblick in die

besondere Technik eines therapeutisch-wissenschaftlichen Gesprächs, das von den Teilnehmern der Gruppentherapie als ungemein anregend und fördernd empfunden wird.
Die »Gruppe« (bis 200 Personen und mehr) sitzt um einen großen Tisch. Das Thema wird von den Analysanden vorgeschlagen. Nun aktiviert jeder sein theoretisches oder praktisches Wissen über den untersuchten Gegenstand. Vor allem Erinnerungen an Therapieerfahrungen stehen im Mittelpunkt der Analyse. Der Therapeut schaltet sich dann und wann in die Diskussion ein oder versucht in einem »Schlußwort«, jeweils die Resultate eines Abends zusammenzufassen.
Die Teilnehmer an diesen Gruppen sind großenteils Akademiker, meist Studenten, aber auch Diplomanden, Doktoren und Professoren der Freien Universität. Auch Nicht-Akademiker arbeiten in der Gruppe mit. Durch die Erörterung eigener und fremder Lebensprobleme gewinnt eine solche Debatte einen eigentümlichen Reiz. Sie ist nicht trockene psychologische Theorie, sondern faszinierende Erfahrung hinsichtlich der Conditio humana, der menschlichen Lebensnöte.
Die Grundlagen dieser neuen gruppentherapeutischen und psychohygienischen Methode, die mein Lehrer Friedrich Liebling (Zürich) und ich ausgearbeitet haben, werden in der anschließenden Einleitung in knapper Form umrissen. Weitergehende Information dazu findet der Leser in meinem Werk *Gruppenpsychotherapie – die Psychotherapie der Zukunft* (Gustav Lübbe Verlag, Bergisch Gladbach).

Berlin, Frühjahr 1972 Josef Rattner

Einleitung

Von der Psychoanalyse des einzelnen zur Psychotherapie in Großgruppen

Seit die analytische Psychotherapie ihren Anfang nahm, ist immer wieder versucht worden, die psychotherapeutische Behandlung abzukürzen und effizienter zu machen. In der ersten Zeit rechnete man für eine psychoanalytische Kur mit Hunderten oder Tausenden von Behandlungsstunden. Diese Therapie war ebenso mühselig wie kostspielig – nur sehr begüterte Patienten konnten sich den Luxus einer Psychoanalyse leisten.

Es lag wohl an Freuds Konzept, daß das therapeutische Verfahren so umständlich und zeitraubend war. Der Analysand lag auf der »analytischen Couch« und wurde aufgefordert, durch das »freie Assoziieren« alle Gedanken ans Licht zu bringen, die er in seinem Bewußtsein vorfand. Aus dem Schutt der meist belanglosen Einfälle sollte dann der Analytiker mittels seiner »freischwebenden Aufmerksamkeit« das Edelmetall komplexhafter Gefühle und Reaktionen aussondern. Die breitangelegte Analyse von zahlreichen Träumen und das uferlose Erörtern frühester (zum Teil wahrer und oft genug auch vom Patienten erfundener!) Kindheitssituationen waren ebenfalls zeitraubend. Freud meinte zunächst, er müsse den Kontext aller wesentlichen Kindheitserlebnisse herausarbeiten, um den Patienten gesund zu machen. Vor allem wollte er die sogenannten »Urszenen« der Vergessenheit entreißen, d. h. jene pathologischen Erlebnisse und Konflikte ausgraben, die an der Quelle der neurotischen Entwicklung lagen. Was Freud gelegentlich mit seinen Patienten als »Urszene« konstruierte, mutete mitunter sehr unglaubwürdig an. In einer der von ihm publizierten Krankengeschichten (»Der Wolfsmann«) vertritt er die Meinung, sein Patient wäre deshalb im späteren Leben neurotisch erkrankt, weil er im ersten oder zweiten Lebensjahr Zeuge eines elterlichen Koitus gewesen sei. Ähnliche Folgerungen der Psychoanalytiker trugen einiges dazu bei, die Psychoanalyse als Phantasterei in Verruf zu bringen. Überraschend war wohl auch, daß solche in rund tausend Behandlungsstunden hervorgeholten angeblichen Kindheitstraumen geringen therapeutischen Effekt erzielten. Karen Horney jedenfalls schreibt in einem ihrer Bücher, sie habe erstmals Zweifel am orthodox-psychoanalytischen Behandlungsverfahren bekommen, als sie von einem Patienten konsultiert wurde, der bereits eine mehrjährige Psychoanalyse bei einem anderen Analytiker hinter sich hatte. Der Patient bat um Fortsetzung der Analyse, da ihm noch einige Vorfälle in seinem »zweiten Lebensjahre« unklar geblieben seien. Obwohl die frühere Therapie bereits das dritte, vierte, fünfte etc. Lebensjahr »völlig abgeklärt« hatte, war der Patient so neurotisch wie zuvor. Das ganze Gerede um die Kindheit hatte sich offenbar wenig gelohnt. Vielleicht mag der Wiener Kritiker Karl Kraus solche Fälle im Auge gehabt haben, als er das bösartige und sachlich unrichtige Wort prägte: »Psychoanalyse ist die Krankheit, die sie zu heilen vorgibt!«

Bei den modernen psychotherapeutischen Methoden spielen die »lückenlose Rekonstruktion der Kindheit« und das Deuten von Träumen nur noch eine vergleichsweise geringe Rolle. Alfred Adler, der Begründer der »Individualpsychologie«, war einer der ersten, der das Freudsche Behandlungsritual wesentlich veränderte. Er verzichtete auf die Autoritätsposition des Analytikers, indem er sich mit dem Analysanden in ein freies Gespräch über dessen Lebensprobleme einließ. Der »objektivierende Charakter« der Diwan-Situation wurde aufgegeben; man saß sich gegenüber und bemühte sich um einen echten Dialog. Die Rekonstruktion der Kindheit, die zum Verständnis der Persönlichkeit des Patienten unentbehrlich blieb, wurde in einem abgekürzten Verfahren erarbeitet. Adler ging von der Auffassung aus, daß sich das Leben des Patienten in seinen aktuellen Problemen und Verhaltensweisen dokumentiert. Bei einiger tiefenpsychologischer Schulung sollte es möglich sein, das Unbewußte anhand der gegenwärtigen Reaktionen aufzuweisen. Charakter und Persönlichkeit eines Menschen sind in allen seinen Lebensäußerungen enthalten. Zur Selbsterkenntnis können nicht nur Kindheitserinnerungen und Träume, sondern auch aktuelle Tendenzen, Erlebnisse, Emotionen usw. dienen. Naturgemäß ist auch das Verhalten des Patienten in der Therapie (»Übertragung«, »Widerstand«, »Abwehrmechanismen«, »Charakterzüge« usw.) ein Schlüssel zu seinem verborgenen Seelenleben.

Auch C. G. Jung hat in der Frühzeit der Psychoanalyse schon

betont, daß das weitläufige Diskutieren von Kindheitstraumen dem Patienten willkommen sei, weil es ihm erlaube, einer Konfrontation mit seinen eigentlichen Charakterfehlern auszuweichen. Jung hob hervor, daß die Therapie am »Hier und Jetzt« ansetzen solle. Es ist leichter für den Patienten, perverse oder aggressive Kindheitswünsche (Ödipuskomplex, analsadistische Phase etc.) zuzugeben, als aktuelle Charakteranomalien anzuerkennen; erstere liegen in einer vagen Vergangenheit, indes letztere als »akute Verhaltenslücken« moralisch wirklich ins Gewicht fallen. Daher müsse die Psychotherapie vom rein historischen Aspekt in der Persönlichkeitsforschung loskommen und ihre Heilungsarbeit in der charakterlichen Umgestaltung und im ethischen Appell zur »Menschwerdung« leisten.
Weitere Ansätze zur Veränderung des analytischen Verfahrens stammen von den Freud-Schülern Otto Rank, Sandor Ferenczi und Wilhelm Reich. Rank hat zwischen 1915 und 1920 die Lehre vertreten, die Psychoanalyse solle nur während einer begrenzten Zeitdauer durchgeführt werden. Der Analysand müsse in einigen Monaten alle seine Probleme durcharbeiten. Indem man ihm diese Limits setze, zwinge man ihn zur Aufarbeitung des unbewußten Materials. Hinter dieser Technik stand offenkundig Ranks Lehre vom »Trauma der Geburt«. Indes Freud die grundlegenden Traumatisierungen in den ersten fünf Lebensjahren suchte, meinte Rank, daß schon der Geburtsakt ein Trauma sei. Daher müsse die Analyse selbst eine Wiederholung der Geburtssituation werden. Der Analysand soll ein »Wiedergeburtserlebnis« haben, indem man die Behandlung an eine Grenze stoßen läßt; von da ab müsse eine »Ablösung vom Analytiker« erfolgen, welche dem Geburtsereignis analog sei, nämlich ein Hinausgestoßenwerden in die Welt. Dabei werde der Patient vor die Entscheidung zum Selbstsein gestellt.
Ferenczi war bekanntlich rund dreißig Jahre hindurch einer der engsten Mitarbeiter von Freud. Im Jahre 1928 publizierte er eine Arbeit, in der er Modifikationen im psychotherapeutischen Verfahren vorschlug. Er wandte sich u. a. gegen Freuds Forderung, daß der Analytiker gegenüber seinem Analysanden kühl und unbeteiligt sein müsse »wie ein Spiegel«. Ferenczi meinte, der Neurotiker sei in seiner Kindheit immer an einem originären Liebesmanko erkrankt, weil seine frühesten

Beziehungspersonen infolge eigener Neurose oder erzieherischer Unkenntnis nicht richtig auf ihn eingehen konnten; daher solle die Therapie in erster Linie auch emotionale Geborgenheit bieten. Der Analytiker dürfe durchaus auf Distanz verzichten. Es sei für die Entwicklung der Patientenpersönlichkeit förderlich, wenn der Therapeut lebendige Sympathie für seinen Analysanden zeige. Freud konnte sich mit dieser Auffassung von Ferenczi in keiner Weise befreunden. Er wies diese Novität schroff zurück, da er befürchtete, daß »unkontrollierbare Übertragungsprozesse« hierdurch ausgelöst würden. Überblickt man allerdings die Psychotherapie der letzten zwanzig Jahre, so scheint Ferenczi gegenüber seinem Lehrmeister Freud recht behalten zu haben.

Die Neuerung von Wilhelm Reich knüpft an den Begriff der sogenannten Charakteranalyse an. Reich hatte im Wiener Psychoanalytischen Institut vor allem Patienten aus der sozialen Unterschicht zu behandeln. Auch er suchte nach Verfahren, die wirksamer und schneller waren als die orthodox-psychoanalytische Methode. Dabei fand er, daß der Hauptwiderstand des Patienten in seinem Charakter liege. Dieser gleiche einem Panzer, mit welchem sich der Analysand (infolge seiner Lebensangst) vor neuen Erfahrungen und Erlebnissen schütze. Der Charakterpanzer müsse durch eine »frontale Analyse« aufgebrochen werden. Darin liege aber immer auch eine Lockerung des physiologischen Substrats der Charakter-Rigidität, nämlich das Bewußtmachen von Haltungsanomalien, Muskelversteifungen, verhärteter Mimik und Gestik usw. Das Zerbrechen des Charakterpanzers lasse erst das emotionale Leben des Patienten zum Vorschein kommen. Nun fangen seine Assoziationen an zu strömen, und er wird sich der eigenen Lebendigkeit – in Form von Trieben, Motivationen, Gefühlen und Gedanken – bewußt.

Auch die Repräsentanten der »Neopsychoanalyse« (H. Schultz-Hencke, Karen Horney, Erich Fromm, Harry Stack, Sullivan u. a. m.) gingen vom Freudschen Therapieschema ab. Sie rückten die aktuelle Situation des Patienten in den Mittelpunkt des therapeutischen Interesses. Nach Abklärung der Anamnese solle der Therapeut sofort die Funktion eines »Hilfs-Ich« übernehmen und die innerseelische und verhaltensmäßige Umorientierung des Patienten anstreben. Die Psychoanalyse wird somit aus einem technischen Behandlungsverfahren zu einer wirklichen Interaktion (Wechselwirkung) zwischen zwei Persönlichkeiten. Es gibt nicht mehr eine Subjekt-Objekt-Beziehung zwischen Analytiker und Analysand, sondern ein Gespräch zwischen zwei Menschen, die die uns allen gemeinsamen Daseinsnöte am speziellen Fall des Analysanden erörtern. Durch diese »aktive Psychoanalyse« können in der Tat psychische Heilungen in kürzerer Zeit erreicht werden als vorher. Man führt den Patienten nicht mehr nur zu intellektueller Einsicht, sondern gewährt ihm regelrecht emotionalen Beistand – und wenn ihm etwas helfen kann, so ist es genau dies und nichts anderes.

Dennoch steht auch heute noch die psychoanalytische Therapie vor einer eigentümlichen Crux. Alexander Mitscherlich hat vor einigen Jahren betont, daß ein Psychotherapeut – wenn er sehr intensiv arbeitet – im Laufe seines Lebens ca. hundertfünfzig Personen behandeln und günstigenfalls heilen kann. Wenn man sich nun überlegt, wie groß das neurotische Massenelend ist und daß laufend neurotische Eltern unvermeidlich auch ihre Kinder wieder zu Neurotikern erziehen, so erscheint die Bemühung der Psychotherapie um eine umfassende Psychohygiene als völlig aussichtslos. Es gibt bekanntlich nur wenige gut ausgebildete Analytiker in der Bundesrepublik (und in den übrigen Kulturländern). Dieser »Handvoll analytischer Psychotherapeuten« steht das Heer von seelisch kranken Menschen gegenüber. Man möge sich z. B. daran erinnern, daß sozusagen jeder praktische Arzt fast fünfzig Prozent Patienten hat, die unter die Kategorie *problem patient* fallen, d. h. somatische Symptome haben, deren Ursprünge eindeutig im Psychischen liegen. Das neurotische Lebensgefühl setzt sich hierbei in wechselnde Symptom-Manifestationen um, die durch Medikamente wohl gedämpft, aber kaum je beseitigt werden können. Auch die Zahl der Sexualneurosen dürfte seit den Erhebungen von Kinsey in den USA einigermaßen in ihrem Umfang abschätzbar sein. Nimmt man noch hinzu das unübersehbare Heer von Patienten mit Angst, Depressionen, Suicidalität, Charakteranomalien, zerrütteten Ehen, Neurosen und Psychosen, so wird man ohne Rückhalt die Freudsche Formel wiederholen, daß die ganze Menschheit »Patient der Psychoanalyse« sei.

So erhebt sich gebieterisch die Frage, was die analytische Psychotherapie tun kann, um nicht nur vereinzelte Patienten (aus

der Oberschicht, welche finanzkräftig sind) zu betreuen, sondern zu einer »Therapie für jedermann« zu werden.
Aus dieser Fragestellung entstand wohl in den dreißiger Jahren die Gruppenpsychotherapie. Ihre Pioniere sind u. a. Jakob Moreno (ein Austroamerikaner) und Samuel Slavson. Moreno gilt als der Vater des sogenannten Psycho- oder Soziodramas, nämlich einer therapeutischen Methode, welche die Patienten anleitet, ihre Probleme und Konflikte vor einer Gruppe theatralisch darzustellen. Dieses Verfahren hat in den USA Anklang gefunden, scheint sich aber auf dem europäischen Kontinent nicht durchsetzen zu können. Es ist ja oft schon für die Patienten sehr schwierig, ihre Nöte zu *verbalisieren*; wenn sie sie nun auch noch *spielen* sollen, hat man vermutlich zu viel von ihnen verlangt. Auch die Lektüre der Schriften Morenos läßt großen Zweifel an der Seriosität des Psychodramas aufkommen. Jede ernste Therapieform hat ihre dilettierenden Abwandlungen.
Die analytische Gruppentherapie, die sich im Anschluß an Slavson entfaltete, hat bis zum heutigen Tag gewaltige Dimensionen angenommen. Man kann regelrecht von einer gruppentherapeutischen Bewegung sprechen, die sich von den USA in die ganze zivilisierte Welt ausgebreitet hat. Das Slavsonsche Modell ist hierbei wegweisend geblieben. Es geht davon aus, daß man Gruppen mit acht bis zehn Patienten zusammenfaßt. Eine solche therapeutische Gruppe arbeitet mit ihrem Analytiker zusammen. Man beobachtet die Interaktion der einzelnen Gruppenmitglieder. Jeder kann und soll seine Erlebnisse und Erfahrungen berichten. Das gemeinsame Gruppenerlebnis wirkt emotional entlastend. Es werden seelische Prozesse ausgelöst, die in der Einzelanalyse kaum möglich sind. So z. B. sieht der Patient in der Gruppe sehr bald, daß er mit seinen Nöten und Schwierigkeiten nicht allein dasteht. Fast alle neurotischen Patienten halten sich zunächst für »einmalige Fälle«. Es ist beruhigend, daß man mit seinen Abnormitäten nicht aus dem »Rahmen der Menschheit« fällt. Jeder Patient wird für die anderen zum »Hilfs-Ich«, indem er verstehend und helfend ins Gespräch eingreift. Der Analytiker soll bei dieser Fülle von Interaktionen eher als Katalysator wirken, der seelische Umstrukturierungsvorgänge wohl ermöglicht, aber nicht direkt in sie eingreift.
Diese klassische Form der Gruppenpsychotherapie ist heute

weit verbreitet. Sie befriedigt aber nur teilweise. Da ist zunächst der finanzielle Aspekt. Wenn man acht bis zehn Patienten zu einer Gruppe vereinigt, so kostet die Sitzung für den einzelnen Patienten immer noch ziemlich viel: Manchmal wird pro Gruppensitzung das halbe Honorar einer Einzelsitzung gefordert. Sodann ist bei solchen Kleingruppen die therapeutische Effizienz eines Analytikers nur unwesentlich gewachsen; manche Gruppentherapeuten behaupten sogar, sie könnten mittels Gruppentherapie nicht mehr Patienten behandeln, als sie schon als Einzeltherapeuten behandelt haben. Der größere Einsatz für die Gruppe mache den Zeitgewinn wieder wett, welcher durch die Zusammenfassung der Patienten entstanden sei.

Aus diesen und anderen Gründen wurde in den fünfziger Jahren die *Therapie in Großgruppen* eingeführt. Gegen den Widerstand von Fachleuten, die bei einem Überschreiten der 12-Personen-Grenze das Auftreten von Massenreaktionen befürchteten, haben wir (Friedrich Liebling in Zürich, Josef Rattner in Berlin) therapeutische Gruppen mit 50, 100, 200 und 250 Personen aufgebaut. Hierzu wurden neuartige Techniken eingesetzt, die einen Bruch mit der bisherigen Tradition bedeuten. Wir überließen das Gruppengeschehen nicht mehr den zufälligen Aktionen und Reaktionen der Analysanden, sondern machten aus der Gruppentherapie ein Instrument der Menschenkenntnis, Selbsterkenntnis und Persönlichkeitsbildung. Die Großgruppe läßt zwar viel Spielraum für spontane Äußerungen der Analysanden, wird aber vom Analytiker regelrecht geleitet. In jeder Sitzung hat immer *ein* Analysand die Möglichkeit, seine Probleme vorzutragen. Unter Anleitung des Therapeuten lernt die Gruppe, eine genaue Anamnese zu erheben. Alle, die sich am Gespräch beteiligen wollen (man kann auch monatelang nur still zuhören), erfragen in echter Teamarbeit, was über Biographie, Symptomatik und Lebenseinstellung des »Patienten« wissenswert ist. Nach einigen Sitzungen dieser Art, in denen sich wie aus Mosaiksteinen ein Gesamtbild von Charakter und Werdensgeschichte des jeweils Sprechenden zusammensetzt, wird, wiederum unter therapeutischer Leitung, eine umfassende Interpretation auf tiefenpsychologischer Grundlage versucht. Eine weitere Ausarbeitung folgt anschließend in spontan gebildeten Kleingruppen. Die Einzelanalyse (gelegentliche Sitzungen beim Therapeuten ganz allein oder im Beisein einiger Freunde und Gruppenmitglieder) soll die Gruppenanalyse ergänzen. Es ist beglückend zu sehen, mit welchem Enthusiasmus die Analysanden diese tiefenpsychologische und psychotherapeutische Schulung mitmachen. Schon nach kurzer Zeit wird mit einem Takt und einer Umsicht gefragt und gedeutet, die überraschen. Die Analysanden lernen in der Lebensgeschichte der anderen Gruppenmitglieder zu lesen wie in einem offenen Buch. Sie bilden auch innerhalb der großen therapeutischen Gemeinschaft kleinere Spezial-Gemeinschaften, in denen sie Tonbänder von Einzel- und Gruppensitzungen abhören, um sie genauer studieren zu können. Es entsteht ein hohes Maß von Solidarität unter den Gruppenmitgliedern. Sie helfen einander bei ihren beruflichen Arbeiten (bei Prüfungen, schriftlichen Ausarbeitungen etc.), machen gemeinsame Sonntagsspaziergänge und Parties. Es entwickelt sich parallel zur gruppentherapeutischen Aktivität ein reges soziales und geselliges Leben, das Einsamkeit aufhebt und emotionale Heimat anbietet. Wir haben in unserer Berliner Großgruppe beobachtet, daß alle Lernprozesse, die als Ausweg aus der Neurose anzusehen sind, in der Geborgenheit durch eine derartige therapeutische Gemeinschaft rascher als in der Einzeltherapie ablaufen. Der soziale Kontakt und die Schulung in der Gruppe werden zu einem umfassenden Training für die Anforderungen des Lebens überhaupt. Auch die intellektuelle Stimulierung durch die kollektive Arbeit am Problem der Selbsterkenntnis ist ungewöhnlich groß. Die Großgruppe ist für nahezu alle, die an ihr beteiligt sind, zur idealen Möglichkeit der Persönlichkeitsentfaltung geworden. Da so viele Patienten gemeinsam behandelt werden, läßt sich das Honorar für den einzelnen sehr stark reduzieren. In der Berliner Therapiegruppe zahlt jeder Patient pro Therapiestunde *eine Mark*. Es kann also niemand mehr sagen, daß die Psychotherapie für ihn unerschwinglich sei.

Das Fernziel dieser therapeutischen Arbeit ist nicht die Symptom-Beseitigung, auch nicht das Freudsche »Arbeiten- und Liebenkönnen«. Gewiß lohnen sich auch diese Zielsetzungen. Aber die Gesundheit des Patienten ist unseres Erachtens noch nicht gewährleistet, wenn er symptomfrei ist und allenfalls auch irgendeine monotone Arbeit vollbringen und den »sexuellen Orgasmus« erreichen kann. Der Analysand ist in unserem Sinne erst dann geheilt, wenn er seine eigenen Lebensprobleme

(Arbeit, Liebe, Gemeinschaft) fruchtbringend lösen kann und zugleich auch ein Exponent des menschlichen und sozialen Fortschritts geworden ist. Er soll kein Konformist oder Anpasser, sondern ein freiheitlicher, autonomer, verantwortungsbewußter *Mitmensch* werden. Mit anderen Worten: Er soll durch die Therapie nicht nur selbst gesunden, sondern in deren fortgeschrittenen Stadien ein *Helfer für andere* werden. Aus dem Patienten der Psychotherapie soll mit der Zeit ein Exponent der Psychohygiene werden, also ein Mensch, der gemäß seinen Möglichkeiten (in seiner Lebens- und Berufssphäre) anderen Menschen Hilfe und Förderung gewähren kann.

Hier tut sich unseres Erachtens ein Weg auf, der die Psychoanalyse und analytische Psychotherapie aus dem Schlupfwinkel herausführt, in den sie angesichts der kleinbürgerlichen Interesselosigkeit vieler orthodoxer Freud-Schüler geraten ist. Der Mangel an sozialen, politischen und psychohygienischen Gesichtspunkten hat die psychoanalytische Theorie und Praxis stagnieren lassen. Durch die von uns angebahnte Psychotherapie in Großgruppen kann wahrscheinlich auf dem Boden einer revidierten Psychoanalyse eine umfassende *psychohygienische Bewegung* aufgebaut werden.

Der ehemalige Patient der Psychotherapie kann aber nur dann zum Träger und Repräsentanten einer solchen Psychohygiene werden, wenn er im Rahmen seiner Therapie auch umfassend theoretisch geschult wird. Wir unterscheiden daher kaum noch zwischen Charakter- und Lehranalyse. Früher fand die erstere bei eigentlichen Patienten, die letztere bei Ausbildungskandidaten (Ärzte, Psychologen, Psychagogen) Anwendung. Nunmehr sind wir darauf eingestellt, jedem Patienten (auch dem Nicht-Akademiker) eine möglichst weitgehende tiefenpsychologische Schulung zu vermitteln. Daher sind parallel zu den therapeutischen Sitzungen auch sogenannte *Theoriestunden* eingeführt worden, in denen auf sehr hohem Niveau (aber gleichwohl *allgemeinverständlich!*) nahezu alle Fragen der Tiefenpsychologie, Sozialpsychologie, politischen Psychologie, Kulturpsychologie, Erziehung, Weltanschauung, Psychodiagnostik, Charakterkunde, Wissenschaftstheorie, psychotherapeutischen Schulen, Verfahren etc. eingehend diskutiert werden. Diese Theoriestunde (eine Doppelstunde pro Woche) ist fakultativ und gratis. Sie wird von den Analysanden mit Enthusiasmus frequentiert. Oft werden Gäste mitgenommen, die dann meistens auch in die Gruppentherapie »einsteigen«.

Prinzipiell kann und soll in den Theoriestunden *alles und jedes* erörtert werden. Die Themen werden aus dem Kreise der Analysanden selbst vorgeschlagen. Sind mehrere Themen im Wettbewerb, so entscheidet die Abstimmung, was zuerst behandelt werden soll. Die in der Abstimmung unterliegenden Probleme werden nicht fallengelassen; man kommt auf sie zu einem späteren Zeitpunkt zurück.

Fast immer bestreiten die Analysanden selbst die Diskussion und suchen in einem freien, aber sehr disziplinierten Gespräch (keiner fällt dem anderen ins Wort, niemand wird gehässig oder aggressiv, die konstruktiven Beiträge sind die Regel, gelegentliche Plumpheiten oder Rücksichtslosigkeiten erlebt man nur bei Anfängern, die die Spielregeln noch nicht kennen!) allen möglichen Lösungsversuchen gerecht zu werden. Der Therapeut übernimmt häufig – aber nicht immer – das zusammenfassende Schlußwort, in welchem die wichtigsten Beiträge gewürdigt und in größere theoretische Zusammenhänge eingeordnet werden.

Es kann nicht verwundern, daß die beliebtesten Themen der Theoriestunden um die Theorie und Praxis der Psychotherapie kreisen. Hier besteht ein unmittelbares und vitales Interesse bei allen Beteiligten. Erkenntnisse, die man in tiefenpsychologisch und therapeutisch ausgerichteten Theoriestunden erworben hat, kann man unverzüglich im Gruppengeschehen und in der Arbeit am eigenen Charakter sinnvoll anwenden. Daher sind in den Theoriestunden der Berliner Therapiegruppe alle Aspekte der Psychoanalyse häufigstes Thema.

Da alle Sitzungen (Therapie und Theorie) auf Tonband aufgenommen werden, ist es zum Hobby für viele Gruppenmitglieder geworden, solche Sitzungen nach dem Tonband abzuschreiben. Damit wurde die Möglichkeit zu Publikationen geschaffen, durch die Außenstehenden ein Einblick in unsere Arbeit gewährt werden kann. Der vorliegende Text über *Psychoanalyse und Gruppenpsychotherapie der Angst* verdankt einer solchen Zusammenarbeit vieler Gruppenmitglieder seine Entstehung. In einer ganzen Reihe von Theoriestunden wurde das Thema »Angst« von allen uns zugänglichen Aspekten her beleuchtet. Das Ergebnis dieser Erörterungen wird nun dem Leser dieses Buches vorgelegt. Er kann hierin unsere Analysanden (von denen nur die wenigsten Psychologie studieren oder studiert haben) bei der Diskussion eines der kompliziertesten psychologischen, psychohygienischen und anthropologischen Probleme kennenlernen. Er kann vielleicht aber auch erahnen, wieviel *Bildungsarbeit* geleistet werden kann, wenn die Therapie in Großgruppen auf diese Weise angewendet wird.

Abschließend sei noch darauf hingewiesen, daß unser Verfahren sich gewiß nicht nur für die Psychotherapie von Studenten und Akademikern eignet (obwohl per Zufall viele Mitglieder der Großgruppe in Berlin aus akademischen Kreisen stammen), sondern für vielfältige Zwecke und Ziele eingesetzt werden kann. So sehen wir ein zukünftiges Betätigungsfeld für therapeutische Großgruppen in Gefängnissen, Spitälern (psychosomatische Medizin!), Wirtschaftsunternehmen, politischen und kulturellen Vereinigungen. Besonders wertvoll wird die Therapie in Großgruppen für die Ausbildung von Lehrern, Ärzten, Erziehern, Sozialarbeitern usw. sein. Für alle Berufe, bei denen die Persönlichkeit von entscheidender Bedeutung ist, sollten Charakter- und Lehranalyse obligatorisch werden. Aber wer kann so viele Menschen »analysieren«? Die Großgruppe löst dieses Problem, das sonst unlösbar wäre. Auch für die Elternschulung, für die Bearbeitung von Partnerschaftsproblemen sind therapeutische Großgruppen bestens geeignet.

Auf diesen Band über die »Angst« werden bald weitere Bücher folgen, in denen Themen wie »Homosexualität«, »Partnerschaft«, »Arbeitsfähigkeit«, »Depressionen« u. a. m. eingehend in Gruppengesprächen behandelt werden. Wir geben damit dem Leser die Gelegenheit, sich auf die lebendigste Weise in die Psychoanalyse einführen zu lassen, die unseres Erachtens – wenn wirkliches Verstehen anvisiert wird – noch kaum über die Fachkreise hinaus bis zu den interessierten Laien vorgedrungen ist. Der allgemeine Gebrauch tiefenpsychologischer Floskeln und Formulierungen soll uns nicht darüber hinwegtäuschen, daß die großartigen Lehren Freuds, Adlers und der Neopsychoanalytiker der breiteren Öffentlichkeit noch nicht zugänglich gemacht worden sind. Jedermann aber bedarf heute tiefenpsychologischer Kenntnisse, um sich selbst und andere zu verstehen. Die geistige Revolution, die die Pioniere der Tiefenpsychologie intendiert haben, droht als bloßes

»Wortgeklingel« zu verhallen. In unserer Pseudo-Kultur, in die wahrhaftige Humanität nicht recht hineinpassen will, muß man die Resultate von Aufklärung und Vorurteilsbekämpfung, von Vernunft und Wissenschaft, von Freiheit und Fortschritt unermüdlich wiederholen, bis auch jene sie verstehen, die durch den Sadomasochismus und Konformismus der Epoche im Innersten ihrer Persönlichkeit geschädigt worden sind.

Erstes Gespräch

RATTNER: Wir bearbeiten in den nächsten Sitzungen das Thema »Angst«. Wir wollen das möglichst universell machen. Dabei wollen wir praxisnah diskutieren. Viele von uns sollen hierbei die Gelegenheit haben, auch ihre persönlichen Ängste auszusprechen. Sodann wollen wir auch die Theorie behandeln. Eine Auseinandersetzung mit den gängigen Theorien muß an dieser Stelle folgen: Freud, Adler, die Neopsychoanalyse, auch Ausblicke auf die Philosophie. Unser Hauptziel darf nie vergessen werden: Wir studieren die menschliche Natur in allen ihren Manifestationen. Jedes Thema, das wir aufgreifen, wird Anlaß zu einer philosophisch-anthropologischen Besinnung. Wir interessieren uns für den Menschen in allen seinen Verhaltensweisen. Aber wir treiben keine abstrakte Philosophie. Wir denken an den leibhaftigen Menschen, an uns selbst. Eine der wichtigsten Erfahrungsquellen sind wir selbst mit unseren Ängsten, aber auch unser Mitmensch, die Gruppe. Wir wollen nicht beliebige Theorien entwickeln, sondern Lehren, die uns im Leben helfen können. Diese Technik wenden wir in allen unseren Untersuchungen an.

LOTHAR: In einer Kindergruppe kam einmal das Thema »Angst« auf, und die Kinder wurden gefragt, was denn Angst sei. Einige erwähnten Kriminalfilme im Fernsehen: Wenn man hernach im Bett liege und nachts allein sei, habe man das Gefühl, es stehe einer draußen und wolle einen verprügeln. Die Beispiele, die den Kindern sonst noch einfielen, handelten alle von einer aktuellen Bedrohung. Auf Stimmung und Grundgefühl der Angst gingen sie gar nicht ein.

HANS: In der Angst liegt meines Erachtens eine Ungewißheit im Hinblick auf Dinge, die auf uns zukommen.

EBERHARD: Ich glaube, wir sollten die Angst gegenüber ähnlichen Affekten abgrenzen. Ich denke z. B. an das Phänomen der Furcht. Furcht meint wohl etwas Konkretes. Man fürchtet sich vor etwas. Angst ist weniger objektbezogen – es ist eine fundamentale Ungewißheit.

CHRISTEL: Ich kann vielleicht einmal erzählen, wie ich jeweils Angst empfunden habe und auch noch jetzt manchmal erlebe. Mir wird immer ganz schlecht dabei. Ich bekomme schweißnasse Hände und Herzklopfen.

Hanna: Man sollte auch einmal überlegen, warum man Angst bekommt, wenn man in die Therapiegruppe geht. Vielleicht ist es deshalb, weil man unter so vielen Menschen ist, die man noch nicht so gut kennt. Man weiß nicht, wie sie sich verhalten werden.

Ludwig: Ich bin der Meinung, wir sollten beim Kleinkind beginnen. Hat das Kind, wenn es zur Welt kommt, auch schon Angst? Oder bekommt es Angst erst durch äußere Einflüsse?

Karin: Es bekommt Angst durch die Erziehung.

Karl: Irgendwie muß Angst mit mißlichen Erfahrungen zusammenhängen. Ein Kind, das sich nie verbrannt hat, wird keine Angst vor dem Feuer haben. Die Erinnerung spielt hier mit.

Eberhard: Ich würde beim Feuer eher von Furcht sprechen. Da liegt doch etwas Konkretes vor, wovor man sich fürchtet. Eine Ursache ist faßbar. Bei der Angst ist die Ursache nicht zu greifen. Bei mir kommt es in solchen Fällen zu einer Beklemmung, das Herz scheint plötzlich aus dem Takt zu geraten, beinahe stillzustehen. Ich glaube, man muß Angst auf die Urbedeutung des Wortes beziehen – angustiae heißt im Lateinischen: Enge.

Lothar: Aber viel Angst entsteht aus der Tatsache, daß das Kind bei den Erwachsenen nicht genügend Anerkennung findet. Hier ist doch Angst auf etwas Reales bezogen.

Fritzi: Harry Stack Sullivan sagt irgendwo, daß die Angst durch Gefühlsübertragung entsteht. Eine ängstliche Mutter etwa kann ihr Kind mit Angst »anstecken«. Das Kind reagiert auf die feinsten Gefühlsempfindungen der Mutter. Was Lothar eben ansprach, nämlich das Nicht-geliebt-werden, das Nicht-anerkannt-werden, scheint mir eher in die Sparte der Minderwertigkeitsgefühle zu gehören. Wer Minderwertigkeitsgefühle hat, nimmt auch von vornherein an, daß die Gruppe ihn nicht anerkennen wird. Er projiziert das eigene Unbehagen auf uns. Angst ist meines Erachtens immer eine Gefühlsübertragung.

Peter: Ich finde, wir sollten den Akzent der Diskussion auf Ängste legen, die wir selbst erlebt haben. Vielleicht erkennt man aus der Schilderung vieler Ängste ein Gemeinsames. Wir haben z. B. schon oft hier besprochen, daß man vor einer Prüfung in Angst geraten kann. Man nimmt hierbei gedanklich die Prüfung vorweg, man malt sich das Verhalten des Prüfers aus und bei einiger pessimistischer Phantasie hat man dann Angst.

HEIDI: Bei mir tritt die Angst vor allem in neuen Situationen auf. Wenn man etwas zum erstenmal macht, fühlt man sich noch unsicher. Dann kommt aber auch der Charakter mit ins Spiel. Ein mutiger Charakter bleibt auch im Neuland ruhig; ein nervöser Mensch hat da eine viel niedrigere Toleranzschwelle. Auch das Unbekannte macht uns Angst. Z. B. man kommt in eine Stadt, die man nicht kennt. Oder man tritt noch unbekannten Menschen gegenüber. Je nach dem Mut oder der Resignation des einzelnen wird er sich in solchen Situationen ängstlich oder weltoffen verhalten. Wahrscheinlich kann man das auch schon bei Kindern beobachten. Die Angst des seelisch gesunden Kindes wird relativ klein sein, aber sie kann wohl auch vor neuen Aufgaben auftreten.

BÄRBEL: Wenn man Angst hat, dann tritt neben den Symptomen des Herzklopfens und des Schweißausbruchs auch eine körperliche und geistige Starrheit auf. Angst ist eine Art Verkrampfung. Man kann weder denken noch handeln – zumindest ist man in dieser Beziehung eingeschränkt. Angst macht auch dumm. Sie hindert den Menschen daran, schöpferisch zu werden.

THOMAS: Ich könnte mir vorstellen, daß das Kleinkind zuerst einmal eine berechtigte Furcht vor bestimmten Situationen erwirbt, die mit den nächsten Beziehungspersonen zu tun haben. Diese Furcht wird später via Projektion auf andere Menschen übertragen. Man glaubt, daß sich die Leute so wie die Eltern etwa benehmen werden. Somit könnte man die irrationale Angst auf eine früher einmal begründete Furcht zurückführen.

HEIDI: Vielleicht wird später ein Teil der Angst abgebaut, wenn man durch Erfolgserlebnisse merkt, daß man sich einiges zutrauen darf und daß viele Situationen zu meistern sind. Wer aber infolge von Angst allen Schwierigkeiten ausweicht, wird mit der Zeit annehmen, daß er gar nichts kann, und das wird seine Ängstlichkeit vergrößern.

HORST: Mir scheint aber, daß das gesunde Kleinkind gar keine Angst hat. Angst ist nicht der normale Zustand des Kindes.

Die Angst kommt durch bestimmte Umwelteinflüsse in das Kind hinein. Angst und Unsicherheit haben eine enge Beziehung. Je selbstsicherer man ist, um so weniger ängstlich wird man sein.

REGINE: Ich kenne auch das Gefühl der Angst vom eigenen Erleben her. Bei mir ist es im Prinzip so, daß ich dann sehr schwere Gliedmaßen habe, Kopfschmerzen und ein ständiges Frieren, ein Gefühl der Panik, etwa so, als ob die Welt in Wellen über mir zusammenschlüge und ich selbst ganz klein wäre. Immer kann ich feststellen, daß ich dann Angst bekomme, wenn meine Beziehung zu den Mitmenschen, zur Umwelt nicht in Ordnung ist. Mitunter fühlt man sich einfach distanziert. Dann nützt es auch nicht viel, wenn ich in die Therapiegruppe gehe – es ist wie eine Barriere zwischen mir und den anderen, die ich nicht überbrücken kann. Plötzlich kann aber auch diese Schranke fallen. In der letzten Zeit geht das immer leichter vor sich.
Vermutlich gehören zur Angst oft auch feindselige oder doch zumindest trennende Gefühle. Der Kontakt zur menschlichen Umgebung ist gelockert. Man fühlt sich allein.

WOLFGANG: Wie sieht der Mediziner die Angst? Meines Wissens spricht man in der Medizin vom sogenannten Fluchtreflex. Wenn ein Kind in die Situation der Schutzlosigkeit kommt und sich ungeborgen fühlt, wird es mit Angst reagieren. Es wird wahrscheinlich zur Mutter fliehen.

LOTHAR: Für mein Empfinden hat Angst mit Forderungen zu tun, denen man nicht genügen kann. Gerät man in eine Situation, der man sich nicht gewappnet fühlt, so kommt es zu einer verminderten Selbsteinschätzung und diese führt zur Angst.

KLAUS: Angst hat Beziehung zur Bewertung unseres Könnens angesichts von Lebensaufgaben.

FRITZI: Wir müssen wohl sehr betonen, daß die Angst nicht so sehr in intellektuellen als viel mehr in emotionalen Vorgängen wurzelt. Angst ist unbewußt und gefühlsgeladen. Kann man rational erfassen, wovor man Angst hat, so ist es beinahe schon Furcht. Sicher hat all das mit Gefahren zu tun und mit der Schutzfunktion der Vorsicht. Wahrscheinlich liegt in der Angst eine Fluchttendenz. Jedes Lebewesen schützt sich vor Gefahren. Beim Menschen ist das Angewiesensein auf die betreuenden Personen besonders stark. Ich glaube, daß in der Beziehung zu den Eltern die stärksten Angstquellen liegen. Wenn man das Kind nicht genug und nicht richtig liebt, wird es stets zur Angst neigen. Es fühlt sich dann nicht genügend beschützt.

ALMUT: Ich kenne auch noch eine Art von Angst: die Angst vor dem Totsein. Ich meine damit nicht die Phase des Sterbens, das vielleicht schmerzlich sein kann, sondern die Ungewißheit, was wohl nach dem Tode kommt. Ob es dann ganz aus ist oder ob man das Bewußtsein in irgendeiner Form behält.

EBERHARD: Es gibt noch eine Art von Angst: wenn man nämlich die Körperfunktionen auf ein Minimum einschränkt, was bis zur unbewußten Selbstaufgabe gehen kann. Es gibt Beobachtungen an Menschen und Tieren, die in ausweglose Situationen gerieten. Das Lebewesen schließt sich dann von der Außenwelt ab, reduziert sein Bewußtsein und kann über die Bewußtlosigkeit in den Tod übergehen. Eine leichtere Form dieses Verhaltens liegt wohl vor, wenn man in bestimmten Angstsituationen dauernd Schlafbedürfnis hat. Das kenne ich aus eigener Erfahrung.

THOMAS: Vielleicht sollte man auch sagen, daß sich viele Ängste noch verstärken, wenn man bewußt gegen sie angehen will. Das unterstreicht wohl auch, daß es eine eher emotionale Angelegenheit ist.

TUSCHY: Angst ist ein leib-seelisches Gesamtphänomen. Es hat körperliche und seelische Aspekte. Nicht alles wird hierbei vom Betroffenen sehr deutlich erlebt. Vermutlich werden viele Ängste verdrängt. In unserer Kultur gilt es als beschämend, daß man Angst hat. So werden Angstgefühle oft nicht zum Bewußtsein zugelassen. Das Individuum erlebt dann lediglich die körperlichen Korrelate wie z. B. Herzklopfen oder auch psychosomatische Funktionsstörungen. Oft wird dann auch abgestritten, daß Angst vorliegt. Der Ängstliche kann mitunter in seinen Symptomen die zugrundeliegende Angst nicht erkennen. Die Analyse muß ihm das erst deutlich machen.

Oft zeigt sich Angst in Form von Schüchternheit. Bei Kindern kann sie die Gestalt des übermäßigen Bravseins annehmen. Auch Bettnässen hat Angst zur Grundlage.

Schon sehr kleine Kinder können an massiver Lebensangst erkranken. Ich denke da an die Phänomene des Hospitalismus. Wenn der Säugling nicht genug Pflege und warme Zuwendung bekommt, neigt er dazu, sich vom Leben abzuwenden – man kann das am Augenausdruck, am Verhalten, am Verlust der Spontaneität, des Appetits usw. erkennen.

Offenbar gehört die Angst zur biologischen Grundausrüstung des Menschen. Bei einigen Tieren mag das ebenso sein. Ich denke da an die sogenannten Beutetiere, von denen man weiß, daß sie nur minutenlang schlafen, weil sie sich immer vor Feinden hüten müssen. Raubtiere scheinen lange und ruhig schlafen zu können.

FRANZ: Beim Menschen scheint mir die Angst darin begründet zu liegen, daß das Ich sich mit der Realität nicht in Einklang befindet – etwas liegt in den Umständen, das man nicht erfassen oder begreifen kann. Vielleicht hilft da der Blick auf die Menschwerdung weiter: Was den Menschen vom Affen unterscheidet, ist wohl die größere Angst. Der Mensch hat die Einheit mit der Natur verloren. Tiere haben Furcht vor Gefahren, aber keine Weltangst. Der Schritt zur Menschwerdung brachte wohl ein riesenhaftes Anwachsen der Daseinsangst mit sich. Der Mensch konnte sich so viel nicht erklären. Um so mehr fürchtete er Blitz und Donner, Krankheit und Tod. Je weiter die Wissenschaft vordringt, um so weniger Angst hat der Mensch. Natürlich ist er immer noch vielfältig bedroht. Aber er kennt die Ursachen der Naturvorgänge, und er schützt sich bereits vor ihnen. Er vermutet nicht mehr das irrationale Wirken eines Gottes in der Natur. Darum kann er sich mit vielem einrichten und Vorkehrungen gegen allerhand Gefahren treffen.

GUNDA: Ich möchte den Akzent darauf legen, daß die Angst das Signal einer herannahenden Gefahr ist. Aber es gibt auch viele Ängste, wo jegliche Gefahr zu fehlen scheint. Solche Ängste können als unmotiviert und unverständlich gelten. Beim Menschen sind diese irrationalen Ängste sehr häufig. Vielleicht gibt es sie auch schon bei Tieren, die instinktmäßig nicht festgelegt sind, also bei höher entwickelten Tieren.

FRIEDA: Ich möchte einige Ängste aufzählen, die wir später theoretisch einordnen sollen: Angst vor der Dunkelheit, Angst vor der Höhe, Angst vor dem Wasser (Ertrinken).

LOTHAR: Ist das nicht einfach deshalb, weil einer nicht schwimmen kann oder weil er fürchtet, herunterzufallen?

PETER: Wenn es richtige Angst ist, dann steht der Affekt in keinem sinnvollen Verhältnis zur Gefahr, die dem Individuum droht. Ein kleiner Anlaß löst eine riesige Reaktion aus.

FRANZ: Ich möchte erwähnen, daß Angst konservativ macht. Man wird in ihr passiv und untätig. Man sieht seine eigene Lage nicht mehr richtig. So weiß man auch nicht, wo und wann man eingreifen soll. Eine klare Beurteilung der Situation und der Entschluß zum Handeln (wenn man das zustandebringt) kann einem über die Angst hinweghelfen.

HANNELORE: Ich glaube, daß Angst unterschwellig in uns allen vorhanden ist. Vermutlich hängt das mit dem Erlebnis der Abhängigkeit von den Mitmenschen zusammen. Je größer das Gefühl der zwischenmenschlichen Isolierung, um so größer ist die Angst. Diese Ängstlichkeit kann sich dann in irgendeinem beiläufigen Symptom äußern, so daß etwa jemand Angst vor dem Wasser hat, der durchaus gut schwimmen kann. Auch die Höhenangst wird einen sozialen Hintergrund haben. Auch in der Psychotherapie werden wir oft mit Ängsten konfrontiert. Speziell ängstigen wir uns, wenn wir Neuland betreten müssen, wo uns noch keine gewohnheitsmäßigen Sicherungen zur Verfügung stehen.

CHRISTEL: Mir scheint, daß Angst etwas mit Vertrauen zu tun hat bzw. mit dem Mangel an Vertrauen. Z. B. jemand hat Angst, in ein Flugzeug einzusteigen. Das heißt doch wohl, daß er sich den Menschen, die das Flugzeug führen, nicht recht anvertrauen kann. Vielleicht ist es beim Wasser und in der Höhe nicht anders: wer kein Zutrauen zu den anderen hat, hat auch zu sich selbst kein Vertrauen. Er wird daher in jeder exponierten Situation ängstlich werden.

TUSCHY: Ich kann das bestätigen durch die Beobachtung dramatischer Angstanfälle, die als Herzattacken auftreten. Manche Patienten glauben in solchen Ängsten einen Herzschlag zu erleiden. Aber im Moment, wo die Krankenschwester oder der Arzt auftaucht, kommt das Herzjagen zur Ruhe. Auch haben manche Patienten im Schutze der Klinik fast keine Attacken. Entfernen sie sich jedoch vom Krankenzimmer, so kommen die Anfälle wieder. Es scheint also so zu sein, daß menschliche Nähe Angstattacken unterdrücken kann.

JÜRGEN: Wenn man aber mit gewissen Umgebungspersonen sehr schlecht steht, so können diese auch Ängste und Herzattacken auslösen. Ich glaube, auch Ohnmachten können einen solchen Beziehungskonflikt ausdrücken.

RONALD: Ich möchte die Ängstlichkeit des Menschen mit der anthropologischen Tatsache in Zusammenhang bringen, daß er eine Frühgeburt darstellt, d. h. ca. ein Jahr zu früh auf die Welt kommt. Daraus resultiert auch seine lange Abhängigkeit in der Kindheit. Das Menschenjunge ist auf Hilfe und Betreuung viel mehr angewiesen als fast alle Tierjungen. Die Schutzbedürftigkeit ist größer. Die Tiere bringen instinktive Verhaltensmuster mit und können sich rasch in ihrer Umgebung zurechtfinden. Der Mensch muß seine Verhaltensweisen im Umweltkontakt erlernen. Er kommt unfertig auf die Welt. Weil er sich sehr lange hilflos fühlt, neigt er zur Angstbereitschaft.

MAJA: Daran anschließend möchte ich feststellen, daß man um so weniger Angst hat, je mehr positive Erfahrungen man im Leben mit den Mitmenschen macht. Ein kleines Kind ist in allem auf seine Nächsten angewiesen. Da es jegliches Verhalten in seiner Umwelt lernt, wird es die Angst von seinen Beziehungspersonen abgucken. Je unbeholfener und lebensfremder die Eltern, Bekannten und Verwandten sind, um so mehr infizieren sie das Kind mit Angst. Auch die Angst wird via Vorbild und Vorgelebtwerden verinnerlicht. Hat man später im Leben das Glück, in eine lebensfreundliche Gemeinschaft zu geraten – wie z. B. die Therapiegruppe –, so macht man günstigere Erfahrungen und gewinnt mehr Lebensmut. Der Mut kann so groß werden, daß man z. B. auch das Mißlingen einer Partnerschaft durch den Beistand der Gruppe gut überstehen kann. Man sieht doch oft genug, daß das kein Einzelschicksal ist und daß andere ein solches Erlebnis auch verkraften können und müssen.

THOMAS: Ich will hier noch das Buch von Fritz Riemann *Grundformen der Angst* erwähnen. Er unterscheidet vier Arten von Angst bzw. Abwandlungen ein und derselben Grundangst. Beim depressiven Menschen stellt er die Angst vor dem Selbstwerden fest. Immer, wenn Depressive selbständig werden oder handeln sollen, haben sie Angst vor der Isolierung – es fehlt der Mut zum Selbstsein. Der schizoide Charakter hat Angst vor der Hingabe, welche er als Abhängigkeit mißversteht; wo Kontaktnähe erforderlich ist, entwickelt er Abhängigkeitsangst und reagiert unter Umständen aggressiv. Der Zwangscharakter hat Angst vor der Wandlung. Der Hysteriker hat Angst vor der Endgültigkeit von Entscheidungen. Riemann beschreibt dann auch noch das interessante Phänomen, daß der depressive und der schizoide Charakter auf der einen und der Zwangs- sowie der hysterische Charakter auf der anderen Seite wechselseitig eine gewisse Anziehungskraft aufeinander ausüben. Er sagt auch, daß jeder Mensch im Prinzip alle Formen der Angst in sich trägt, aber eine Grundform überwiegt zumeist. Das Buch hat mir viel geholfen, die eigenen Ängste zu verstehen.

LOTHAR: Du hast aber gar nichts darüber gesagt, warum der eine Angst vor der Hingabe und der andere Angst vor dem Selbstsein hat. Gibt der Autor Auskunft über die Entstehung dieser Verhaltensweisen?

THOMAS: Das liegt an der Kindheitsentwicklung.

TUSCHY: Es gibt typische Kindheitssituationen, die zur Ausbildung der einen oder anderen Angst führen. Ich möchte hier auf die Nützlichkeit der Angst für das Kind hinweisen. Wenn das Kind Zeichen der Ängstlichkeit von sich gibt, so kann das die Mutter evtl. veranlassen, sich des Kindes vermehrt anzunehmen. Ein Kind mit zwei bis drei Jahren kann also die Erfahrung gemacht haben: wenn ich ängstlich bin, dann kommt die Mutter und bleibt bei mir. So kann eine Verhaltensdynamik eintrainiert werden, die darauf hinzielt, eine Verwöhnungssituation zu schaffen. Daraufhin wird aber das Kind noch abhängiger von seinen Betreuungspersonen. Es glaubt dann immer, einen Beschützer haben zu müssen. Dies kann später als Trennungs- und Isolierungsangst im Sinne von Riemann in Erscheinung treten, also Grundlage eines depressiven Charakters werden.

REGINE: Ich würde gerne noch erweitern, was Franz vorhin sagte. Er meinte, daß Angst mit Passivität zusammenhängt. Aber es gibt auch Fälle, wo sich die Angst als übersteigerte Aktivität dokumentiert. So kann jemand aus Angst von einem sexuellen Exzeß in einen anderen übergehen. Oder er kann angsthaft immer mehr Arbeit übernehmen, damit er nicht zum Nachdenken kommt. Überaktivität ist aber wahrscheinlich nur eine kompensierte Form von Passivität, so daß Franz die Dinge gleichwohl richtig sieht. So mancher tut scheinbar sehr viel, um nicht seine eigentlichen Lebensprobleme angehen zu müssen; er scheint aktiv zu sein, läßt sich aber viel mehr treiben, als er selbst und seine Mitmenschen ahnen können.

FRITZI: Wenn man Angst mit der »Frühgeburt des Menschen« in Zusammenhang bringt, so sollte man sie auch auf das natürliche Gefühl der Minderwertigkeit beziehen. Wer eine unglückliche Kindheit hat, erfährt nicht, wie er auf kooperativem, d.h. sozialem Weg seine Minderwertigkeitsgefühle überwinden kann. Er lernt nicht, sich sozial einzufügen, er kann sich in seiner Umwelt nicht behaupten. So entwickelt er seine Fähigkeiten schlecht und erntet Mißerfolge. Man muß sich dann nicht wundern, daß auch Ängstlichkeit auftritt, als Zeichen, daß sich da einer nicht viel zutraut. Man ist dann eben der Welt gegenüber noch so hilflos wie ein Kind.

TUSCHY: Alfred Adler sagt, Menschsein heiße, sich minderwertig fühlen. Wahrscheinlich meinte er damit die allgemeine Lebensangst des Menschen. Kommen noch ungünstige Kindheitsbedingungen hinzu, so wird aus dem Minderwertigkeitsgefühl ein Minderwertigkeitskomplex. Karen Horney meint wohl dasselbe wie Adler, wenn sie dem Menschen eine sogenannte Grundangst (basic anxiety) zuschreibt. Die Angst steht ja in der Neopsychoanalyse im Zentrum aller psychopathologischen Entwicklungen – genau wie bei Adler der Minderwertigkeitskomplex.

KLAUS: Alle Ängste des Menschen drängen wie das Minderwertigkeitsgefühl zur Kompensation. Angst und Minderwertigkeitsgefühl werden als sehr unangenehm erlebt. Das Individuum will davon loskommen. Es kompensiert. Bei vielen Erwachsenen finden wir dann nicht mehr die manifeste Angst vor, aber Kompensationen, hinter denen wir die Angst erschließen können. So sind etwa Depressionen, psychosomatische Störungen, Rückzugstendenzen im Leben etc. gleichzeitig Manifestation und Kompensation von Angst.

GUNDA: Ich möchte aber zwischen gesunder und ungesunder Kompensation unterscheiden. Wenn jemand Tüchtigkeiten und Fertigkeiten erwirbt, so ist das gut-kompensierte Angst. Vielleicht ist die Angst auch eine Triebkraft zum Lernen. Man will nicht mehr abhängig sein – darum lernt man und entwickelt sich. Das Emanzipationsstreben führt das Kind aus der Abhängigkeit von seinen Eltern heraus. Das sollte man bei der Erziehung nicht vergessen.

HEIDI: Angst ist auch ein Erziehungsfaktor. In jedem Lernprozeß steckt etwas Angst drin. Falsche Erziehungsmaßnahmen können die Angst verstärken, so daß es zu Angstneurose, seelischem Zusammenbruch und zu Panik kommen kann.

JOHN: Für einen Erzieher ist es wohl sehr schwer, die richtige Mitte zu finden. Er muß dem Kind Sicherheit geben, aber er muß es auch in die gefährliche Umwelt hineinstreben lassen. Absolut richtige Lösungen wird es da kaum geben. Man muß eben von Fall zu Fall abwägen. Ich stelle mir es als sehr schwierig vor, dem Kind ein Mittelmaß von Schutz, Ermutigung und Wagnis einzuräumen. Kinder sind ja manchmal tollkühn, weil sie die Gefahren nicht erkennen. Man muß ihnen Grenzen aufzeigen, ohne sie ängstlich zu machen.

HANNELORE: Wenn ich die Lehre von H. S. Sullivan richtig verstanden habe, so beschreibt er zwei Anlässe für Angst. Zunächst zeigt er das Gefühl der Einheit von Mutter und Kleinkind auf: Gefühle der Mutter werden unmittelbar auf das Kind übertragen und umgekehrt. Dabei kommt es auch zur Angstansteckung. Vermutlich ist das Sich-Ängstigen ein sehr früher Lernprozeß. Geborgenheit und Angst sind Gegensätze.

Wenn das Kind heranwächst, lernt es Situationen mit stärkerer und schwächerer Angst unterscheiden. Es bewegt sich von der Angst weg, zur Befriedigung hin. Sicherheit ist das Ziel vieler seelischer Aktionen. Sicherheit heißt auch relative Angstfreiheit.

Man kann sich wohl kaum vornehmen, ein Kind angstfrei zu erziehen. Wenn alles gut geht, zeigt man ihm Techniken der Angstüberwindung. Je ausgeglichener die Eltern sind, um so weniger wird das Kind zur Angst neigen. Natürlich müssen die Eltern auch einiges von der Erziehung verstehen.

TUSCHY: Vielleicht sollten doch noch einige erzählen, wie und wann sie Angst hatten, damit man eine plastische Anschauung von diesem Phänomen bekommt.

RATTNER: Wir wollen nicht nur hören, wie und wann man Angst hatte, sondern auch, wie man sie überwunden hat. Wer solche Erfahrungen berichten kann, hilft uns auch weiter. Wir wollen ja unsere Theorien in die Therapie einmünden lassen – wir sind kein Studienzirkel für Theoretiker. Die Persönlichkeitsentwicklung aller Gruppenmitglieder liegt uns besonders am Herzen. Alle Voten sollen u. a. auch hierauf abgestimmt sein. Die Gruppenteilnahme hat auch ein »egoistisches« Ziel: jedermann möchte etwas für seine psychische Gesundung profitieren. Darum darf der therapeutische Gesichtspunkt bei uns nie zu kurz kommen. Wir wollen aber gleichwohl den Rahmen unserer Betrachtungen sehr weit spannen. Bei der Erörterung der Angst sollen wir soziale, ökonomische, gesellschaftliche Probleme nicht übersehen. Literarische Beispiele müssen zur Klärung herangezogen werden. Aber die Erlebniswelt jedes einzelnen ist der unmittelbare Ausgangspunkt.

Psychologische Forschung, wie wir sie verstehen, muß immer viele Methoden und Standpunkte zur Anwendung bringen. Der Laie hat gewöhnlich nur eine einzige Denkmethode; oft hat er nicht einmal diese. Wenn er vor ein Problem gerät, ist er mit der angeblichen Lösung schnell bei der Hand. Meistens sind das aber nur Oberflächlichkeiten. Unsere Arbeitsweise verlangt, daß wir ein Thema von sehr vielen Seiten beleuchten. Wir durchschreiten einen Denkbereich nach allen möglichen Richtungen, ähnlich wie die Geographen, die ein Gebiet kartographieren und dabei jeden Weg und Steg, jede Unebenheit des Landes, jeden Wasserlauf, jede Eigentümlichkeit des Terrains vermessen. Je öfter man ein Stück Land durchwandert, um so besser kennt man es. Wir betreiben unsere Forschungen wie Forschungsreisende – wir erkunden das Neuland in allen Einzelheiten.

CHRISTEL: Ich kann vielleicht von mir erzählen, wie ich die Angst zumindest teilweise überwunden habe. Als Kind lebte ich dauernd in der Verängstigung. Mein Vater war sehr sadistisch. Noch heute gaukelt mir die Phantasie dauernd irreale Gefahren vor. Mein Vater warf sogar mit Messern nach mir. Nun lernte ich in der Therapie, daß ich diese kindliche Gefahrensituation heute noch auf harmlose Konstellationen projiziere und damit meine Angst hervorrufe. So weiß ich heute, daß es meistens nur halb so schlimm ist, wie ich es mir einbilde. Aufgrund meiner ständigen Angst hatte ich früher einen sehr hohen Blutdruck. Kein Medikament half mir. Nun ist mein Blutdruck durch die Psychotherapie weitgehend normalisiert worden.

THOMAS: Eine Form der Angst, unter der ich zu leiden habe, ist eine Sprechhemmung in der Gruppe. Ich wage mich oft nicht zu äußern. Manchmal zwinge ich mich dazu, aber das Angstgefühl ist dann massiv. In der letzten Zeit habe ich aufgehört, mich zu zwingen: dann kam das Sprechen automatisch.

HILDEGARD: Früher hatte ich sehr viel Angst, weil ich meinte, daß die Menschen immer hohe Anforderungen an mich stellen. Das hängt, wie ich derzeit weiß, mit meiner spezifischen Kindheitssituation zusammen. Ich gab es dann auf, die Erwartungen anderer erfüllen zu wollen. Ich begann, besser zuzuhören. Ich versuchte, mich in die Probleme hineinzudenken, ohne gleich mitreden zu wollen. Je realistischer ich mich aufgrund der Übung in der Gruppe in bezug auf Gespräche einstellte, desto ruhiger konnte ich mittun.

FRITZI: Auch Erfolgserlebnisse helfen einem über Ängste hinweg. Früher hatte ich sehr viel Angst, daß das, was ich sagen wollte, bei der Gruppe nicht gut ankommen würde. Nun habe ich dann in der Gruppe gesprochen und viel mehr Ermutigung als Kritik erfahren. Diese Anerkennung hat mir sehr gutgetan. Natürlich habe ich auch mitunter etwas Dummes gesagt, aber die Gruppenmitglieder sind taktvoll darüber hinweggegangen. Erfolge scheinen demnach die Angst einzudämmen. Man muß nun solange üben, bis man sich ausreichend viele Erfolgserlebnisse holen kann. Wenn man immer schweigt, können einen die anderen gar nicht loben. Man muß ein wenig die Hand bieten, daß die Ermutigung durch die anderen zum Zug kommen kann.

HEIDI: Früher hatte ich große Angst vor meinem Vater. Nun habe ich mir vorgenommen, ihm bei Aufenthalten zu Hause ruhiger entgegenzutreten und keine Kampfsituation zu beginnen. Oft fiel ich in die alten Verhaltensmuster zurück, aber kürzlich ist es mir regelrecht gelungen, mit ihm kooperativ zu sprechen, so daß es ihm geradezu auffiel: er entschuldigte sich sogar bei mir, weil er, wie er sagte, ungeduldig geworden war. Ich habe mich hinterher gefragt, wer sich verändert hat, mein Vater oder ich – wahrscheinlich sind wir beide einander entgegengekommen und haben gelernt, nicht mehr affektiv zu reagieren.

MAJA: Man sollte lernen, die eigenen Bedürfnisse ins Auge zu fassen. Wenn man Angst hat, soll man das mit Gruppenmitgliedern oder mit dem Therapeuten ganz genau abklären, damit man weiß, was hinter diesen unguten Gefühlen steht. Je besser man sich mit anderen über die eigene Notlage verständigen kann, um so leichter überwindet man sie. Auch der Vergleich mit den Erlebnissen und Gefühlen der anderen hilft weiter. Dann muß man mit Hilfe der Gruppenmitglieder neue Gefühle einüben. Der Vorsatz allein tut's bekanntlich nicht. Aber die Gruppe ist eine großartige Übungsstätte für mutige, weltoffene, optimistische Gefühle. So habe ich es zumindest erlebt. Wenn Angst von »Enge« kommt, so muß man eben seinen Erfahrungs- und Erlebnishorizont ausweiten: man muß andere Menschen in sich aufnehmen, damit man breiter in der Welt dasteht.

HILDEGARD: Ich hatte letzthin sehr viel Angst wegen meines Examens an der Pädagogischen Hochschule. Ich sprach dann mit Heidi, und wir erkannten, daß da auch eine Partnerschaftsproblematik mit hineinspielte. Ich gab es auf, von meinem Partner grenzenloses Verständnis zu fordern, und stellte mich mutiger den Prüfungs- und Partnerschaftsproblemen. Die Erörterungen mit Heidi machten mir da viel bewußt und halfen mir über die Ängste hinweg.

ERICH: Ich will auch von ganz persönlichen Ängsten erzählen. Ich habe oft Angstträume mit demselben Inhalt. In den Träumen fühle ich mich wie gefesselt, ich sehe keine Zukunft mehr. Auch habe ich im Traum das Gefühl, mit niemandem reden zu können. Wenn ich dann erwache, versuche ich mir einen Plan für den Tag, die Woche etc. zu machen. Aber die Angstträume kehren immer wieder. Ich vermute, sie entstammen der Plan- und Ziellosigkeit meines Lebens. In der letzten Zeit enden die Träume nicht mehr so hoffnungslos. Ich erwache mit dem Gefühl, daß ich all das Schwierige schon noch schaffen werde.

BÄRBEL: Ich hatte vor zwei bis drei Wochen meine Abschlußprüfung in der Bibliothekar-Ausbildung. Nun meinte ich, durch die Psychotherapie schon so sicher geworden zu sein, daß ich ganz ruhig in die mündliche Prüfung ging. Aber plötzlich hatte ich doch Angst. Die Aufregung verringerte meine Leistung im ersten Teil des Examens. Einige Tage später fand der zweite Teil statt. Ich sprach mit einem Gruppenmitglied über die Prüfungsangst, und der Betreffende sagte mir ganz schlicht: Es sei doch normal, in einer Prüfung Angst zu haben. Damit müsse man rechnen, auch wenn man in der Therapie schon sehr weit sei. Hierauf ging ich viel ruhiger in die Prüfung, und beim zweiten Teil konnte mich keine Frage aus der Fassung bringen. Das Resultat war auch wesentlich besser.

WILFRIED: Es kommt mir manchmal so vor, als ob jede Eigenschaft, die man in der Therapie von anderen nennen hört, mit der Zeit auch im eigenen Leben und Erleben entdeckt werden kann. Jedenfalls habe ich auch schon alle Ängste gehabt, die aufgezählt wurden: Prüfungsangst, Angst vor Nähe, Angst vor dem Sprechen in der Gruppe, allgemein lähmendes Angstgefühl. Was mir geholfen hat, ist wohl, was Christel so schön als »Vertrauen« bezeichnet hat. Angst ist stark mit Mißtrauensgefühlen durchsetzt. So sollte man in der Therapie zumindest zu einem Menschen (dem Therapeuten) Vertrauen fassen können. Die Beziehung zu ihm ist meines Erachtens entscheidend. Die Erläuterungen des Analytikers über Kindheitstraumen, seelische Fehlentwicklungen, Charakteranomalien etc. sind hilfreich – mehr hilft aber die Tatsache, daß man am Therapeuten einen verläßlichen, verstehenden Mitmenschen erlebt. Irgendwie verinnerlicht man den Therapeuten und sein Lebensgefühl. Je mehr man mit ihm spricht, seine Lebenseinstellung begreift, um so eher übernimmt man von ihm eine Haltung der Lebensfreundlichkeit und des Optimismus. Aus der Beziehung zu ihm kann man auch von ihm annehmen, daß er gewisse Lebenssituationen richtig beurteilt. Wenn er dann zu einer Angst des Analysanden Stellung nimmt und etwa ruhig sagt, man müsse sich nicht fürchten, so geht man hin und hat wirklich keine Furcht – man weiß kaum warum.

Solche Erfahrungen macht man oft in der Therapie und kann so in wachsendem Maße angstfrei werden. Das Zutrauen überträgt man vom Therapeuten auf andere Menschen. Die psychotherapeutische Beziehung ist ein Modellfall für viele andere Beziehungen. Man wird naturgemäß auch erleben, daß man in den Umgang mit dem Therapeuten viele irrationale Ängste hineinträgt. Diese soll man aber jeweils zur Sprache bringen, damit sie geklärt und beseitigt werden können.

HANS: Ein wesentlicher Trick bei der Angstbewältigung ist meines Erachtens der Versuch, die Angst derart zu präzisieren, daß sie in Furcht verwandelt werden kann. Damit ist viel gewonnen. Man kann nun Phantasie und Wirklichkeit voneinander trennen. Auch ist es dann leichter, Gegenmaßnahmen einzuleiten.

HILDEGARD: Was du sagst, scheint in die Richtung der sogenannten Verhaltenstherapie zu gehen, die jetzt so modern ist. Man kann es ja versuchen, im Falle einer Angst vor Spinnen, Katzen, Hunden etc. den Anteil von Phantasie und Realität zu sondern. Aber dahinter stehen doch im Grunde menschliche Beziehungsstörungen. Diese müssen abgeklärt werden. Eine rationale Durchleuchtung einer Angst mit isolierender Betrachtungsweise führt nirgendwohin. Beziehungsänderungen heilen irgendwelche Ängste.

HANNELORE: Ich möchte auch davon abraten, Ängste im »Selbstgespräch« zu überwinden. Ich habe das früher oft versucht, aber es war nur eine Schein-Überwindung. Wahrscheinlich wollte ich nicht von anderen Leuten abhängig werden. Das hinderte mich daran, Hilfe bei anderen zu suchen. In der Gruppe habe ich gelernt, meine Ängste vor »teilnehmenden Zuhörern« auszusprechen, ohne mich zu genieren. Ich erfuhr dabei eindeutig, wie meine Angst strukturiert ist: es ist die Angst, nicht akzeptiert zu werden. Auch steht ein Leistungsdruck dahinter. Ich meinte immer, man müsse viel leisten, um geliebt zu werden. In der Gruppe habe ich nun erfahren, daß es auch durch die mitmenschliche Beziehung allein schon zur inneren Beruhigung kommen kann. Ich lernte, einen Kontakt ohne Leistungsforderung zu erleben. Dadurch überwand ich Ängste, die gar nicht zur Sprache gekommen waren.

HILDEGARD: Ich möchte dieser Erfahrung beipflichten. Ich habe schon dreimal hier in der Gruppe gesprochen. Über die jetzt bevorstehende Prüfung wurde damals nicht geredet. Aber mein riesengroßes Verlangen nach Anerkennung ist mir bewußt gemacht worden. So kann ich mir jetzt selbst sagen: Auch wenn ich die Prüfung nicht bestehe, kann ich in die Gruppe kommen und erklären, schaut, ich bin durchgefallen. Früher wäre ich bei so einer Aussage vor Scham gestorben. Nun weiß ich, daß die Gruppe von so einer Mitteilung in keiner Weise berührt wäre. Man würde mich genauso mögen wie vorher. Das bewirkt nun, daß ich wie ein emsiges Bienchen arbeiten kann und eine sehr positive Einstellung zur Prüfung habe.

MAJA: Man merkt hier die Nachwirkung unserer sogenannten guten Erziehung. Wir werden vor allem zur Abgrenzung gegen die Umwelt erzogen: wir sollen uns vor den Mitmenschen schützen. Darum können wir uns später mit unseren Ängsten an niemanden wenden. Wir haben Angst vor den anderen. Wenn man es aber erlebt, daß man sich an Gruppenmitglieder wenden darf und trotz seiner Ängste akzeptiert wird, so ergibt das eine ungeheure Entlastung. Man versucht es bei zwei oder dreien, später zieht das größere Kreise, und man fühlt sich in der großen mitmenschlichen Gemeinschaft geborgen.

KARL: Kann man jemals seine Ängste vollständig eliminieren?

HANNELORE: So möchte ich nicht verstanden werden. Ich wollte nur sagen, daß man durch den menschlichen Kontakt eine Möglichkeit bekommt, sich durch die anderen helfen zu lassen. Man kommt aus der Isolierung heraus und kann dann die Schwierigkeiten besser angehen.

LOTHAR: Das Nicht-Aussprechen von Ängsten scheint mir der Faktor, der die Angst zementiert. Was man im Gespräch mit einem verstehenden Gegenüber erörtert, nimmt menschliche Dimensionen an und ängstigt weniger. Gespräche erhöhen irgendwie die innere Sicherheit. Natürlich müssen diese Gespräche auf der Basis der Verständigung geführt werden.

FRITZI: Die Therapie will die Angst nicht »besiegen«, sondern in erster Linie die Beziehungsfähigkeit steigern. Dann verringert sich das Angstproblem von selbst. Dazu gehört, daß man auch realitätsbezogener wird. Wer die Mitmenschen besser kennt und versteht, wird vor ihnen weniger Angst haben. Auch die Selbsterkenntnis ist ein Angstschutz.

MAJA: Ich würde sagen, Angst ist ein Gefühl, das jeden von uns überall und in jeder Minute befallen kann. Die Frage ist nur, was man mit der Angst anfängt. Der eine betäubt sie durch Alkohol, Drogen etc. Wir wollen erforschen, was hinter unserer Angst steht. Wir versuchen, auch dieses Gefühl in unsere Lebensführung einzuordnen. Die Therapie soll uns lehren, mit allen unseren Gefühlen besser umzugehen.

WERNER: Ich habe im Laufe meines Lebens schon viele Ängste durchgestanden. In der Therapie habe ich gelernt, einige Mechanismen zu durchschauen, die meinen Ängsten zugrundeliegen. Nun glaube ich aber aufgrund meiner bisherigen Therapieerfahrung, daß man über einen Großteil seiner Ängste hinauswachsen kann. Ich bin da sehr zuversichtlich und kann mir vorstellen, daß ich eines Tages relativ angstfrei leben werde. Ich glaube nicht, daß der Mensch grundsätzlich Angst vor dem Leben haben muß. Der Begriff der *basic anxiety* legt so etwas nahe. Aber stimmt das auch wirklich? Wenn wir unsere Beziehung zu den Mitmenschen und zu uns selbst erheblich verbessern, dann kann es sehr gut sein, daß wir nahezu gar keine Angst mehr haben.

WOLFGANG: Ich habe in der Therapie erlebt, daß mein persönliches Angstquantum sich sehr verringert hat. Ich glaube, das geschah durch die Gefühlszufuhr, durch gute Erlebnisse mit Menschen. Als ich mehr Beziehungen hatte, mußte ich nicht mehr gegen meine Ängste ankämpfen – ich hatte einfach weniger Angst! Ich konnte in Situationen, die mich vorher schwer geängstigt hatten, mit einem Mal angstfrei, realitätsbezogen und problemlösend handeln.

TUSCHY: Vorhin erwähnte jemand Tricks, mittels derer man Angst in Furcht umwandeln könne. Ich glaube nicht, daß das wirksam ist. In der Regel benötigt man das psychotherapeutische Gespräch, um über Ängste hinwegzukommen. Nun zur vorhin erwähnten Verhaltenstherapie. Diese versucht, spezifische Ängste durch Training zu beheben. Man versetzt den Analysanden in eine Situation, in der er mit dem gefürchteten Gegenstand oder dessen Vorstellungsbild konfrontiert wird. Dabei kommt es zu Gewöhnungen, die mit Lob und Tadel, Belohnung oder Bestrafung quittiert werden. Das soll angeblich therapeutisch nützlich sein. Wir sind skeptisch gegen die ganze Verhaltenstherapie. Diese ist ja nur Symptombehandlung und läßt die kranke Persönlichkeit aus dem Spiel. Auch wird übersehen, daß man bei dieser »Konditionierung« Beziehung zum Versuchsleiter aufnimmt, also doch mit einer Übertragungssituation arbeitet. Das Zwischenmenschliche wird von den Verhaltenstherapeuten geflissentlich nicht beachtet. Die Erfolge einer solchen Oberflächentherapie können auf den ersten Blick beachtlich sein: in die Tiefe wirken sie kaum. Unseres Erachtens ist die Verhaltenstherapie lediglich eine Mode, die natürlich auch von der Umständlichkeit und Unergiebigkeit der orthodox-psychoanalytischen Verfahren profitiert.

WILFRIED: Wenn Alfred Adler sagt, Menschsein heiße, Minderwertigkeitsgefühle zu haben, so ist das wohl nicht so gemeint, daß man niemals aus dem Griff dieser Komplexe entlassen werde. Werners optimistische Einstellung hat mir gut gefallen. Ich glaube auch, daß man aufgrund der Therapie weitgehend angstfrei werden kann. Wer sich selbst entfalten lernt und beziehungsfähig wird, der muß doch keine Minderwertigkeitsgefühle mehr haben. Und wenn er einen Anflug davon hat, weiß er sofort den Weg, sie zu überwinden. Er wird auch nicht in das pathologische Geltungs- und Machtstreben verfallen, das seine Ängste nur für Augenblicke drosselt, um sie hernach desto stärker aufflakkern zu lassen.

KLAUS: In Alfred Adlers Theorie steht im Zentrum das sogenannte Gemeinschaftsgefühl. Dieses muß entwickelt werden – es ist der beste Angstschutz, den es gibt.

HILDEGARD: Werners und Wilfrieds Optimismus liegt wohl durchaus im Sinne der Lehre von Alfred Adler.

RATTNER: Ich möchte zum Abschluß festhalten, daß das Problem der Angst für die Psychologie und Psychopathologie von zentraler Bedeutung ist. Man kann um das Angstmotiv herum die ganze Tiefenpsychologie aufbauen. Das ist ein roter Faden, der sich nicht nur durch alle psychologischen Fragen hindurchzieht, sondern auch durch die Probleme der Religion, Philosophie, durch alles Nachdenken über den Menschen. Um die Angst zu begreifen, muß man mit sehr viel Geduld allen bereits gestreiften Zusammenhängen nachgehen. Ich habe z. B. schon hunderte Male über die Angst nachgedacht. Heute aber empfand ich das Problem wieder ganz neu: Ich bin beeindruckt durch die Vielseitigkeit seiner Aspekte. Will man in den Denkprozeß hineingeraten, so muß man von allem früher Gelesenen, Gehörten und Gedachten absehen können. Man muß gleichsam immer wieder von neuem anfangen. Man muß sich vom Thema ergreifen lassen. Dann soll man sich alles wieder in Erinnerung rufen, was man diesbezüglich erlebt hat, bei sich selbst und bei anderen. Hernach greift man wieder auf Konzepte der Autoren zurück, holt sich Anregungen von allen wissenschaftlichen Disziplinen, die in Betracht kommen. Man muß so ein Thema regelrecht in sich tragen, oft in Gedanken auf es zurückkommen. Ich halte es zumeist so, daß ich mir den Gegenstand unserer Erörterungen oft vor Augen halte, ich »brüte darüber«, stifte Beziehungen zwischen entlegenen Denkinhalten, schlage Brücken zwischen allen nur denkbaren Standpunkten.

Wir haben heute manches gehört über Angst und Erziehung, Angst und Körpererleben, Angst und Gewohnheit, Angst und Psychotherapie, Angst und zwischenmenschliche Beziehungen. Man könnte noch viele andere Problemkreise aufweisen. Ein produktiv denkender Mensch ist jemand, der innerhalb seines geistigen Besitzes »Binnenverkehr« durchführen kann – er kombiniert alles, was er weiß, Lebenserfahrung, Lektüre, eigene und fremde Beobachtung usw. So fördert er die eigene Denktätigkeit und macht viele Gedankenfragmente fruchtbar, die in ihm bereitliegen.

Wer bei uns denken lernt, wird später Themen dieser Art zu einer unerhörten Weite und Tiefgründigkeit entfalten können. Diese Unerschöpflichkeit der Denkbemühung kann vor allem in Therapiegruppen eingeübt werden. Wir sollen hierbei lernen, jedes interessante Problem mit allen Fragen des Menschseins, der Kultur, der Geschichte, der Lebenskenntnis in Zusammenhang zu bringen. Souveränes und kunstvolles Denken ist auch eines der Ziele, die der psychotherapeutischen Behandlung als Beitrag zur psychischen Gesundung vorschweben müssen. Der seelisch gesunde Mensch muß auch denken können. Und zwar nicht nur in der Reproduktion von totem Buchwissen, sondern Denken aus der inneren Erlebniswelt heraus. Unsere Theoriestunden sollen hierzu Vorbild und Exempel sein. Wir werden am Beispiel der Angst miteinander durchexerzieren, was in den Umkreis einer sorgfältigen Problemerörterung hineingehört. Auf diese Weise üben wir das echte Gespräch, welches einer der größten Heilfaktoren in der Psychotherapie ist.

Zweites Gespräch

RATTNER: Das Thema »Angst« ist so weitläufig, daß wir sehr lange darüber reden können. Ein solches Thema ist schier unendlich. Man kann es zu allem und jedem im Menschenleben in Beziehung setzen. Wir wollen hierbei sehr gründlich vorgehen. Ich möchte jedoch zunächst darum bitten, daß man rekapituliert, was wir letztes Mal gesagt haben.

HARRO: Wir haben das letzte Mal versucht, das Thema von drei Richtungen her anzugehen. Und zwar vom anthropologischen und vom entwicklungspsychologischen Gesichtspunkt, schließlich auch von unseren persönlichen Erfahrungen her. Wir untersuchten, wie beim Kind die Angst entsteht. Dann schilderten wir alle möglichen Ängste, um konkretes Material zu sammeln. Beim anthropologischen Ansatz ging es darum, das menschliche Verhalten mit den Verhaltensweisen der Tiere zu vergleichen. Tiere haben durch die Instinkte einen einigermaßen festen Lebensrhythmus. Sie scheinen der Angst weniger ausgesetzt zu sein als der Mensch. Dann haben wir den Unterschied von Furcht und Angst diskutiert. Furcht scheint mit einer objektiven Bedrohung zusammenzuhängen. Der Mensch hat keine Instinktausrüstung. Er ist angstanfälliger als das Tier und strebt immer nach Sicherheit. Angst tritt auch auf, wenn er die Aufgaben, die ihm das Leben stellt, nicht bewältigen kann.

KLAUS: Ich möchte noch ergänzen, daß die Angst als Ausdruck einer Minderwertigkeitssituation verstanden werden kann. Der Mensch ist von Natur ein schwaches und hilfloses Wesen, das während eines Viertels seines Lebens auf die Unterstützung durch andere (Eltern, Erzieher) angewiesen ist. Er kann daher leicht Abhängigkeitsgefühle entwikkeln. Je nach den Kindheitserlebnissen im familiären Milieu kann es zu Angstbereitschaften kommen, die dann zu entsprechenden Kompensationen Anlaß geben. Fast immer wird man finden, daß das Individuum Abwehrtendenzen gegen die Angst aufbaut. Oft handelt es sich um asoziale Kompensationen und Überkompensationen gegen die Angst. In jeder Neurose steckt eine Auseinandersetzung mit der Lebensangst. Natürlich auch in den sogenannten Phobien. Letztere sind spezifische Ängste, die sich an ein bestimmtes Objekt heften, z. B. Angst vor dem Eingeschlossenwerden (Klaustrophobie), Angst vor gewissen Tieren, Platzangst (Agoraphobie). Die Lebensführung der Menschen, die eine Phobie haben, ist zumeist durch einen eingeschränkten Aktionsradius gekennzeichnet. Sie weichen den Aufgaben des Lebens aus und sind dauernd damit beschäftigt, ihrer Phobie entgegenzuwirken. Sie streben immer nach Sicherheit.

CHRISTEL: Wir haben noch gesagt, daß Menschen, die kein Vertrauen zum Mitmenschen haben, der Angst besonders ausgeliefert sind.

HANNA: Angst ist auch mit Isolationsgefühlen verbunden. Wenn man Angst empfindet, ist die Beziehung zu den Mitmenschen gestört.

MAJA: Wir hatten uns auch überlegt, wie man die Angst überwinden kann. Wenn wir lernen, auf die Menschen zuzugehen, lockert sich der Griff der Angst. Man muß Kontakt einüben.

THOMAS: Dann haben viele von uns persönliche Erfahrungen berichtet. Wir hatten uns auch vorgenommen, das Thema systematisch anzugehen, also Darstellung der Lehren von Freud, Adler, der Neopsychoanalyse und der Philosophie.

MAJA: In der Angst können wir oft kaum Schritte zu deren Überwindung tun. Dennoch müssen wir uns zum Gespräch mit anderen aufraffen. Das ist bereits eine Erleichterung, wenn uns jemand anhört und uns seine Meinung über unsere Ängste sagt.

WILFRIED: Verschiedene hatten darauf hingewiesen, daß Angst immer von körperlichen Symptomen begleitet wird. Man verspürt z. B. einen inneren Spannungszustand, man bekommt Herzklopfen, Atemnot, der Kreislauf ist beunruhigt, man wird rot oder blaß und stottert evtl. beim Sprechen. Oft tritt die Angst in Situationen auf, in denen man um Sicherheit und Selbstbestätigung bangt. Es hängt vom Charakter ab, in welchen Situationen jemand Angst bekommt. Manche Leute ängstigen sich, wenn sie vor einer größeren Gruppe sprechen müssen. Oft steht dahinter ein Perfektionsstreben, der Wunsch, vor den anderen fehlerlos dazustehen. Die Angst ist dann die Kehrseite des Perfektionismus. Oder jemand ist voll von Abhängigkeitstendenzen, er kann nicht gut auf eigenen Füßen stehen. Wenn er nun in eine Situation gerät, wo er sich an niemand anlehnen kann, sondern selbst Entscheidungen treffen muß, wird er Angst haben. Andere wieder haben von ihrer Kindheit her den Wunsch, in völliger Harmonie mit ihrer Umwelt zu leben. Wenn nun in der Umgebung irgendwelche Spannungen und Konflikte entstehen, die evtl. harmlos sind, können diese bereits mit Angst quittiert werden. Wer in seinen Kinderjahren durch Tabus, Verbote und Gebote eingeschränkt wurde, hat oft Angst vor jeglicher Ich-Expansion.

RONALD: Man hat auch letztes Mal den Vorschlag gemacht, man solle versuchen, die Angst jedesmal in Furcht zu verwandeln – dann könne man sich besser damit auseinandersetzen. Wir bezweifelten, ob das möglich sei. Ich glaube, man würde lediglich »Rationalisierungen« zustandebringen, d. h. man findet faule Ausreden für die Ängste, die man dann noch weiterbehält.

Als weitere Beispiele für Rationalisierung fällt mir etwa die Mutter ein, die ihr Kind immer unter ihren Fittichen halten will und darum behauptet, man könne Kinder gar nicht auf die Straße lassen, weil da immer Sittlichkeitsverbrecher herumliefen. Das wäre wohl Verwandlung einer Angst in Furcht; man erfindet Gründe für seine Furchtsamkeit, aber im Hintergrund lauert eine irrationale Angst.

WILFRIED: Für das Ausbrechen von Angst sind keine Real-Ursachen notwendig, auch die Einbildungskraft genügt, um alle körperlichen und seelischen Symptome hervorzubringen.

GUNDA: Wir haben jetzt schon viele Angstanlässe genannt. Thomas sprach von der Angst vor menschlicher Nähe und Angst vor Vereinsamung. Dann hörten wir von Tierphobien, Angst vor dem Neuen, vor dem Eingeschlossenwerden, vor dem Sprechen, vor dem Fehlermachen. Gibt es überhaupt irgend etwas in der Welt, wovor der Mensch nicht Angst haben kann? Oft heftet sich die Angst an ganz absurde Dinge und Situationen.

Zur Phobie möchte ich sagen, daß ich mir nicht denken kann, wie eine Phobie ohne ein allgemeines Angstgefühl bestehen soll. Wer sich irgendwo bei einer Bagatelle ängstigt, hat doch vermutlich dauernd Angstgefühle, die er vielleicht nur nicht bemerkt. Wer ausgeglichen und mutig lebt, muß sich vor keinem Tier fürchten und kann auch ruhig auf Straßen, Plätze, Häuser und Brücken gehen.

Tuschy: Die Lokalisierung der Angst auf ein spezifisches Objekt in der Phobie dient wohl einer Art Angstbewältigung. Es ist für den Patienten bequemer, sich so ein Objekt zu schaffen – seine Ängste erscheinen dann rationaler. Aber im Grunde ist es sicher die ungeheure Grundangst.

Klaus: Man kann tatsächlich vor allem und jedem Angst haben. Die Angst ist ein so plastisches Gefühl, daß sie sich jeder Situation anschmiegen kann. Wie groß die Weltangst werden kann, erleben wir besonders deutlich an den Geisteskrankheiten. In den Psychosen bricht der Angstaffekt so gewaltig über den Patienten herein, daß er buchstäblich einer universellen Ungeborgenheit ausgeliefert ist. Oft getrauen sich z. B. schizophrene Patienten nicht mehr zu sprechen oder sich zu bewegen. Die Angst lähmt sie in der sogenannten Katatonie völlig. Sie macht den Menschen handlungsunfähig.

Maja: Die falsche Kindererziehung ist die Hauptquelle zahlloser Lebensängste. Niemand hat uns gelehrt, wie wir unsere Kinder erziehen sollen. Heute sind wir im Umbruch zur antiautoritären Erziehung. Wir kommen alle noch aus einer Generation, in der geprügelt wurde und Gehorsam über allem stand. Nun wollen wir es antiautoritär machen, aber wir machen dabei auch viele Fehler. So stoßen wir uns oft genug an der Spontaneität des Kindes. Wir sind innerlich zu starr, um die kindliche Lebendigkeit ertragen zu können. Darum greifen auch wir zu Geboten und Verboten. Wir machen den Kindern Angst. Z. B. unser Nachbarssohn ist drei Jahre alt. Er möchte immer aus dem Garten der Eltern herauslaufen. Er begreift noch nicht, daß er das nicht darf. Nun haben ihm die Eltern Angst gemacht, indem sie sagten, draußen seien Hunde, die ihn beißen werden. Dann soll er nicht auf einem Stein stehen, weil er herunterfallen kann. Die Eltern sagten ihm: »Auf dem Stein gibt es Bienen, die werden dich stechen!« Auch sprachen sie von Schlangen, die Kinder beißen können. Letzthin wollte diese Mutter mit ihrem Buben spazierengehen. Er hatte aber schon so viel Angst, daß er sagte: »Ich will nicht, ein Hund kommt!« Wenn ich mir nun vorstelle, was diese Eltern auch sonst noch ihrem Buben sagen, dann wundert es mich nicht, daß er bald ein Bündel von Angst sein wird.

PETER: Die Angst kommt nicht nur in massiven Symptomen zum Vorschein. Es gibt auch subtilere Formen, die man mit ungeübtem Auge kaum erkennen kann. So kann z. B. das ganze Weltbild eines Menschen von Angst geprägt sein. Das kann sich etwa harmlos so zeigen, daß jemand sehr stark symmetrische Formen bevorzugt. Andere wieder dokumentieren ihre Angst durch ein Übermaß von Ordnung, Pedanterie. In der Politik wird der Ängstliche stets zum Konservatismus neigen. Oder er wird immer mit der jeweiligen Mehrheit konform gehen.

GUNDA: Wir sollten vielleicht auch auf die Abwehrmechanismen gegen die Angst zurückkommen. Man kann die Angst meistens verdrängen. Was dann zum Vorschein kommt, ist etwa Scham, Ekel, Hemmungen, Interesselosigkeit, Phlegma etc. Oder man kann Angst durch irgendeine Überaktivität betäuben.

MAJA: Hierzu ein einfaches Beispiel. Es gibt sicher Menschen, die durch intensives Engagement im Beruf etwa dem Liebesproblem ausweichen. Sie verdrängen dann ihr Liebesbedürfnis und jagen nur noch dem beruflichen oder materiellen Erfolg nach. Der Managertyp gehört wohl in diese Kategorie.

THOMAS: Die Tiefenpsychologie erklärt, daß in jeder menschlichen Handlung ein Ziel steckt. Alles sei teleologisch, also zweckhaft. Welchen Zweck hat nun ein Angstanfall? Was kann einer damit wollen? Will er unbewußt etwas damit erreichen?

FRANZ: Gibt es nicht einen engen Zusammenhang zwischen Angst und Lust? Beides sind sehr intensive Körpererregungen. Man könnte auf den Gedanken kommen, daß sich Angst einstellt, wenn die Lustempfindungen allzusehr verdrängt werden. In der Angst läge dann so etwas wie ein Ersatz-Orgasmus vor. Ich überlege auch, ob nicht die Begeisterung für Kriminal-, Grusel- und Gangsterfilme einen solchen Zusammenhang erschließen läßt. Man hat irgendwie Lust an der Angst. Man holt sich auf Umwegen eine Art grausige Lustempfindung, die natürlich sadomasochistisch gefärbt ist. Aber da wird schon eine psychische Deformation vorausgesetzt. Das gilt schon für Kinder, die andere quälen und erniedrigen. Sie werden von den Eltern geschlagen und schlagen nun die schwächeren Kinder. Wer ganz schwach ist, kann immer noch ein Tier plagen. Angst, Aggression und Lust haben eine geheime Beziehung. Ich glaube, nur durch die heutigen kulturellen und erzieherischen Verhältnisse wird die Angst zur »Grundbefindlichkeit des Menschen«, wie sich Martin Heidegger ausdrückt.

ROSWITHA: Wir haben das in der Therapie oft genug erlebt. Wer keine positiven, spontanen, schöpferischen und expansiven Lebensgefühle in sich aufbauen kann, wird in der Regel zu Angst oder Aggression oder beidem neigen. Wenn man nicht arbeiten und lieben kann, gerät man in die kranken Gefühle des Neides, der Eifersucht, des Ressentiments hinein, was immer auch angstgetönt ist. Ich kann bestätigen, was Franz sagt: Die Angst wird zu einem Sexualitätsersatz. Man fühlt sich nicht mehr so leer im Innern, man fühlt sich auf eine Weise lebendig, allerdings sehr gequält.

TUSCHY: Ich würde das ein wenig anders deuten. Wer gerne Krimis und Horrorfilme ansieht oder gruselige Situationen aufsucht, der will eine unbewußte Angst nicht nur erleben, sondern auch überwinden. Er identifiziert sich meistens mit dem Helden, der ja in solchen Veranstaltungen immer wieder mit übermenschlichen Kräften ausgestattet ist. Durch diese Identifikation mit dem Mächtigen fühlt man sich für Augenblicke sicherer und stärker. Dadurch empfindet man die Angst nicht mehr so schlimm. Was man sucht in solchen sadistischen Situationen, ist also der Machtrausch, an dem man flüchtig teilnimmt. Es ist ja auch bei den Masochisten so. Sie lassen sich beschimpfen, schlagen und demütigen, aber insgeheim fühlen sie sich mit dem sadistischen Partner eins und partizipieren an dessen Machtpose und Imponiergehabe. Es handelt sich also um Kompensationsmechanismen. Die Vorliebe für das Gruselige und Grausame ist eine pathologische Form von Angstbemeisterung.

MAJA: Ich kann das bestätigen. Identifikationen vermindern die Angst. Wenn ich z. B. einen Film gesehen hatte, worin eine schöne Frau vorkam und eine herrliche Liebesbeziehung, dann nahm ich das Bewußtsein nach Hause mit, daß ich ihr ähnlich sein könnte – ich hatte dann mehr Optimismus in bezug auf meine Partnerschaft.

IRMGARD: Die Frage von Thomas sollte doch noch beantwortet werden. Was ist das Ziel des Angstanfalls? Adler schreibt in seinem Buch »Menschenkenntnis«, daß man mittels der Angst seine Umgebung auch beherrschen kann. Man ist hilflos und verstärkt noch den Aspekt der Hilflosigkeit – auf diese Weise will man Liebe, Schonung und Hilfeleistung erzwingen. Man kann also auch durch Angst ein Machtverhältnis aufbauen. Andere werden durch unser Leiden unter Druck gesetzt. Man erzwingt etwas mittels der Angst.

MICHAEL: Als ich die verschiedenen Erlebnisberichte anhörte, kam ich auf einen gemeinsamen Nenner für alle Ängste. Angst ist offenbar ein Gefühl. Diese Aussage erhält eine besondere Bedeutung, wenn wir uns klar darüber werden, daß der Aufbau unserer Persönlichkeit im wesentlichen von Gefühlen bestimmt wird. Das Gefühl ist das Fundament der Persönlichkeit. In der Kindheitsentwicklung ist die Angst am geringsten, wenn eine positive, freundliche Atmosphäre in der Umwelt besteht. Daraus kann man folgern, daß sich Angst einstellt, wenn die mitmenschlichen Gefühle oder Beziehungen abbröckeln.

WERNER: Ein Aspekt der Angst ist das Ausweichen vor bestimmten Situationen. Ich habe das früher manchmal erlebt. Wenn es mir nicht gelang, tragende menschliche Beziehungen aufzubauen, dann geriet ich in Angst. Ich glaube, ich fiel da auf eine Kindchen-Haltung zurück. Ich verließ damit die Ebene des Erwachsenseins und wollte nur noch als hilfloses Kind dastehen. Und die anderen sollten mir helfen.

JÜRGEN: Mir scheint auch, daß man mit der Entwicklung von Angst einen unbewußten Zweck verfolgt. Man ist etwa in einer Situation, mit der man nicht zurechtkommt; nun produziert man Angst, und die Familie, die das sieht, nimmt sich freundlich des Ängstlichen an, man verschont ihn hinsichtlich mancher Pflichten und Aufgaben. Oder man ist vor einer Prüfung – nun kommt die Angst, und man fühlt sich so hilflos, daß man nicht hingehen kann. Man erspart sich die Mühe und den drohenden Mißerfolg.

MAJA: In der Angst liegt demnach ein pathologisches Sich-in-Beziehung-Setzen. Kontakt ist da auch vorhanden, aber auf infantile Weise.

TUSCHY: Die Angst eines Familienmitgliedes kann mit der Zeit tatsächlich ein ganzes Familienleben umstrukturieren. Wenn einer Angstanfälle hat, müssen alle anderen auf ihn Rücksicht nehmen. Man kann nichts tun, ohne diese allzeit drohende Angst ins Kalkül zu ziehen. Der ganze Tagesablauf der Familie wird durch diese Angst mitbestimmt.

KLAUS: Ich will nochmals auf die Relation von Angst und Isolierung hinweisen. Angst erwächst meines Erachtens aus gestörten zwischenmenschlichen Beziehungen. Wer in einer emotionalen Abkapselung aufwächst, lernt die Menschen zu wenig kennen und bezieht sie nicht in sein Gefühlsleben ein. Dadurch fühlt man sich von ihnen getrennt. Die Angst wiederum wirkt weiter sehr trennend. So kommt man aus der Isolation nicht mehr heraus. Auch die Ausweichtendenzen in der Angst möchte ich bestätigen. Wir können das an den Angstträumen exemplifizieren. Nach einem Angsttraum ist man meistens am folgenden Morgen depressiv oder ängstlich gestimmt, selbst wenn man den Trauminhalt großenteils vergessen hat. Diese Gefühlshaltung nimmt man nun in den Tag hinein mit. Man wird dann unwillkürlich vorsichtiger und pessimistischer denken und handeln. Man hat sich im Traum in die angebliche Gefährlichkeit der Welt »eingefühlt«.

REGINE: Freud vertritt die Ansicht, daß die Angst aus unbewältigter Triebenergie entsteht. Libido verwandelt sich in Angst. Auch verdrängte Affekte können als Angst zum Vorschein kommen. Auch ist er der Meinung, daß jede Angst ein Stück weit Wiederholung der Geburtsangst sei. Wenn das Kind geboren werde, empfinde es erstmals große Angst, nämlich infolge der Atemnot, der Trennung von der Mutter, des Hinausgestoßenwerdens in die kalte Umwelt.

WILFRIED: Mir widerstrebt ein wenig die Auffassung, daß man seine Ängste unbewußt zweckhaft selbst erzeugt. Denn die Angst ist ein derart unangenehmes Gefühl, daß man es doch normalerweise zu vermeiden suchen sollte. Nun wurde gesagt, daß manche Charaktere den Angstaffekt benützen, um ihre Mitmenschen damit zu manipulieren. Das kann ich mir gut vorstellen. Aber man muß vielleicht differenzieren. Gewisse Menschentypen werden tatsächlich das Manifestwerden von Angst in den Dienst ihrer Umweltbeeinflussung stellen – sie werden damit erzwingen, daß man schwierige Probleme für sie aus dem Weg räumt. Aber das gilt wohl nicht für alle Menschen und alle Ängste.

Wahrscheinlich liegt jeder Neurose hauptsächlich Angst zugrunde. Die Neurose erscheint mir aber nicht nur als Ausdruck, sondern auch als Abwehr gegen die Angst.
Vermutlich verwenden nur jene die Angst zum Zweck der allgemeinen Entlastung, die als Kind erfahren haben, daß man ihnen im Angstaffekt freundlich entgegenkommt. Manche lernten als Kind, daß sie in der Depression, durch Kleinmut und Ängstlichkeit am ehesten noch Liebe erhalten können. Das wird dann zur charakterlichen Prägung. Man kann nicht mehr aus diesem Schematismus heraus.

GUNDA: Das ist aber recht kompliziert, was du sagst. Man muß sich einmal vorstellen, wie die Angst entsteht. Sie entsteht ja in zwischenmenschlichen Situationen. Das Kind nimmt ja in allen seinen Reaktionen auf seine Umwelt Bezug. Die Wechselbeziehung zu anderen Menschen kann nie ausgeklammert werden. Nun will man gewiß Angst immer vermeiden. Aber wenn sie schon auftritt, wird sie in das zwischenmenschliche Geschehen eingeordnet. Das Individuum »benützt« sie im Rahmen seiner Selbstbehauptung. Man merkt doch, daß man mit der Angst vieles erreicht, was man sonst nicht erreichen würde.

MICHAEL: Vielleicht wird Wilfrieds Überlegung deutlicher, wenn man daran erinnert, daß es Menschen mit Erkrankungen des Kreislaufsystems gibt, die intensive Angst empfinden, wobei hier die organische Ursache im Vordergrund steht. In solchen Fällen werden wohl teleologische Überlegungen – wozu die Angst? – nicht so recht weiterführen.

JÜRGEN: Und doch meine ich, daß jeder Ängstliche jahrelang trainiert hat, im richtigen Zeitpunkt seine Ängste zu erzeugen. Man erwirbt sich viel Einfluß auf die Umgebung, wenn man dann und wann seinen Angstanfall hat. Man kann z. B. die Mutter zu einem höheren Maß von Zuwendung zwingen, und das tut einem unter bestimmten psychischen Voraussetzungen sehr wohl. Unwillkürlich setzt man das in der Kindheit Gelernte im späteren Leben fort. Auch in der Partnerschaft wird man das Kindheitsverhalten weiterführen. Nun ist die Partnerin der Adressat der Ängste. Sie soll damit unter Umständen weichgemacht werden. Man kann die Welt auch mittels Angst in Schach halten. Man übt einen Druck auf die Mitmenschen aus, die ja Mitleid haben.

Peter: Ich frage mich, ob man nicht dasselbe erreichen kann, wenn anstelle der Angst etwa eine Migräne oder eine Angina pectoris tritt. Auch das terrorisiert die Umwelt. Da die Abwehrmechanismen zur Verhütung von Angst aufgebaut werden, stelle ich mir vor, daß die große Daseinsangst immer dann auftritt, wenn alle Abwehrmechanismen versagen.

Tuschy: Wir haben schon beim letzten Mal daran erinnert, daß jede Mutter sehr hellhörig in bezug auf die Ängste ihres Kindes ist. So lernt das Kind früh, seine Angst appellativ einzusetzen. Es teilt damit der Umgebung gleichsam mit: Ich brauche eure Hilfe! Nun kann man bei den Menschen voraussetzen, daß sie so einen Hilfeschrei, vor allem wenn er vom eigenen Kind kommt, nicht ungehört verhallen lassen. Sie helfen dann wirklich. Somit lernt das Kind: Angstäußerungen verbessern meinen Zustand. Diese Erfahrung kann zu einem Ur-Reflex werden und zu einem Charakterbestandteil. Gerät man im späteren Leben in eine wirkliche oder auch nur vermeintliche Not, so beschwört man wieder den Angstaffekt herauf, um nochmals eine Situationsverbesserung magisch zu erzwingen.

Der appellative Aspekt des Angstanfalls kann von einem guten Beobachter manchmal sehr schön gesehen werden. Andererseits gibt es allerdings prestigeorientierte Menschen, die nur ungern die Angst als soziales Entlastungsmittel verwenden. Sie möchten nicht gern als schwach erscheinen. Diese Typen somatisieren unter Umständen die Angst, so daß sie nicht sagen müssen: »Ich ängstige mich.« Sie ziehen es vor, ein körperliches Symptom zu produzieren, etwa: »Mein Herz ist nicht in Ordnung!« In unserer prestigeorientierten Kultur sind Körperleiden »anständiger« als seelische Erkrankungen.

Massive Ängste können, wie die klinische Beobachtung lehrt, gelegentlich zum Herztod führen. Da hört natürlich jede unbewußte Absicht auf, das ist dann eine Funktionsentgleisung infolge von Überlastung des vegetativen Nervensystems und dazugehöriger hormonaler Funktionskreise.

Maja: Ich glaube, daß vor allem ehrgeizige Menschen das Bestehen von Ängsten schwer anerkennen können. Denn wenn sie Angst haben, dann stimmt ja irgend etwas bei ihnen nicht. Angst ist ein Alarmsignal: etwas liegt im argen. Nun wollen sich ehrgeizige Menschen keine Fehler eingestehen. Sie wollen auch nicht als hilflos erscheinen. Darum erfinden sie Rationalisierungen, Ausweichsmanöver usw. Aber die Angst entläßt sie trotzdem nicht aus ihrem Griff.

MICHAEL: Ich sehe einen Zusammenhang zwischen Angst und Minderwertigkeitsgefühl. Angst lähmt die Ich-Expansion. Man kann ruhig sagen, daß jeder Ängstliche eine geringe Selbsteinschätzung hat. Er getraut sich daher nicht an gewisse Lebensaufgaben heran. Sein Selbstbildnis muß durch diese Furchtsamkeit geprägt sein. Daher engt er seine Lebenstätigkeit sehr stark ein.

RONALD: Warum verwenden nicht alle Menschen die Angst als ein Hilfsmittel zur sozialen Entlastung? Das ist doch hauptsächlich für bestimmte Angstcharaktere typisch. Wir sollten nochmals auf Karen Horneys Begriff »Grundangst« zurückkommen. Horney sagt, die Grundangst sei ein Gefühl der Hilflosigkeit, welches sich beim Kind einstellt, wenn es in einer unfreundlichen, gleichgültigen oder sogar feindseligen Umwelt lebt. Nun haben wir letztes Mal schon gesagt, daß der Mensch unfertig zur Welt kommt und eigentlich dazu disponiert ist, sich zu ängstigen. Er hat ja keine fertigen Reaktionsmuster wie das Tier: Er muß alles mit Hilfe der Familie und der Umwelt erlernen. Wenn er erfolgbringende Reaktionsmuster lernt, so kann er die Angst ganz gut in Schach halten. Wenn er aber durch die Mutter und die übrigen Beziehungspersonen eine schlechte Anleitung erhält, so wird sich das Gefühl der Hilflosigkeit in ihm vertiefen und zum beherrschenden Grundgefühl werden. Das ist die Grundangst, und sie ist zweifellos sehr unangenehm. Nun wird sich der Mensch bemühen, aus diesem Angstzustand herauszukommen. Dabei wählt er gewisse Verhaltensweisen, die er durch Zufall und Ausprobieren als nützlich befunden hat. Ein Angstcharakter entwickelt sich wohl dann, wenn jemand als Kind mit der Angst erfolgreich operieren gelernt hat. Die Einflüsse der Charaktere von Mutter und Vater sind hierbei besonders gewichtig. Manche Eltern zeigen dem Kind regelrecht vor, was man alles mit der Angst bewirken kann. Oder man dressiert das Kind auf Artigkeit und Bravsein. Immer, wenn es sich klein macht und sich duckt, wird es speziell gelobt. So wird das Kind jene Verhaltensweise hauptsächlich adoptieren, mit der es den größten sozialen Erfolg hat. Das wird dann zum Charakterbestandteil. In manchen Fällen hat es keinen Wert, die Angst ins Verhaltensrepertoire einzubauen, weil sie von der Umgebung zu wenig beachtet wird. Denn es gibt Erwachsene, die auf die Angst des Kindes mit Spott und Hohn reagieren. So werden manche Kinder ihre Angstbereitschaften verdrängen und etwa an deren Stelle kämpferische Haltungen ausbilden, vielleicht auch Gleichgültigkeit, Apathie usw. Die Familienatmosphäre entscheidet also darüber, wieweit jemand später mit »Angstmitteln« arbeitet.

KLARA: Es ist sicher nicht dem Zufall überlassen, ob ein Menschenkind später im Leben die schizoide, die depressive, die hysterische oder die zwanghafte Angst ausbildet. Ich glaube, daß hier Familientraditionen vorherrschen. Die dominierenden Charaktertypen der Familie werden bei den Kindern als angstprägende Faktoren in Erscheinung treten. Die Kinder sehen ja, was etwa Mutter oder Vater mit einer spezifischen Abwandlung von Angst alles erreichen können. Nachahmung und Identifikation gelten auch in diesem Bereich. Ich meine also, in manchen Familien wird Depression oder Zwangsneurose weitergegeben auf Kind und Kindeskinder.

JÜRGEN: Oft werden auch Kopfschmerzen von der Mutter auf die Tochter und den Sohn weitergegeben.

TUSCHY: Es gibt meines Wissens Statistiken, wonach Angstneurotiker fast immer Eltern haben, die auch an akuten Angstanfällen leiden. Mindestens 50 Prozent zeigen eine solche Familientradition. Die Kinder wählen dann dieselben Methoden wie die Eltern.

THOMAS: Das möchte ich unterstützen. Nehmen wir an, daß sich ein Kind in einer ängstlichen Familie zunächst mutig und angstfrei bewegt. Dadurch fühlen sich die Eltern sehr bald bedroht. Sie werden das Kind schnell in eine Rolle hineindrängen, die zu ihrem eigenen Verhaltensmuster paßt. Also muß das Selbstbewußtsein des Kindes eliminiert werden. Darum sollte man bei kindlichen Neurosen immer auch die Familie mitbehandeln. Ansonsten stört man das pathologische Gleichgewicht der Familienneurose.

HERBERT: Die Angst ist meines Erachtens eine psychische Mangelerscheinung. Sie ruft mitunter Abwehrkräfte auf den Plan, aber meistens kann man sich ihrer nicht erwehren.

Nur das Vertrauen zu den Mitmenschen kann einem da helfen.

JUTTA: Kann es nicht sein, daß man sich durch Betonung der Hilflosigkeit im Angstzustand bei der Umgebung unbewußt beliebt machen will? Denn die anderen fühlen sich überlegen, wenn sie einen Verängstigten vor sich haben. Ich denke hier auch an das Frauenschicksal in der patriarchalischen Kultur. Man erzog das Mädchen zur Schwäche und Ängstlichkeit, und sie übernahm dann auch solche Haltungen, um sich dem Schutz der Männer anheimzustellen. Das schmeichelte der männlichen Eitelkeit. Der Weibchentypus spielt heute noch mit dieser Kindchenrolle und hat viel Erfolg bei den Männern.

MICHAEL: Nicht nur die Reaktion der Erzieher entscheidet darüber, ob das Kind ängstlich wird oder nicht. Auch die Umwelt hat da gewisse Einflüsse, aber ich meine auch, daß die Erziehung die Hauptrolle spielt.

RONALD: Der Begriff der »Grundangst« enthält einen Hinweis darauf, daß in unserer Kultur fast jedermann ein mehr oder minder großes Quantum an Angst auf seinen Lebensweg mitbekommt. Jedermann erlebt quälende Hilflosigkeit als Kind. Nun hängt es von der Erziehung ab, welche typischen Verhaltensmuster man in der Abwehr gegen die Angst ausbildet. Mit anderen Worten: die Erziehung bestimmt den Charakter, und der Charakter ist im Grunde Angstabwehr. Nicht jedermann baut die Angst manifest in seinen Charakter ein. Das macht im wesentlichen der Angstneurotiker. Viele andere Charaktertypen verwandeln die Angst in Haß, Neid, Wut, Zorn, Aggression usw. Es gibt Charaktere, die sich intensiv gegen das Angstgefühl wehren. Was dann bei ihnen zum Vorschein kommt, entspringt zwar der Angst, sieht aber auf den ersten Blick gar nicht wie Angst aus. Die psychologische Analyse kann jedoch hinter Geiz, Hemmung, Triebhaftigkeit, Asozialität etc. die zugrundeliegende Angst aufdecken.

IRMGARD: Ist nun die »Grundangst« ein Naturfaktor, oder ist sie kulturbedingt? Muß denn jeder Mensch Angst haben? Oder könnte man sich eine Kultur und Erziehung denken, die die Angst des Menschen zum Verschwinden bringt?

WILFRIED: Horney spricht meines Wissens nicht nur von der »Grundangst«, sondern auch von der »Urangst«. Die letztere bedeutet, daß der Mensch angesichts der Natur um ein Gefühl der Hilflosigkeit kaum herumkommt. Urangst entspricht also der natürlichen Schwäche und Hilflosigkeit des Menschen. Das ist wohl dasselbe, was Adler mit seinem »Minderwertigkeitsgefühl« meint.

Die »Grundangst« beziehe ich hingegen mehr auf den Einfluß der Eltern, die die kindliche Unbeholfenheit durch erzieherische Ungeschicklichkeit noch steigern. Infolge ihres Autoritarismus und der eigenen Lebensangst tragen sie dazu bei, daß das Kind die Umwelt als prinzipiell feindlich erlebt. So wird dann der spätere Erwachsene überall Gefahren wittern. Die Grundangst scheint mir eher kulturell bedingt zu sein. Sie ist erziehungsbedingte Unentschlossenheit und Schwäche.

MICHAEL: Wie stark die Erziehung auf Angstbereitschaften einwirkt, kann man bei Naturvölkern sehen, die an bestimmte Tabus glauben. Übertritt jemand ein solches Tabu und glaubt er, daß er nun in Lebensgefahr sei, so kann er tatsächlich infolge von Angst sterben. Solche Fälle wurden von Ethnologen oft berichtet.

TUSCHY: Mir schien es so, als ob Horney die Grundangst als eine Art natürliche Ausstattung des Menschen beschreibt. Selbstverständlich kann diese Angstbasis durch die Kultur wesentlich verstärkt werden. Horney meint z. B., daß unsere auf Wettbewerb, Geltungsstreben und Kampf aller gegen alle orientierte Gesellschaftsform die Ängste der Menschen massiv bekräftigt. Wenn jeder in jedem einen potentiellen Feind sehen lernt, so wird seine Angst kaum je zur Ruhe kommen. Auch verlangt diese Kultur von jedermann beruflichen und materiellen Erfolg. Wer nicht vorankommt, verachtet sich selbst und wird damit noch ängstlicher. Auch ist in unserer Gesellschaft das Menschenleben wenig gesichert. Man hat berechtigterweise Angst vor Armut, Krieg, Unfall, Tod. Für Selbstverwirklichung ist in diesem harten Daseinskampf wenig Raum. So wird die Angst am Rande des Bewußtseins von uns allen lauern. Gewiß kann von der Gesellschaft her vieles verbessert werden. Aber die Angst wird vielleicht immer eine anthropologische Konstante bleiben.

MAJA: Ich habe auch darüber gelesen, daß manche Naturvölker das Verbot haben, Fleisch von irgendeinem Tier zu essen. Nun ißt vielleicht jemand zufällig und ohne es zu wissen ein derartiges Stück Fleisch. Hernach erfährt er es, und er gerät in Panik. Diese Angst ist doch zweifelsohne erziehungsbedingt.

PETER: Was immer uns ängstigt, kann kaum von der erzieherischen Beeinflussung losgelöst werden. Die Erzieher stekken viel mehr in uns drin, als wir ahnen. Alle unsere Verhaltensmuster wurden in zwischenmenschlichen Situationen aufgebaut. Wir reagieren, wie wir es bei Eltern, Lehrern und anderen Personen sahen. Auch unsere Wahrnehmungen, Gefühle und Gedanken spiegeln Erziehungseinflüsse wider.

WOLFGANG: Es ist erstaunlich, daß in unserer Epoche so viel über Angst gesprochen und geschrieben wird. Bei Autoren des 18. Jahrhunderts z. B. kommt der Begriff Angst kaum vor. Auch beim Marxismus erfährt man wenig über dieses Thema.

Meines Wissens hat Sören Kierkegaard die Angst zum Gegenstand weitläufiger Untersuchungen gemacht. Bei ihm haben allerdings alle Beschreibungen einen religiösen Aspekt. Er bezieht die Angst auf die Erbsünde des Menschen. Bei den heutigen Existenzphilosophen spricht man davon, daß der Mensch zur Angst verurteilt sei. Diese sei »der Schwindel der Freiheit«.

ERICH: Man hat in früheren Jahrhunderten wenig über die Angst geschrieben, aber das heißt nicht, daß es die Angst nicht gab. In religiösen Epochen überspielte man die Angst durch eine Art Gottvertrauen. Im Christentum sah man wohl in einem Übermaß von Angst einen Hinweis auf vorliegende Sündhaftigkeit. Nun wollte niemand als sündhaft erscheinen, und so gab man sich allgemein als »fröhliches Gotteskind«. Aber eine genauere Untersuchung der Vergangenheit würde lehren, daß man in früheren Jahrhunderten grauenhafte Ängste ausstand und entsprechend auch mit Aggressionen, Fanatismus, Sadismus, Panik und Hoffnungslosigkeit reagierte. Die Angst kann eben, wie wir schon sagten, tausend Formen und Gestalten annehmen.

RATTNER: Ich will versuchen, zu einem Teil der aufgeworfenen Probleme Stellung zu nehmen. Unsere Diskussion ist auf gutem Wege. Wir haben viele Aspekte der Angst ans Licht gebracht. Alles war sehr anschaulich und hatte einen weitgespannten Horizont, wie wir das gewöhnlich anstreben. Ob die Angst ein modernes Ereignis ist oder ob sie schon in früheren Jahrhunderten im selben Umfang dagewesen ist? Ich würde annehmen, daß die Menschen immer und überall Angst gehabt haben. In der Vergangenheit war die Angst vielleicht noch viel größer als heute. Wir sind uns derzeit der Angst mehr bewußt. Aber wir müssen uns daran erinnern, daß die Menschen vergangener Epochen unter panischen Ängsten litten. Denken wir an das Mittelalter, welches z. B. von Geißler-Epidemien heimgesucht wurde. Auch Hexenwahn ist wohl ein Symptom von Angst, nämlich Angst vor der Sexualität und Angst vor der Frau. Ohne massive Angsteinwirkung hätte es wohl kaum dazu kommen können, daß in den 300 Jahren von 1480 bis 1780 ca. eine Million unschuldiger Frauen als Hexen verbrannt wurden. Auch die Angst vor dem Weltuntergang spielte im Mittelalter eine hervorragende Rolle. Jede unverstandene Naturerscheinung galt als Ankündigung der Wiederkunft Christi und des »Endes aller Zeiten«.

Auch Krankheiten und Naturkatastrophen ängstigten damals den Menschen in einer uns unvorstellbaren Weise. Man war den Epidemien hilflos ausgeliefert. Alte Chroniken lassen uns erahnen, zu welchen Verzweiflungstaten der Mensch infolge ungebändigter Daseinsangst fähig war.

Alles Lebendige ist offenbar zur Angst befähigt. Wir können später präzisieren, was wir unter Furcht und Angst verstehen wollen. Aber die Lebewesen haben einen derart prekären Status in der Welt, daß sie der Angst zur Selbsterhaltung bedürfen. Da gibt es Gefahren aller Art, Feinde, Hitze, Kälte, Nahrungsmangel, Mißlichkeit der Umstände etc. Schon die primitivsten Lebewesen funktionieren unter Angstschutz. Sie sind immer in Alarmbereitschaft. Auch Einzeller tasten die Umwelt ab und prüfen deren Feindseligkeit. Im Falle von Gefahr kommt es zum sogenannten »Totstellreflex«: das Lebewesen hält durchaus still, um nicht aufzufallen. Mitunter nützt dieses Starr- und Unbeweglichwerden sehr viel. Manche Tiere lassen Totes oder Scheintotes links liegen.

Das Alarmsignal der Angst ist also eine Natur-Ausstattung des Lebendigen. Es ähnelt in mancher Hinsicht dem Schmerz, der auch eine alarmierende Aufgabe hat. Wenn man sich auf eine Gefahr hinbewegt, verspürt man innere Erregung. Es ist so, als ob alle Kräfte auf den Plan gerufen werden. Was wäre der Mensch ohne diese Schutztendenzen? Sie rufen ihm gleichsam zu: Paß auf! Hüte dich! Nimm dich zusammen!

Da die Welt im gesamten Bedrohlichkeitscharakter hat, ist die Angst den Lebewesen von der Natur als Schutzdynamismus mitgegeben. Hätten wir weder Angst noch Furcht, so würden wir mutmaßlich in alle Gefahren hineinlaufen und bald zugrundegehen.

Um unser Problem ein wenig umfassender zu klären, können wir uns auch an die Sprache wenden, die uns einen ersten Überblick gestattet. Was die Menschen seit Jahrtausenden erfahren haben, hat in den Worten und Begriffen seinen Niederschlag gefunden. Nur sind die Worte nicht immer genau definiert. Man muß einige Sprachkritik walten lassen. Dennoch ist viel damit gewonnen, wenn man anläßlich eines Problems den Sprachschatz an sich vorüberziehen läßt, der dieses Problem etwa umschreibt. Damit gewinnt man ein Spektrum von urtümlichen Beobachtungen und Denkvoraussetzungen.

Ich habe mir einige Ausdrücke notiert, die in den Bereich von Furcht und Angst fallen. Da gibt es z. B. das sogenannte Grauen, das Gruseln und Entsetzen. Sodann den Schrecken, die Schüchternheit, das Bangen, die Sorge, die Schuld oder das Schuldbewußtsein, die Verzweiflung, die Angstpsychose und die Panik. Die Sprache allein zeigt also schon eine vielfältige Abwandlung des Angstphänomens. Wir könnten evtl. überlegen, welche spezifischen Erlebnisse man den einzelnen Begriffen zuordnen muß. Ich will aber diesen Weg im Augenblick nicht weiterverfolgen, sondern lieber von der psychotherapeutischen Erfahrung ausgehen.

Wenn man in der Psychotherapie tätig ist, hat man dauernd mit Angstproblemen zu tun. Fast jeder Patient, Kind oder Erwachsener, hat in irgendeiner Form Angst. Die Hilfeleistung des Therapeuten ist darauf gerichtet, die Angst des Analysanden möglichst klein zu halten oder ganz zu eliminieren. Anders ausgedrückt: der Mut des Analysanden soll gesteigert werden.

Jemand hat davon gesprochen, daß das Kind vielleicht schon bei der Geburt massive Angst erlebt. Das ist eine um-

strittene Theorie. Manche Beobachtungen scheinen allerdings dafür zu sprechen. Wenn der Fötus aus dem Mutterleib herausgepreßt wird, so erlebt er einen gewaltigen Temperatursturz. Durch den engen Gebärkanal wird er hindurchgestoßen, wobei infolge von Einklemmung der Nabelschnur Atemnot auftritt. Sauerstoffmangel ist auch später im Leben ein Bestandteil der Lebensangst. Die Geburt ist – für Augenblicke wenigstens – ein lebensbedrohlicher Zustand. Sieht man ein eben geborenes Kind an, wenn es blau und geschunden daliegt, so kann man mit einiger Phantasie schon Angstbedingungen konstruieren. Aber genau kann man es nicht wissen. Denn das Nervensystem des Kleinkindes funktioniert unmittelbar nach der Geburt noch sehr schlecht. Vielleicht werden alle die Geburtsnöte gar nicht wesentlich registriert. Und wenn auch die Geburt das erste Auftreten von Angst bedeutet, so heißt das noch lange nicht, daß der Geburtsvorgang die »Ursache aller Ängste« ist.
Wir meinen eher, daß die Angst aus der Conditio humana – aus der menschlichen Grundsituation – erwächst. Es wurden in der Diskussion mit Recht erwähnt: die verlängerte Kindheit des Menschen, seine Hilflosigkeit, Schwäche und Ohnmacht gegenüber den Naturgewalten, Angst vor Krankheit und Tod, vor Versagen, Mißerfolg, Bedrohung usw. Die leib-seelische Beschaffenheit des Menschen scheint Angst als notwendiges Korrelat in sich zu schließen – die Disposition zur Angst muß aber nicht bedeuten, daß es notwendig auch zur Manifestation von Angst kommen muß.
Die ersten Beziehungsschicksale des Säuglings scheinen für seine Angstentwicklung von hoher Bedeutung zu sein. Es gibt Säuglinge, die schon wenige Wochen nach der Geburt offenkundig Angst haben. Solche Beobachtungen können bereits bald nach der Geburt gemacht werden. Das eine Kind ist behaglich, munter, hat Appetit und zeigt körperliches und seelisches Wohlgefühl. Dann gibt es aber auch Säuglinge, die schon deutliche Spuren von Beklommenheit, Einschüchterung und gedämpftem Lebensgefühl demonstrieren. Diese ganz frühe Angst entwickelt sich aus dem Kontakt mit der Mutter. Mütter können ihre Kinder regelrecht mit Angst infizieren. Wenn die Mutter selbst ungeschickt, ängstlich, krank, traurig oder unglücklich ist, dann wird das die Betreuung des Kindes emotional färben.

Nun ist das Kind hochgradig empfindlich. Es erfährt am Seelenzustand der Mutter, ob die Welt als Ganzes vertrauenserweckend ist oder nicht. Schon am Beginn des erwachenden Seelenlebens kann so bereits ein allgemeines Bedrohtheitsgefühl stehen.

Noch dramatischer sind die Beobachtungen, die man anläßlich des »Hospitalismus« im frühesten Kindesalter machen kann. Wenn Kinder im ersten Lebensjahr eine mütterliche Betreuungsperson nicht haben, so fehlt ihnen die warme Zuwendung, die das Menschenkind benötigt, um sich ins Leben hinein entfalten zu können. Kinder mit einem Zuwendungsmanko in den ersten Lebensmonaten werden von einer diffusen Weltangst befallen und zeigen körperliche und seelische Entwicklungsrückstände. Sie wollen mitunter gar nicht leben. Sie haben keinen Appetit und kein Interesse an der Umwelt. Manche Hospitalismus-Kinder liegen dumpf in ihrem Bettchen und scheinen ihre Umgebung kaum zu registrieren. René Spitz in den USA hat eindrückliche Forschungen über dieses Thema veröffentlicht. Man kann daraus schließen, daß das Menschenkind einen starken Anreiz durch Liebe und Betreuung benötigt, um ein Urvertrauen in die Menschen und in die Dinge aufzubauen. Wer zu wenig oder nicht richtig geliebt wird, fällt der Angst anheim.

Verlassen wir diese frühe Entwicklungsphase, und betrachten wir die Angst des Kindes in den späteren Phasen. Wir müssen uns hierbei vor Augen halten, daß ein Kind in den ersten Lebensjahren ein riesengroßes Entwicklungspensum absolvieren muß. Es wird unsäglich viel vom Kind gefordert. Es soll lernen, zu sitzen und zu stehen; es lernt sprechen; mit vier bis fünf Jahren hat es bald einen umfassenden Wortschatz, mit dem es sich verständigen kann. Dann kommen viele soziale Gewöhnungen hinzu: Reinlichkeitserziehung, Selbständigkeit, Spiel, Ansätze von Arbeit. Kontakte mit der Umwelt sollen geschlossen werden, wobei sich der Horizont weit über den Umkreis der Familie ausbreitet. Das Kind soll von Jahr zu Jahr immer mehr in die Welt hinein expandieren.

Nun beobachten wir, daß ängstliche Kinder relativ wenig Expansionsdrang zeigen. Je ängstlicher ein Kind ist, um so weniger will es mit der Welt Kontakt aufnehmen. Man

sieht das daran, wie etwa Kinder auf den Besuch eines Fremden in der Familie reagieren. Ein mutiges Kind kommt bald mit dem Gast ins Gespräch, zeigt ihm seine Spielsachen und erzählt ihm etwas. Ängstliche Kinder jedoch verstecken sich, sprechen kaum, hängen sich der Mutter an den Rockzipfel. Sie zeigen bereits Fluchttendenzen, die später noch radikalisiert werden.
Diese Haltung kann der Ängstliche auch späterhin nicht ablegen. Überall, wo ihm das Leben Expansion anbietet, erfolgt ein Stehenbleiben, Ausweichen, Sich-Zurückziehen. Das gilt für den Bereich des Berufs, der Liebe, der Sexualität, des Gemeinschaftslebens, der Entschlüsse, Handlungen, Wagnisse, Umstellungen usw. Der ängstliche Mensch bewegt sich nicht nach vorne, nicht zu den Menschen hin. Sein Lebensgefühl tendiert zur Flucht.
Man kann an Kindern diesbezüglich bereits aufschlußreiche Befunde erheben. Man muß immer auf den Charakter des Kindes achten. Manche haben eine demonstrative Hilflosigkeit in ihr Wesen aufgenommen. Z.B. ein Kind fällt auf der Straße um. Ist es mutig, so steht es wieder auf und geht weiter. Das ängstliche Kind macht ein Drama aus seinem Mißgeschick. Es erhebt ein Geschrei, das an seine Betreuungspersonen adressiert ist. Da ist nicht nur der reale Schmerz dabei, sondern auch die gezielte Politik, Eindruck zu machen und sich Vergünstigungen zu holen, und seien es auch nur ein paar tröstliche Worte. Diese Charakterhaltung, in der Kindheit eingeübt, bleibt dann durchs ganze Leben. Man kommt nicht mehr leicht von ihr los.
Wir richten unser Augenmerk darauf, wie das Kind seine Kontakte zur Umwelt pflegt. Dabei kommen sowohl die Erwachsenen wie die Gleichaltrigen in Betracht. So muß das Kind z. B. lernen, den Schritt von der Mutter zum Vater zu machen. Es darf nicht bei der Mutter stehenbleiben – diese Gefahr droht ihm, wenn eine verwöhnende Mutter einem strengeren Vater gegenübersteht.
Ängstliche Menschenkinder wählen in ihrer Umwelt nur einige wenige Beziehungspersonen aus, meistens solche, die sie verwöhnen. Dort nehmen sie eine symbiotische oder parasitäre Beziehung auf. Sie bleiben mit ihrem Gemeinschaftsgefühl stecken. Ihre Beziehungsfähigkeit wird nicht

entfaltet. Hier liegen die Ursachen vieler emotionaler Katastrophen des späteren Lebens.
Wird das ehemals ängstliche Kind erwachsen, so fällt an ihm auf, daß es seine Lebensbasis recht schmal strukturiert. Es faßt zuwenig Fuß in der Welt. Dadurch lernt es weder sich noch die Mitmenschen kennen. Die Alpträume seiner Kindheit können nicht korrigiert werden. Große Anspruchshaltungen ziehen große Enttäuschungen nach sich. Der Ängstlich-Verwöhnte begreift das Leben nicht. Er kommt dann mit seiner Angst-Symptomatik in die Psychotherapie und möchte, daß diese behoben wird. Er muß dann von uns erfahren, daß das Symptom Folge einer eingeengten, kontaktarmen, realitätsfremden Lebensführung und -einstellung ist. Nur wenn die letztere geändert wird, kann das Symptom verschwinden. Ein neuer Lebensentwurf muß aufgebaut werden. Der Angstpatient wird gesund, wenn er sein Herz weit macht für die Welt. Nur wer beziehungsfähig ist, muß keine Angst haben.
Die psychologische Diagnostik sollte bei einem Kind relativ rasch feststellen können, wieviel Angst und wieviel Beziehungsfähigkeit es besitzt. Hier handelt es sich um supplementäre Fakten: je größer die eine, um so kleiner die andere und umgekehrt. Ein wichtiger diagnostischer Hinweis ist der allgemeine Entwicklungsstand des Kindes. Kinder, die seelisch gesund sind, erobern sich die Fertigkeiten ihres Alters mühelos. Wir messen die psychische Gesundheit zum Teil an diesen Kenntnissen und Fähigkeiten, die fast immer auch soziale Beitragsleistung beinhalten. Die Eltern sollten überhaupt bemüht sein, das Kind für die Gemeinschaft tauglich zu machen. Darin liegt die Förderung allen Wissens und Könnens, des Mutes und der Kooperation. Kinder sollen auch helfen lernen – das erhöht ihre Selbstachtung. Ängstliche Kinder haben meist darin Entwicklungsrückstände. Sie sind darauf eingestellt, daß die anderen für sie etwas leisten. Ihr Interesse am eigenen Wachstum ist durch verwöhnende oder einschüchternde Erziehung lahmgelegt. Daher halten sie mit den Altersgenossen nicht Schritt, was ihre Ängstlichkeit wiederum vertieft. Es kommt zu einem Circulus vitiosus der Angst. Je ängstlicher man ist, um so weniger trainiert man, um soziale Achtung und Selbstvertrauen zu gewinnen. Die Ohnmacht und Hilflosigkeit wird

zum gewohnten Lebensgefühl, mit dem man sich halbwegs einrichtet. Das Warten auf die Hilfeleistung durch andere beherrscht alle Lebenssituationen. Das Wissen um die eigenen Kräfte und Möglichkeiten schläft ein. Die Psychotherapie hat oft Mühe, den alten Entmutigungszirkel durch einen Ermutigungszirkel zu ersetzen.
Bereits im Kindesalter gibt es Phobien und Angstanfälle. Phobien nennen wir jene Ängste, die sich auf ein bestimmtes Objekt oder eine bestimmte Situation beziehen. Das wurde in der Diskussion deutlich ausgeführt.
Am schlimmsten ist der radikale Angstanfall. Manche Menschen geraten urplötzlich in diesen bedrohlichen Zustand hinein. Es ist ihnen unerklärlich, wann und warum die Angst kommt. Es muß keine äußeren Anlässe geben. Mit einem Mal kommt es über einen. Gefühle der Beklemmung, der Unsicherheit, der Panik stehen im Vordergrund. Die Angst hat leib-seelische Aspekte. Der Katalog der körperlichen Empfindungen ist umfangreich. Rasendes Herzklopfen, Trockenheit im Mund, Durchfall, Harndrang, hoher Blutdruck, Schwächegefühle, Ohnmacht, Tränen, Müdigkeit, Apathie, Schlafbedürfnis: All das ist nur ein kleiner Ausschnitt aus der Palette der Angstreaktionen. In seelischer Hinsicht fühlt sich der Angstpatient an die Wand gedrückt – er kann nicht mehr frei atmen. Manche Patienten sagen auch, daß sie dann keine Möglichkeiten mehr sehen – alles ist ihnen verbaut. Wir ahnen hier etwas Wichtiges. Wenn der Mensch sich seelisch gesund fühlt, hat er viele Möglichkeiten in seinem Lebensumkreis. Er weiß, daß er vieles tun kann. Er hat einen Spielraum, ein Stück offenes Feld für jegliche Lebensbetätigung. Anders der Mensch im Angstanfall: nun sind keine Möglichkeiten mehr da. Man sieht nichts mehr als die Bedrohung des Ich. Jede Angst ist teilweise auch Todesangst. In den großen Angstanfällen hat der Patient das Gefühl zu vergehen. Manche sagen, sie fühlen sich wie ein Kork auf den Wellen, wie ein Blatt im Wind, wie eine Nußschale im Ozean. Die Umwelt übermannt den Ängstlichen. Er fühlt sich nicht mehr Herr der Lage. Eine Analysandin sagte einmal: »Wenn ich Angst habe, ist keine Welt mehr da.« Das ist gut ausgedrückt. Die Welt ist ja die Stätte unserer Möglichkeiten. Je größer die Angst, um so mehr entschwinden Umwelt und Mitmen-

schen. Man ist allein. Eine andere Patientin sagte: »Ich komme in die Behandlung, weil ich hoffe, daß einmal wieder Welt um mich herum sein wird.« Sie meinte wohl: Welt im Sinne von geordneter Umwelt, von zwischenmenschlichem Beziehungsraum.

Die Fülle der Angstphänomene ist tatsächlich beeindrukkend. Wir haben erst begonnen, sie zu sammeln. Noch vieles muß erwähnt und bearbeitet werden. Wir betreiben hier Psychologie als philosophisch-anthropologische Forschung. Auf dem Wege des Dialogs bringen wir die Konturen der Probleme ans Licht. Bei einer guten Diskussion gewinnt man den Eindruck, daß nach und nach die Zusammenhänge immer klarer und überschaubarer werden. Es ist, wie wenn man aus der Dunkelheit ins Helle geht, aus dem Nebel in den Sonnenschein. Ein gutes Gespräch soll einem den Ausblick auf die großen Gesetzmäßigkeiten und Phänomene des Menschenlebens eröffnen. Die Psychotherapie hat nicht nur ein emotionales, sondern auch ein intellektuelles Anliegen. Der Analysand, der es lernt, menschliche Probleme fruchtbringend durchzudenken, gewinnt mehr Standfestigkeit in allem, was das Leben von ihm fordert. Persönlichkeit wird man nur dann, wenn man ein Stück weit diese rätselhafte Welt begreift.

Drittes Gespräch

Rattner: Wir haben letztes Mal wieder über die Angst gesprochen und wollen heute damit fortfahren. Wer kann rekapitulieren?

Roswitha: Die Angst hängt mit der Entwicklung des Kleinkindes zusammen. Das Kind wächst in eine Gesellschaft hinein, wo auch die Erwachsenen Angst haben und die Kinder nicht verstehen.
Zwischen Angst und Aggression besteht eine enge Beziehung. Angst führt zu aggressivem oder distanzierendem Verhalten. Die Rückzugstendenzen sind besonders deutlich. In den meisten tiefenpsychologischen Theorien ist die Angst das zentrale Motiv. Vor allem seelische Erkrankungen haben mit Angst zu tun. Sie sind meist Ausdruck von Angst und Abwehr gegen sie.
Auch Angst und Autoritarismus sind Zwillingsbrüder. Aus Angst solidarisieren sich die Menschen zu wenig und wenden sich gegeneinander. Wahrscheinlich kann man sogar die Klassenherrschaft auf diese Weise explizieren. Die Herrschenden haben wohl ebensosehr Angst wie die Beherrschten.
Der Marxismus sollte die Analyse der Angst in seine Betrachtungen einbeziehen.

Irmgard: Adler zählt die Angst zu den trennenden Affekten, also zu den Manifestationen des verminderten Gemeinschaftsgefühls und des Bewußtseins der eigenen Minderwertigkeit. Er weist auch auf Sinn und Zweck des Angstgefühls hin. Es kann zu einem Machtmittel werden, zumindest aber zu einem Anspruch auf Hilfeleistung. Mit Angst kann man andere unter Druck setzen.

Klaus: Adler spricht vom ängstlichen Charakter. Dieser zeigt hauptsächlich Rückzugstendenzen von der Lebensfront – er lebt gern im Hinterland der Familie. Der Ängstliche geht die Lebensprobleme nicht geradlinig an – er ist kein »Angreifer«, er macht lieber Umwege. Seine Entwicklungslinie ist nicht diejenige der fortschreitenden Gemeinschaft, der Überwindung von Schwierigkeiten.

Rosemarie: Wir unterschieden bei Karen Horney die sogenannte Urangst von der sogenannten Grundangst. Erstere wurde auf Natur-, letztere auf Kulturfaktoren zurückgeführt.

IRMGARD: Ich kann noch immer nicht verstehen, daß die Angst einen Zweck haben soll. Sie ist doch so ein bedrohliches Gefühl, daß man sie kaum künstlich erzeugen wird.

WOLFGANG: Der ängstliche Mensch erreicht einiges mit seiner Angst. Er bedeutet der Umwelt, daß er klein und hilflos ist, daß man ihm nichts zumuten darf und nett zu ihm sein soll. Da steckt doch genug »Krankheitsgewinn« drin. Das ist wohl mit der unbewußten Absicht der Angst gemeint.

KLAUS: Man muß davon ausgehen, daß alle Gefühle in der Kindheit eingeübt werden und nachher fast automatisch funktionieren. Sie haben ihre eigene Dynamik. Wenn ein Kind bei seinen Eltern die Angst als ein wertvolles Instrument zur Umstrukturierung seiner sozialen Beziehungen kennengelernt hat, so wird es sie später unbewußt immer in demselben Sinn verwenden. Man hat dann das Gefühl nicht mehr in der Kontrolle. Man steckt in einem Teufelskreis. Die Psychotherapie kann diesen durchbrechen, indem sie die unbewußten Absichten des Fehlverhaltens ins Bewußtsein hebt.

Alle Gefühle haben auch einen Mitteilungsaspekt – sie sind nicht nur für den Fühlenden da. Der Mitmensch soll sie spüren, und er spürt sie. Man wünscht soziale Entlastung, und jeder, der einen Ängstlichen erlebt, versteht das auch. Jedenfalls handelt er entsprechend. So wird der Angstaffekt erfolgreich und darum behält man ihn bei, bis man den Denk- und Verhaltensfehler darin versteht.

WOLFGANG: Horneys »Grundangst« schien uns mit Adlers »Minderwertigkeitsgefühl« identisch zu sein. Beide Zustände drängen nach Kompensation. Nach Adler entstehen auch die Charakterzüge als Antwort auf Angst und gefühlte Minderwertigkeit.

HANS: Der Mitteilungscharakter der Angst läßt sich meines Erachtens sehr schön an der Hypochondrie aufweisen. Das andauernde Kränkeln solcher Menschen ist doch auch eine Botschaft an die Umwelt: wendet euch mir zu, helft mir, seid lieb zu mir! Wahrscheinlich ruft die Angst einen Großteil der Symptome des Hypochonders hervor. Auch diese Zustandsbilder müssen in der Kindheit eingeübt worden sein.

Franziska: Wir müssen nicht nur an spektakuläre Ängste denken. Ich überlegte mir vorhin, wann ich selbst Angst habe. Meist ist es dann, wenn eine neue Situation auf mich zukommt. Durch die Angst werden meine Aufmerksamkeit und meine Kräfte mobilisiert. Vielleicht ist auch das der »Zweck der Angst«: der Übergang zu einem Sicherheitsverhalten.

Wilfried: Franziska sprach eben von einer Art Alarmfunktion der Angst. In unsicheren Lebenslagen signalisiert man sich selbst via Angst, daß man aufpassen muß.

Zumeist wird es aber so sein, daß die Angst gar nicht die Bewußtseinsschwelle erreicht, sondern durch die Abwehrmechanismen abgefangen wird. Wir verdrängen die Angst noch viel mehr als die Sexualität. Da Angst unangenehm ist, wird man unbewußt danach trachten, sie vom Bewußtsein fernzuhalten. Das gelingt ganz gut, erfordert aber einen Verdrängungsaufwand.

Auch die Projektion dient der Angstvermeidung. Schlechte Eigenschaften, die man selbst hat, projiziert man auf andere: nun steht man gut da und muß weniger Angst haben. Auch Charaktereigenschaften haben mit Angst zu tun. Nehmen wir z. B. den Ehrgeiz. Man strebt über andere hinaus, nach Erfolg und Ansehen, um nicht mehr Angst vor den anderen haben zu müssen.

Auch die Rationalisierung ist ein Mittel gegen die Angst. Indem man seine eigenen Beweggründe beschönigt, retuschiert man das Selbstbildnis und fühlt sich besser.

In der Psychotherapie werden die Abwehrmechanismen zerstört oder aufgelöst. Man wird mit sich selbst konfrontiert. Dabei kann es auch zur Angstentwicklung kommen. Aber es ist notwendig, falsche Verhaltensmuster aufzugeben, um die richtigeren zu erlernen.

Ronald: Der Umgang mit ängstlichen Menschen kann mitunter recht anstrengend sein. Das hängt wohl damit zusammen, daß der Ängstliche zu wenig kooperiert und durch seine Rückzugstendenzen an die Umwelt größere Anforderungen stellt. Sein Angstanfall steht irgendwie im Widerspruch zur sozialen Kommunikation; es ist ein Ausbrechen aus der Verständigung. Sodann kommen die unbewußten Anspruchshaltungen, die Beziehungen sehr belasten können. Wir geben alle recht gern Zuwendung, aber wir wollen auch ein Äquivalent erhalten. Das fehlt mitunter beim Angstcharakter. Nicht selten kann der Angst auch eine latente Aggression zugrundeliegen.

CHRISTEL: Aber die Realangst ist doch auch ein gesunder Schutzmechanismus. Wir würden uns in viele Gefahren begeben, wenn uns die Angst nicht zurückhalten würde.

KLAUS: Ich möchte Wilfrieds Beitrag ergänzen. Die von ihm geschilderten Abwehrmechanismen haben nicht nur eine individuelle, sondern auch eine soziale Bedeutung. Ich denke hier z. B. an die Vorurteile. Auch sie haben ihren Ursprung in einer fundamentalen Lebensangst, kommen aber nicht als Ängstlichkeit zum Vorschein, sondern als Rassenhaß, Geringschätzung von Fremdarbeitern, Patriotismus und religiöse Intoleranz.

JÜRGEN: Wir müssen auch die feineren Mittel der Angst beobachten lernen. Der große Angstanfall ist relativ selten. Häufiger finden wir z. B. den Charakterzug der Schüchternheit, der auch aus Angst besteht. Schüchterne Menschen erröten oder erblassen, wenn man sie anschaut. – Dann möchte ich auch die Sexualangst erwähnen, die Frigidität und Impotenz hervorruft. Auch hier ist das Distanzverhalten manifest. In allen Ängsten liegt ein Mangel an Zuwendung und Vertrauen zur Welt.

PETER: Die sexuelle Impotenz ist wohl nicht nur Ausdruck der Angst, sondern auch ein Schutzmittel gegen sie. Der impotente Mann hat so viel Angst vor intimem Kontakt, daß er die Impotenz braucht, um sich die Frau vom Leibe zu halten.

WILFRIED: Man könnte auch sagen, daß es Gefühle gibt, die einen anderen Namen tragen, im Grunde aber Angst bedeuten. Sullivan sagt, Angst sei Vorwegnahme einer negativen Beurteilung durch bedeutsame Beziehungspersonen. Das Nicht-akzeptiert-werden ängstigt den Menschen besonders. Wenn man nun etwa das Gefühl des Mißtrauens ins Auge faßt, so paßt auch dieses auf die obige Angstdefinition. Im Mißtrauen erwartet man ja auch Lieblosigkeit in irgendeiner Form. Dasselbe läßt sich vom Ehrgeiz sagen. Auch hier will man andere überragen, weil man sie fürchtet. Man will besser als sie beurteilt werden, um keinen Liebesverlust zu erleiden. Auch der Neid ist eine solche Angst. Hier fürchtet man, zu kurz zu kommen. Man fühlt sich angesichts von Fähigkeiten und Eigenschaften, die andere haben, zurückgesetzt. Wiederum ist das Minderwertigkeitsgefühl oder die Angst der geheime Motor. Selbst bei der Eitelkeit ließe sich das nachweisen. Man muß schon sehr genau hinsehen, um hinter vielen Phänomenen die verborgene Angst zu erkennen.

PETER: Wir haben einmal davon gesprochen, daß fast alle unsere Verhaltensweisen, auch die pathologischen, ein Versuch der Selbstheilung sind. Unter dem Druck einer unglückseligen Kindheit, aber auch infolge schlechter Vorbilder in den Kinderjahren, wird diese Heilung auf unsozialem Weg angestrebt. Sie muß notwendig scheitern, weil das Gemeinschaftsgefühl in ihr zu wenig berücksichtigt ist.

HARRO: Mich dünkt, Ehrgeiz, Neid, Eitelkeit etc. werden als Reaktionen gegen die Angst eingesetzt, weil man sich nicht zutraut, mit sozialen Mitteln über die Ängstlichkeit hinwegzukommen. Dem liegt also immer auch ein fundamentaler Mangel an Selbstvertrauen, Mut und Selbstsicherheit zugrunde. Wäre man mutig, so würde man die Angst durch Mitmenschlichkeit zu heilen versuchen.

IRMGARD: Wilfrieds Votum bringt mich auf die Formel, daß der Charakter als Ganzes eine individuelle Antwort auf die Lebensangst ist. Jeder legt sich in der Kindheit den Charakter zu, der ihm einen Ausweg aus seinen Ängsten zu versprechen scheint.

ROSEMARIE: Ich denke häufig ähnlich. Man kann in der Angst die seelische Grundstruktur sehen, auf der alle anderen Strukturen aufbauen.

PETER: Die Angst gehört wesentlich zum Menschsein. Sie begleitet den Menschen von der Geburt bis zum Tode. Die Hilflosigkeit des Kleinkindes spielt hierbei eine erhebliche Rolle. Der Mensch braucht lange Zeit im Leben Hilfe, Betreuung und Unterstützung. Er benötigt fast zwanzig Jahre, um auf eigenen Füßen stehen zu können, wenn alles gut geht – in manchen Fällen braucht er sogar 34 Jahre, wobei ich jetzt an mich selbst denke.

Die Frage ist nun, wie der Mensch diese existentielle Angst verarbeitet. Das ist wohl dann möglich, wenn einer durch seine frühen mitmenschlichen Beziehungen Ermutigung, Bejahung und Anerkennung erfahren hat. Aus ihm kann ein arbeits- und liebesfähiger, ein schöpferischer Mensch werden. In unserer Kultur ist so etwas sehr selten. Ein solcher Mensch würde weitgehend über die Urangst hinauswachsen.

Aber auch bei den besten Entwicklungsbedingungen würde ein Rest von Angst bleiben. Es ist nur eine Frage der Nuancierung und des Wie. Wie wird diese Grundbefindlichkeit, dieses Gefährdetsein des menschlichen Lebens vom Individuum beantwortet? In einer arbeits-, liebes- und beziehungsfähigen Lebenseinstellung wird die Angst nur im Hintergrund wirken und evtl. sogar ein Stimulans bedeuten. Sie würde den Menschen tätig werden lassen. Er würde sich anstrengen, aus sich etwas zu machen.

Wir haben nun meistens keine gedeihlichen Bedingungen in unserer Kindheit gehabt. Folglich reagieren wir auf die Angst in ungesunder Weise. Sie nimmt auch mehr Wucht und Durchschlagskraft an – man kann sich ihrer schwer erwehren. Daher antwortet man auf die Angst mit Neid, Eitelkeit, Ehrgeiz, Aggression, Ressentiment etc.

TUSCHY: Es gibt meines Erachtens drei Möglichkeiten, sich mit der Tatsache der Angst auseinanderzusetzen. Die erste besteht darin, daß man sich auf der Ebene der Angst einrichtet, sie sozusagen bestehen läßt und noch regelrecht verstärkt, um sich mittels ihrer soziale Erleichterungen zu verschaffen. Das wäre der Angstcharakter oder der Angstneurotiker, der Patient mit den akuten Angstanfällen. Immer wenn man in Sackgassen des Lebens gerät, produziert man das Angstsymptom. Das ist zwar schmerzlich, schafft aber doch Begünstigungen. Ehemals verwöhnte Kinder werden zu diesem Verhaltenstypus neigen. – Eine zweite Möglichkeit besteht im Aufbau der Abwehrmechanismen, also Projektion, Verdrängung, nicht zu vergessen den Charakter. Vor allem die aktiven, aggressiven Charakterzüge – Ehrgeiz, Neid, Geiz, Eitelkeit etc. – dienen dazu, die Angst zu verdecken. So mancher versucht durch übertriebene Arbeitsleistung, beruflichen und materiellen Erfolg die Lebensangst niederzuhalten. Aber sie schimmert durch die Ritzen des Charaktergefüges und der Lebensführung hindurch. – Die dritte Variante ist die Bewältigung der Angst durch Kommunikation. Bei dieser Methode kann man wirklich über die Angst hinwegkommen. Durch Auf- und Ausbau der Beziehungsfähigkeit kann man ein relativ angstfreier Mensch werden. Manche haben uns ja auch davon berichtet, daß sie durch den Eintritt in die Therapiegruppe und durch Entfaltung zwischenmenschlicher Kommunikation ihre Ängste überwanden.

WOLFGANG: Ich kann mich nicht damit abfinden, daß die Angst als Grundbefindlichkeit des Menschen bezeichnet wird. Meines Erachtens steckt da eine reaktionäre Philosophie dahinter, wie es ja bei Heidegger sicherlich der Fall ist. Vor allem religiöse und konservative Philosophen dramatisieren die Angst des Menschen, um seine Erlösungsbedürftigkeit und auch sonst seine Hinfälligkeit in den Vordergrund zu rücken.

Gewiß hat die Menschheit bis jetzt ungeheure Ängste durchgemacht. Aber wird das immer so bleiben? Ich könnte mir eine Zukunft denken, in der die Menschen so gesund sind, daß sie keine Angst zu haben brauchen. Hierzu wird natürlich auch eine gesellschaftliche Veränderung notwendig sein. Wir wissen durch die Tiefenpsychologie, daß die Angst all die negativen und neurotischen Charakterzüge, Sadismus, Aggression usw., hervorbringt. Aber da man die Angst durch Entwicklung des Gemeinschaftsgefühles beheben kann, wird man auch die Folgen der Angst beheben können. Man kann das ja schon in der Therapie erleben. Bevor ich in die Gruppe eintrat, meinte ich, ich sei der einzige Mensch mit so großen Ängsten. Nun lernte ich viele andere kennen, die auch Angst haben. Ich gehörte nun wieder zur Menschheit – was mich sehr beruhigte. In der Gruppe begreift man bald, daß Angsthaben kein Makel ist. Viele gläubige Christen hingegen denken, sie müßten ihre Angst verstecken, weil diese ein Symptom dafür sei, daß sie nicht die richtige Beziehung zu Gott gefunden haben.

RONALD: Wenn die individuellen Charakterzüge als gewohnheitsmäßige Abwehrmechanismen zu verstehen sind, mittels derer wir unsere Ängste zu bewältigen versuchen, dann könnte man doch sagen, daß ein annähernd angstfreier Mensch geradezu »charakterlos« wäre. Er besäße keine starren Verhaltensmuster. In jeder Situation würde er anders reagieren. Man könnte ihn nicht vorausberechnen. Immer würde er sich neu gestalten. Das wäre ein schöpferischer Mensch.

Sullivan spricht davon, daß der Gegensatz zur Angst die

Euphorie sei, das Wohlbefinden. Euphorie herrscht, wenn man von seinen Mitmenschen Anerkennung und Zuwendung erfährt. Unsere Verhaltensweisen liegen alle auf einer Skala, an deren einem Ende die Angst, an deren anderem Ende die Euphorie steht. Wir trachten immer, von der Angst weg- und zur Euphorie hinzukommen. Wir streben nach Anerkennung. Würde die Angst als Handlungsmotivation wegfallen, so bliebe das starke Bemühen um Zuwendung und Anerkennung die einzige treibende Kraft. Sie würde den Menschen zur schöpferischen Lebensführung und -gestaltung animieren.

PETER: Ist das Suchen nach Anerkennung der große Motor des menschlichen Handelns? Gibt es nicht genug Aufgaben, die man zu lösen hat, egal, ob man anerkannt wird? Man steht ja auch in einem Dialog mit der Außenwelt, nicht nur mit den Mitmenschen.

TUSCHY: Ich habe vorhin die dritte Möglichkeit der Angstüberwindung nicht detailliert ausgeführt. Ich sagte, der Weg der Kommunikation sei die Heilung der Angst. Der seelisch gesunde Mensch steht so lebhaft in seinen sozialen Interaktionen, daß er sich dauernd Zuwendung und Bestätigung holen kann. So ist er immer der Angst einen Schritt voraus – sie kann ihn kaum mehr erreichen. Läßt er in seiner sozialen Aktivität nach, d. h. verringert er seine Kontaktbereitschaft, so wird er wieder die Angst in sich aufsteigen spüren. Sie bleibt sonst im Hintergrund und spornt den Menschen zu seinen Taten an. Aber man kann sie produktiv in Schach halten.

MAJA: Wie überwindet denn der Säugling die Angst? Die Mutter ist seine erste Beziehungsperson. Wenn sie mit dem Säugling guten Kontakt hat, seine Bedürfnisse geschickt befriedigt, mit ihm spricht und immer in Kommunikation bleibt, so wächst eine kleine mutige Persönlichkeit heran, die sich optimistisch mit der Welt auseinandersetzt. Das sieht man dann an der Entdeckerfreude des Kindes, seiner Fragelust, seiner Umgänglichkeit. Von den Eltern hängt es ab, ob das Kind relativ angstfrei ist.

FRITZI: Ich erinnere mich daran, daß Sullivan die Angst als eine Vorwegnahme schlechter Erfahrungen mit den Mitmenschen definiert. Natürlich muß man zuerst solche Erfahrungen gemacht haben, um sie später in der Phantasie vorwegnehmen zu können. Das würde wiederum auf die Bedeutung der Kindheit hinweisen.

KURT: Wir nennen die Angst einen großen Antriebsfaktor im Leben. Aber ich meine, daß auch die simple Lebenslust den Menschen zu Taten und Handlungen veranlaßt. Da muß gar keine Angst im Spiele sein. Der Lebensprozeß selbst ist aktiv. Die Vitalität des Menschen drängt ihn zu seinen mannigfachen Lebensäußerungen: Angst ist erst sekundär da.

WILFRIED: Ich möchte an Wolfgangs Votum anknüpfen, weil es so schön gezeigt hat, daß wir die negativen Aspekte nicht überbewerten dürfen. Er eröffnet damit eine hoffnungsvollere Perspektive. Vielleicht ist wirklich eine Zukunft ohne Angst möglich. Einen solchen Ausblick sollten wir nie vergessen, weil viele Menschen sich mit ihrer Angst einrichten und regelrecht mit ihr kokettieren. Der Standpunkt »Da kann man eben nichts machen!« ist eine Art von Masochismus. Gerade wir hier sollten immer wieder darauf zurückkommen, daß die Angst durch soziale Weiterentwicklung gebändigt werden kann. Vielleicht könnten einige von uns schildern, wie sie das in der Gruppe erlebt haben. Wir alle stehen in einem Prozeß, in welchem wir Angst durch Vertrauen zu ersetzen bemüht sind.

TUSCHY: Es wurde von Kurt vorhin gesagt, daß die Lust der Motor unserer Taten sei. Das ist der Freudsche Standpunkt. Aber mich dünkt, daß hierbei dem Lustprinzip zu viel Bedeutung beigemessen wurde. Der Mensch strebt nicht so sehr nach Lustgewinnung, als vielmehr nach Selbstentfaltung, nach Erfolg, nach Weiterentwicklung. Lust ist oft eine Begleiterscheinung einer gelungenen Selbstverwirklichung.

KURT: Ich bin da mißverstanden worden. Ich meinte nicht die erotische Lust, sondern die Lebenslust überhaupt, den *élan vital.* Da steckt alles drin, auch das Realisieren der eigenen Kräfte und Fähigkeiten.

PETER: Wir reden da theoretisch über die Lust. Nach meinem Gefühl sollten wir festhalten, daß wir gerade mitten in einer lustvollen Betätigung sind. Es ist wirklich eine Lust, unserer Diskussion zu folgen.

WILFRIED: In Freuds Lehre kommt der Mitmensch als Motivation des Handelns viel zu kurz. Lust ist für Freud Befriedigung des Triebes; der Mitmensch dient hierzu als »Libidoobjekt«. Besinnt man sich aber auf die eigene Lebenserfahrung, so wird man zugeben müssen, daß die Momente der größtmöglichen Befriedigung, Angstfreiheit, Lebenslust und des Glücks dann zustandekamen, wenn man sich mit einem Partner eins und einig fühlte. Oder wenn man einem Mitmenschen helfen konnte. Oder bei einem sehr guten Gespräch. Die Erlebnisse, in denen menschliche Beziehung zum Tragen kam, sind die beglückendsten.

RATTNER: Ich möchte zusammenfassend Stellung nehmen. Ich habe von einigen Leuten gehört, daß sie mitunter bei unseren Gesprächen die strenge Systematik vermissen. Der Wunsch nach systematischem Vorgehen scheint mir begreiflich, aber wir können das in unserer großen Diskussionsgruppe nicht durchführen. Wenn sich wirklich alle beteiligen sollen, dürfen wir unsere Spur nicht zu schmal ansetzen. Jeder muß seine Gedanken, Einsichten, Lesefrüchte etc. in die Waagschale werfen können, ohne daß sogleich gefragt wird, ob er einer strengen Systematik folgt. Wenn jemand etwas sagt, das nicht ganz genau zu unserem Thema paßt, sind wir alle dazu aufgerufen, eine Brücke hierzu zu schlagen.

Wir wollen auch nicht möglichst rasch eine einfache Formel für die Angst finden. Unsere Wissenschaft ist in einer so lebhaften Entwicklungsbewegung, daß man sich nicht auf starre Formulierungen festlegen darf. Es kann immer alles auch ganz anders sein. Darum müssen wir für neue Überlegungen immer offen bleiben. Unsere Erkenntnis ist niemals abgeschlossen. Darum ist es für uns auch so wertvoll, wenn jedermann aus seinem eigenen Erlebnisbereich schöpft. Da jeder Ängste hat, kann er uns erzählen, wie er gefühlt und empfunden hat. Wenn er das sorgfältig genug tut, leistet er einen Beitrag zur Wissenschaft. Er muß gar nicht viel theoretisches Wissen haben. Wissenschaft schöpft aus der Welt des Lebens und Erlebens. Sie kann es sich nicht leisten, vom Standpunkt der Bücherweisheit aus hochmütig auf die alltägliche Erfahrung herabzusehen.

Wir gehen von der Auffassung aus, daß jeder Forschungsgegenstand unendliche Betrachtungsweisen erlaubt. Jedes Phänomen hat zahllose »Abschattungen«, wie sich Edmund Husserl ausdrückt. Man kann einen Gegenstand von tausend Perspektiven her sehen: immer wird er anders erscheinen. Wer dürfte sich da rühmen, die absolute Variante des

Blickwinkels zu besitzen? Alle großen Probleme der Welt und des Lebens bedürfen unendlicher Bemühungen, um abgeklärt zu werden. Jeder kann etwas dazu beitragen. Darum soll in diesen Gruppensitzungen jeder aus seinem urpersönlichen Erfahrungsschatz berichten – es wird für uns alle nützlich sein.

Unsere theoretischen Zusammenfassungen werden die Erlebniswelt auf einige grundlegende Prinzipien reduzieren – aber wir stellen das Leben und Erleben über das Prinzip. Wir wollen nicht von unseren Sitzungen ein paar Formeln nach Hause tragen, die wir aufschreiben können. Wir wollen lebendiges Verstehen einüben und Psychotherapie lernen. Wenn ein ängstlicher Mensch in die psychotherapeutische Behandlung kommt, haben wir nicht viel davon, wenn wir genau rekapitulieren können, was Freud, Adler und andere über die Angst geschrieben haben. Schaden werden solche theoretischen Kenntnisse nicht unbedingt. Aber vergessen wir nicht: Im Lehrbuch ist irgendeine abstrakte Angst beschrieben, während Patient A eine ganz spezifische Verängstigung hat, B wiederum eine andere. Würde man das formal angehen, wäre der Patient nicht zufriedengestellt. Er will als einmalige und unverwechselbare Persönlichkeit angesprochen und behandelt werden.

Ich möchte damit nicht die Literaturkenntnis abwerten. Ein ernsthafter Forscher wird immer die Meinungen aller seiner Vorgänger auf seinem Forschungsgebiet kennenlernen wollen. Wissenschaft ist ein Dialog mit allen, die auf unserem Gebiet arbeiten. Die Aneignung der literarischen Tradition ist für die Abklärung wesentlicher Probleme unentbehrlich. Nun können wir von den einzelnen Gruppenmitgliedern nicht verlangen, daß jeder von Woche zu Woche ein großes Literaturpensum absolviert. Ich will aber heute einige literarische Hinweise geben, die für das Studium der Angst hilfreich sein können. Einige Autoren und einige Bücher sollten unbedingt zur Kenntnis genommen werden.

An erster Stelle ist hier Sören Kierkegaard zu nennen. Er lebte von 1813–1855. Er gilt heute als einer der Ahnen des religiösen Existentialismus. Auch sein Einfluß auf die moderne Theologie ist beträchtlich. Die Dänen sehen in Kierkegaard einen ihrer größten Schriftsteller. Die Philosophiegeschichte zählt ihn zu den sogenannten Jung-Hegelianern,

d. h. den Autoren, die auf Hegel folgten und in der Weiterführung oder Bekämpfung seines Systems ihre Anschauungen formulierten. Kierkegaard hat Hegel selbst nicht mehr gehört, aber anläßlich seiner Studienaufenthalte in Berlin kam er mit der Hegelschen Schule in enge Berührung. Kierkegaard ist ein Theologe, aber seine Einsichten können auch von der Innerweltlichkeit her interpretiert werden. Erwähnt werden soll auch, daß er ein sehr unglückliches Leben geführt hat. Er hatte eine zwangsneurotische Erziehung und war in seinem späteren Leben ein depressiver Zwangscharakter, der mit einer gewissen Hektik seine »existentielle Prosa« produzierte, in welcher er ein neues Gefühl von Religiosität verkündete. Es ging ihm u. a. darum, anstelle des verwässerten Kirchen-Dogmatismus eine unmittelbare Beziehung zu Gott aufzubauen.

Unter Kierkegaards Werken kommen für unsere Debatte in Betracht: *Der Begriff Angst (*1844); *Furcht und Zittern* (1843); *Die Krankheit zum Tode* (1849). Wir können nur einige wenige Hinweise auf diese Texte geben.

Furcht und Zittern behandelt ein eigentümliches Problem. Es knüpft an die alttestamentliche Geschichte von der Aufforderung Gottes an Abraham an, er müsse seinen Sohn Isaak opfern. Kierkegaard beschreibt nun sehr dramatisch, wie Abraham – ein »Held des Glaubens« – drei Tage lang unterwegs ist zu dem Berg, auf welchem er Isaak opfern soll. Was geht da in Abraham vor? Er hat viele Jahre auf die Geburt dieses geliebten Sohnes warten müssen. Und nun diese rätselhafte Anordnung Gottes! War es wirklich Gott oder nur eine Halluzination? Kann man sicher sein, wenn man irgendeine Stimme vernimmt, daß es sich um ein wahrhaftiges »Zeichen« und nicht um eine Sinnestäuschung handelt?

Der religiöse Aspekt dieses Problems muß uns nicht allzulange beschäftigen. Wahrscheinlich will der biblische Text Gottes Allmacht und Irrationalität begreiflich machen. Der Mensch wird als Nichtigkeit vor Gott hingestellt. Und seine religiöse Größe besteht darin, daß er Gottes Wünsche gehorsam befolgt.

Man kann aber aus der Kierkegaardschen Schilderung auch eine rein weltliche Erkenntnis ableiten. Die Erzählung deutet doch auch darauf hin, daß dem Menschen in allen seinen

Entschlüssen und Handlungen ein Faktor der Ungewißheit eigen ist. Der Mensch macht einen Plan und handelt: Er weiß aber nie, ob er alle Faktoren in seine Rechnung einbezogen hat. Die Angst Abrahams besteht in der Unsicherheit, daß die Stimme Gottes evtl. nur eine Halluzination war. Ebenso können wir alle, wenn wir unsere Entschlüsse auf Beobachtungen und Überlegungen aufbauen, niemals sicher sein, daß wir uns nicht getäuscht haben. Handeln heißt immer auch wagen. Man übernimmt die Verantwortung für ein bestimmtes Tun, aber die Sache kann schief ausgehen. So kommt aus der Verantwortlichkeit des Menschen ein Angstmoment in das Leben hinein. Denken wir z. B. auch an das ärztliche Handeln. Wie oft steht ein Arzt am Scheideweg, ob er dies oder jenes zum Nutzen des Kranken tun soll. Das Leben des Patienten kann von einer ärztlichen Entscheidung abhängen. Und nicht immer liegen die Fälle so einfach, daß man ihre Behandlung im Lehrbuch nachschlagen kann. Sofern der Mensch trotz seines begrenzten Wissens und Könnens dauernd zum Handeln genötigt ist, kommt er um eine gewisse Verängstigung nicht herum. Diese Angst ist aus seiner »Endlichkeit« heraus zu erklären. Weil wir immer nur teilweise verstehen, begreifen, voraussehen können, ist die Angst unser Schicksal.

Auch in der Erziehung gibt es derartige Angst-Situationen. Einesteils will man das Kind vor Gefahren und Schmerzen beschützen, andererseits muß es auch Erfahrungen machen können. Wo ist die Grenze zwischen Schutz und Gefährdung? Der Mensch muß in jeder Situation ermitteln, was richtig und falsch ist. Auch da ist Angst mit im Spiel.

Wir stoßen hier auf die prekäre Situation des Menschen in der Welt, auf die Conditio humana. Menschsein heißt wohl auch, in irgendeiner Weise der Angst ausgesetzt zu werden.

Ich erinnere mich aus den übrigen Texten von Kierkegaard an einige Sätze, die wir auch reflektieren sollten. So sagt er an einer Stelle: »Die Angst ist der Schwindel der Freiheit.« Auch bezieht er die Angst und die Freiheit auf die Möglichkeiten des Menschen. Der Mensch ist ein Lebewesen, das wahrscheinlich mehr Möglichkeiten als irgendein anderes Lebewesen besitzt. Die Tiere haben nur eine kleine Summe von Handlungsmustern, die sie mehr oder minder sklavisch ausführen müssen. Die Aktionsbereitschaften des Menschen

sind viel mannigfaltiger. Niemand ist so veränderungsfähig wie er. Das ist es ja auch, was man unter den Begriff »Freiheit« subsumieren kann. Ich will hier nicht auf das philosophische Thema der Willensfreiheit und des Determinismus eingehen. Aber man darf ohne weiteres feststellen, daß der Mensch mit einer Fülle von Möglichkeiten begabt ist.
Nun können – nach Kierkegaard – auch diese Möglichkeiten den Menschen mit Angst erfüllen. Es gehört immer Mut dazu, von einer Möglichkeit Gebrauch zu machen. Sodann liegt hier auch eine Wahlsituation vor. Die eine Möglichkeit wählen heißt: eine andere Möglichkeit außer acht lassen. Nur der Mutige wagt zu wählen. Der Ängstliche bleibt zaudernd und unentschlossen und wägt dauernd ab, was er tun soll. Vor lauter Überlegungen kommt er gar nicht zum Handeln.
Angst und Mut sind wichtige Gegensatzbegriffe. Der Mutige ist nicht ein Mensch, der die Angst nicht kennt – er kennt sie, aber er überwindet sie. Er ergreift die Möglichkeiten, die ihm das Leben bietet. Er kann sich entscheiden. In jeder Entscheidung wird am Saum des Bewußtseins irgendwo auch die Angst mitschwingen, daß die Entscheidung falsch sein könnte. Das hindert aber den Mutigen keineswegs, sein Leben entschlossen in die Hand zu nehmen. Er ist auch bereit, aus Irrtümern zu lernen.
Ein anderer Satz von Kierkegaard lautet: »Im Grunde jeder Seele lauert die Angst, daß sie vergessen sein könnte von Gott.« Die Theologen mögen erklären, was sie aus diesem Satz herauslesen können. Von der Psychologie her nehmen wir an, daß so nur ein sehr vereinsamter Mensch sprechen kann. Gott wird vor allem für jene Menschen so immens wichtig, die keinen Zugang zu ihren Mitmenschen finden können. Jeder Mensch hat den Wunsch, in der Gemeinschaft geborgen zu sein. Wenn er das nicht erreicht, wird es für ihn lebenswichtig, zu einer außerweltlichen Macht Beziehung aufzunehmen: Gott wird dann unter Umständen zum Ersatz für den Mitmenschen. Da nun aber von Gott keine sichere Zuwendung und Selbstbestätigung erfolgt, kommt es zur Angst, auch von ihm verlassen zu sein.
Alle ängstlichen Menschen haben zu wenig Beziehungspersonen. Nun soll Gott der Beziehungsersatz werden. Nur der empfindet so schmerzlich die Loslösung oder das Getrennt-

sein von Gott, der nicht zum Mitmenschen hinfindet. Vielleicht ist überhaupt alles, was man so Gotteserfahrung nennt, eine mißverstandene Gemeinschaftsbeziehung. Angst ist die Lockerung gemeinschaftlicher Bindungen. Der Gläubige kann das, weil er so unterrichtet wurde, auf seinen Gott beziehen. Im Grunde aber erlebt er alles im zwischenmenschlichen Raum, und er hat Angst, von der Gemeinschaft vergessen zu werden, wenn er die Gottverlassenheit befürchtet.

Kierkegaard hat auch mehrfach betont, daß man vor Gott immer schuldig sei. Schuldgefühl und Angst gehören eng zusammen. Aber auch hier gibt es Interpretationsmöglichkeiten verschiedener Art. Schuldig fühlt sich unseres Erachtens jener, der dem Leben und der Gemeinschaft (und damit auch sich selbst) nicht genügend gerecht wird: der Ausweicher, der Mutlose, der Asoziale, der Menschenfeind. Das kann man nun in der Religion »Schuld gegenüber Gott« nennen, in Wirklichkeit ist es lediglich ein Versagen angesichts der eigenen Möglichkeiten, also Schuld gegen sich selbst und die Mitwelt, oder noch besser: seelische Fehlentwicklung. In früheren Epochen legte der religiöse Mensch solches Fehlverhalten als Überschreitung göttlicher Gebote aus und fühlte sich schuldig, empfand sich als sündhaft und versuchte, zu bereuen. Wir plädieren jedoch eher für Nietzsches Lehre von der »Unschuld des Werdens«: Jeder tut immer, soviel er kann. Er soll weder mit sich noch mit anderen moralisieren. Das hilft niemandem weiter. Auch der religiöse Schuldbegriff beruht wohl auf falschen psychologischen Voraussetzungen. Er behaftet das Individuum mit einem »bösen Willen«, der gar nicht vorhanden ist. Damit führt er zur Selbstzerknirschung, zum Wühlen im moralischen Schmutz, zum Sündenbewußtsein, woraus fast nie wirkliche Besserung erfolgt. Wir meinen, wer den Menschen zur Mitmenschlichkeit, Produktivität und Selbstverwirklichung anleitet, tut mehr für seine moralische Besserung als alle Sünden- und Sittenprediger, in deren Lehre viel verborgener Sadismus liegt.

Verlassen wir Kierkegaard, und wenden wir uns einigen Aspekten der allgemeinen Psychologie zu. Unsere Theorie soll hierbei möglichst gut zum Leben passen. Hier wäre nun festzustellen, daß die Angst in der Psychologie als eine unlustbetonte Stimmung beschrieben wird. Gefühl und Stimmung sind miteinander verwandt. Gefühle haben ein mehr oder minder deutliches Objekt, Stimmungen sind eher diffus. In der Stimmung liegt sowohl ein Körper- als auch ein Welterlebnis. Körper und Welt klingen in der Stimmung zu einer Einheit zusammen. Lustvolles Gestimmtsein bedeutet, daß der Körper leicht und beschwingt ist, die Welt liegt vor ihm offen. Man kann in sie hineinexpandieren. Unlustbetonte Stimmung hingegen läßt schmerzlich die Bedrohlichkeit der Welt erfahren. Die Angst gehört zu dieser Art von Gestimmtsein. Hier erlebt man die Welt als verschlossen, gefährlich, düster, unverständlich; der Körper wird als träge, unbeholfen und schwer empfunden. Angst ist eine Art Zurückgeworfensein auf den eigenen Körper. Ansonsten ist doch der Mensch »draußen in der Welt«, bei den Dingen und Mitmenschen, mit denen er zu tun hat. Er lebt in seinen Möglichkeiten. In der Angst, in der diese Möglichkeiten entschwinden, erfährt man sein Ausgesetztsein in einer völligen Ungeborgenheit. Alle Gedanken und Gefühle drehen sich dann nur noch um die nackte Selbstbehauptung.

Nun heißt es in der Tiefenpsychologie, daß jedes seelische Phänomen sein Wozu, seinen Zweck, seine Teleologie, seine Finalität besitzt. Auch die Angst muß einen Zweck haben. Was erstrebt der Mensch, wenn er sich ängstigt? Was will er damit?

Nun sind die Stimmungen des Menschen im Seelenleben nicht isoliert vorhanden. Alle Stimmungen müssen zu den Handlungsentwürfen passen, mit denen das Individuum gerade »schwanger geht«. Stimmung und Handlung sind zwei Seiten einer Medaille. Welche Handlungen folgen aus der Verängstigung? Die Biologen erzählen uns, daß Angst eine Erregung im Zwischenhirn, eine Aktivierung des Sympathikus, gewisser Hormone etc. sei. Das mag alles stimmen, ist aber ebenfalls nur Teilstück eines bestimmten Handlungsentwurfs, der die innere Sekretion, die Stimmung, das autonome Nervensystem für seine Zwecke einspannt.

In erster Linie besteht das Leben aus Aktivität und Handlung. Wer in sich die Stimmung der Angst erzeugt oder heraufbeschwört, hat eine bestimmte Unternehmung im Sinn, nämlich die Flucht. Angsthaftes Gestimmtsein ist Ausdruck oder Vorbereitung von Fluchttendenzen. Wer den Rückzug plant, tut gut daran, auch noch die Angst zu Hilfe zu nehmen, um besser den »Vormarsch nach rückwärts« antreten zu können. Im Zuge des Sich-Absetzens von den Mitmenschen und den Lebensaufgaben braucht der Ängstliche die Angst, um mit mehr Überzeugung fliehen zu können.

Ich will das am Beispiel des Angsttraums erläutern. Z. B. ein Mensch soll eine Reise machen, per Schiff oder per Flugzeug. Nun hat er Angst davor. In der Nacht träumt er, daß das Flugzeug abstürzt oder das Schiff untergeht. Wenn er sehr ängstlich ist, wird er mit dem bangen Vorgefühl aufwachen, daß eine Katastrophe bevorsteht. Selbst wenn er einen Großteil seines Traumes vergessen hat, wird ihm eine unbehagliche Stimmung verbleiben, die unter Umständen dazu führt, daß er diese Reise absagt. Im Traum macht er sich gleichsam Stimmung für den Rückzug. Er malt den Teufel an die Wand, um besser an ihn glauben zu können.

Wir können es auch so sagen: Zur Hälfte entsteht die Angst aus wirklichen Unzulänglichkeiten, die es beim Menschen immer gibt und geben wird. Wer stünde nicht vor Aufgaben, bei denen er gelegentlich an sich zu zweifeln beginnt? Aber der Ängstliche bleibt bei seiner Verunsicherung nicht stehen. Er macht auch einen »Plan« daraus, er verwertet seine Unruhe, sein Erregtsein im Sinne seiner Zielsetzung. Er kalkuliert seine Angst gleichsam ein, er läßt sie in sich aufsteigen, er verwertet sie. Dabei muß man die mitmenschliche Umgebung in Betracht ziehen. Man kann an Kindern beobachten, welches Kapital sie aus ihrer Angst zu schlagen vermögen. Gewiß sind sie mitunter auch ganz ursprünglich verängstigt, aber bald kommen sie auf den Trick, daß sie damit die Umgebung, die auf Helfenwollen gestimmt ist, suggestiv beeinflussen können. Die Angst wird zu einem sozialen Druckmittel. Man übertreibt sie unbewußt und unwillkürlich, um durch Darstellung der eigenen Schwäche eine bestimmte Charaktertendenz durchzusetzen.

So verwendet jeder Mensch seine Ängste im Dienst seiner Selbstbehauptung und Selbstverwirklichung. Man kann begreifen, daß manche in einer hoffnungslosen Kindheit darauf verzichten, stark und kräftig werden zu wollen. Sie schaffen es lieber mit dem Hilflossein. So sind sie als Kind

weitergekommen. Sie ducken sich lieber angesichts von Schwierigkeiten. Die Psychotherapie muß ihnen dazu verhelfen, von dieser Erlebnis-Schablone, diesem feigen Lebensstil loszukommen. Sie moralisiert hierbei nicht, aber sie zeigt dem Ängstlichen auf, was er alles aus sich selbst heraus kann. Sie macht ihm Mut zum Leben und zur Gemeinschaft. Es ist dem Menschen viel wohler, wenn er auf eigenen Füßen steht, als wenn er ständig um Hilfe ausschauen muß. Es ist auch beglückender, Hilfe zu geben, anstatt sie zu nehmen. Das verstehen wir unter »Reifwerden des Menschen«. Wir leiten ihn regelrecht dazu an, sich realistisch mit den Lebensaufgaben auseinanderzusetzen. Auch schwierige Situationen sollen uns nicht zur psychischen Regression veranlassen. »Tapferkeit ist der Ursprung einer großen Tugend.«
Wir haben uns gefragt, ob nicht die konservativen und reaktionären Ideologien die Angst des Menschen allzusehr in den Vordergrund rücken. Ich möchte diesen Gedanken sehr ernsthaft erwogen wissen. Bestimmt ist die Angst eine Grunddisposition des Menschen, aber manche philosophischen Richtungen (z. B. M. Heidegger) insistieren so sehr auf dieser Grundbefindlichkeit, daß man sich fragen kann, ob nicht auch andere Grundbefindlichkeiten wichtig sind – z. B. das Vertrauen, die Weltoffenheit, die Freude. Vielleicht ist der Mensch noch viel mehr auf Kooperation, gegenseitige Hilfe, Urvertrauen usw. angelegt als auf Angst. Diese Auffassung würde der Tiefenpsychologie durchaus entsprechen, da diese (im Sinne von A. Adler) den Menschen primär als Gemeinschaftswesen beschreibt.
Wahrscheinlich betonen die reaktionären Philosophen so sehr die Verängstigung des Menschen, weil sie ihn in der Regel im Zustand der Vereinzelung und nicht der Gruppenzugehörigkeit beschreiben. Sie fassen auch mitunter den seelisch deformierten Menschen unserer Kultur ins Auge und schreiben dann der »menschlichen Natur« die Fehler zu, die sie am verstümmelten Gegenwartsmenschen beobachten. Daher die Dramatisierung der Daseinsangst.
Die Beobachtung an Kindern scheint auch zu lehren, daß das Kind tatsächlich mit einer Art »Urvertrauen« beginnt. Es schließt sich doch unmittelbar der Umwelt an. Es sucht Kontakt und Kommunikation. Es will sich die Welt aneignen. Es will verstehen, wachsen und werden. Die Angst tritt erst

dann auf, wenn diese urtümlichen Impulse gedämpft und gedrosselt werden. Das bringt unsere Erziehung ziemlich bald zustande. Sie zerreißt die emotionale Bindung des Kindes an seine mitmenschliche Umgebung. Dann kommt die Angst ins Seelenleben hinein. Man kann sich ausmalen, daß ein Kind bei sehr günstigen Umweltbedingungen wahrscheinlich wenig *basic anxiety* haben würde. Es würde so sehr ermutigt, daß es seine Fähigkeiten und Fertigkeiten entfaltet, die Wirklichkeit erobert und die Menschen liebgewinnt. Natürlich würde auch ein solches Menschenkind Ungewißheit und Gefahr erleben. Es würde auch mit der Tatsache des Todes konfrontiert werden. Aber es würde an diesem Faktum nicht hängenbleiben. Es gibt so viel in der Welt zu tun und zu bewirken, daß man nicht lange steril über den Tod nachsinnen kann. Spinoza sagt: »Der freie Mensch denkt an nichts weniger als an den Tod, und seine ganze Weisheit ist auf das Leben ausgerichtet.« Die destruktive Stimmung der Angst gewinnt keine Macht über den gemeinschaftsfreundlichen, mutigen Menschen. Er wird auch mit Epikur sagen: »Wenn der Tod da ist, bin ich nicht mehr da – warum sollte ich ihn fürchten?«

Die Angst ist für uns eine Lockerung der gemeinschaftlichen Verbundenheit, ein Stillstehen, wo Fortbewegung und Anschluß an das Leben nottäte. Man soll uns nicht allzuviel von der »Hinfälligkeit des Menschen« erzählen – diese theologische Formel ist meist zu gehaltlos. Man macht den Menschen ängstlich und hinfällig durch eine Erziehung, die in allen ihren Details lebensfremd und destruktiv ist.

Alle Symptome des Menschen werden durch den Charakter bestimmt. Wenn man in der Psychotherapie mit einer Angstsymptomatik zu tun hat, soll man sich durch die manifeste Angst nicht allzusehr beeindrucken lassen. Die Angst hat einen weitläufigen psychischen Hintergrund. Der ist für uns interessanter als das ins Auge springende Symptom, welches im Grunde durch tausend unauffällige Fehlhaltungen determiniert ist. Die Therapie erfolgt an diesen Fehlhaltungen, nicht am Symptom. Wir lenken darum das psychotherapeutische Gespräch bald von den Beschwerden des Patienten ab und richten unser Augenmerk auf seine mitmenschlichen Beziehungen, auf seine Lebens- und Denkgewohnheiten, unbewußten Einstellungen, Meinungen und

Gefühle. Die Charakterpathologie muß hierbei speziell von uns angegangen werden. Der Analysand soll einsehen, daß er seine Angst als Quittung für seinen Ehrgeiz, seinen Perfektionismus, seinen Neid, seine Eifersucht, sein Mißtrauen, seine Beziehungsarmut hat. Wir können die Angst nicht ausräumen, wenn der Charakter nicht verändert wird. Uns interessiert immer die Persönlichkeit mehr als das Symptom. Der Patient möchte nur die Symptome beseitigt haben. Wir müssen ihn darüber belehren, daß er sich »als Ganzer« ändern muß.

So finden wir z. B., daß ängstliche Menschen in ihrer Kindheit nicht recht mitdenken, mitfühlen, mitspielen gelernt haben. Schon der Blick des Angstcharakters verrät seine Distanziertheit. Wer nun so fremd den Mitmenschen gegenübersteht, geht an vielem, was in der Welt interessant, beglückend und ermutigend ist, blind vorbei. Sein Gemüt ist verschlossen. Pessimismus bemächtigt sich seiner. Er wird auch zuwenig mit der Welt vertraut. Errungenschaften der Wissenschaft und Kunst, Fortschritt in Politik und Sozialleben, allgemeines kulturelles Leben geht ihn zu wenig an: Er hat ja seine Angst, und diese füllt sein Gemüt völlig aus.

Nun müssen wir den ängstlichen Menschen lehren, sich mit seiner Umwelt zu befassen. Er stammt aus einer Kindheit, in der er zu wenig Sozialinteresse, Wohlwollen und Mitmenschlichkeit kennengelernt hat. Daher fühlt er sich kaum solidarisch. Immer ist sein unbewußtes Konzept: ich hier und die anderen dort. Es fehlt an Identifikation. Dadurch wird er einsam. Er sieht nicht die Möglichkeiten der Beitragsleistung, die sich ihm allenthalben anbieten. So kommt er zu keinem Erlebnis der eigenen Bedeutung, er sieht sich als unwichtig und gehaltlos.

Nur wer sich im Schnittpunkt sozialer Beziehungen und Entwicklungen sieht, weiß wozu er lebt. Nur er kann Vertrauen zu sich und zu den Menschen haben. Nietzsche hat einmal gesagt, es wäre ein unerhörtes Glück für die Menschheit, wenn die Gewohnheit des täglichen Gebetes ersetzt würde durch die Gewöhnung, sich an jedem Tag schon beim Erwachen auszudenken, wem man heute eine Freude bereiten könnte. Das wäre eine Art »innerweltliche Frömmigkeit«, die vielleicht mehr nützen würde als das Aufschauen

zur Gottheit, während man den Mitmenschen vor die Hunde gehen läßt.
Der ängstliche Mensch ist so in sich abgekapselt, daß er am Mitmenschen vorbeigeht. Und gerade der würde ihn aber so gut als Helfer und Freund brauchen können! Wer in der Stimmung des Gebers und Mitspielers durchs Leben geht, muß keine Mutlosigkeit befürchten. So wie er andere trägt, wird er auch von den anderen getragen.
Wir müssen dem Ängstlichen klarmachen, daß er durch einen freundlichen Gruß, durch Lächeln, durch Anreden, durch Beziehung seine trostlose Umwelt umstrukturieren kann. Das können wir in der Therapiegruppe wunderbar beobachten. Wie leicht setzt sich soziales Bezogensein in Angstfreiheit um! Das ist keine graue Theorie – die Praxis bestätigt das immer wieder.
Wer bei uns gut zuhören lernt, wer sich an der Gruppe freut und ihre wachsende Kooperation registriert, der kann in sich keine Gefühle des Pessimismus, der Verdüsterung, des Verzweifeltseins und der Hilflosigkeit züchten. Er wird sich bald an den Strom des Lebens und der Gemeinschaft angeschlossen fühlen. Kontakt ist das beste Medikament gegen die Angst. Keine pharmazeutische Industrie kann eine so großartige »Pille« je auf den Markt werfen. Wir lieben es nicht, unsere Vergleiche aus der Technik zu wählen. Aber hier drängt sich uns ein Gleichnis auf. Es stammt aus dem Bereich der Elektrizität. Nehmen wir an, es würde in diesem Saal dunkel sein. Wenn nun jemand von uns die Stelle findet, wo der richtige Kontakt ist, so muß er nur den Schalter in Bewegung setzen: sofort wird sich das Dunkel in Licht verwandeln. Es wird hell um uns alle werden. So ist es auch bei den menschlichen Kontakten. Man muß nur den Ort finden, wo der Kontakt herstellbar ist: und unverzüglich kommt es zur Freude, zur Ermutigung, zur Aufhellung dieses oft düsteren Daseins.

Viertes Gespräch

RATTNER: Wir sollten wieder zusammenfassen, was wir gehört haben.

ROSWITHA: Wir behandelten einen doppelten Aspekt der Angst. Einmal ist die Angst Ursache von bestimmten Verhaltensweisen, andererseits ist sie auch ein Instrument, das man mit unbewußter Zweckhaftigkeit einsetzt. Wir fragten uns auch, ob man die sogenannte Urangst von der neurotischen Angst abtrennen könne. – Dann kam mir der Gedanke, daß man evtl. die Angst durch Wissen und Können ersetzen bzw. beheben kann. Kierkegaard sagt, Angst entstehe, wenn man sich Gott allzu ferne fühle. Damit kann man meines Erachtens nicht viel anfangen. Verständlicher wird die Sache, wenn wir anstatt des Wortes Gott den Begriff »Gemeinschaft« einsetzen: Wer von der Gemeinschaft getrennt ist, empfindet Angst. Wenn wir das hören, wissen wir, was wir unternehmen müssen, wenn wir Angst haben. Wir müssen gegen unsere Isolierung ankämpfen. Natürlich geht das nicht mit rein intellektuellen Mitteln. Man muß neue Erfahrungen machen, die uns erlauben, neue Gefühle aufzubauen.

CHRISTIAN: Wir haben die Angst nicht nur negativ bewertet. Milde Formen der Angst können eine Triebkraft zur Kommunikationsaufnahme sein. Es gibt auch gesunde Kompensationen der Angst, nämlich die sozial wertvollen. Auch den Charakter haben wir als Angstabwehr erklärt.

WERNER: Wer die Angst überwinden will, muß sich den Mitmenschen zuwenden und positive Leistungen erbringen. Auch Beziehung ist schon eine solche Leistung, d. h. Ernstnehmen des anderen, Eingehen auf ihn. Alles, was der Selbstentfaltung der Persönlichkeit dient, vermindert die Angst. Auch die Festigung des Selbstwertgefühls wirkt der Angst entgegen. Wer das Gefühl hat, den anderen etwas zu bedeuten, muß sich nicht mehr ängstigen. Er wird sich aber um so wertvoller fühlen, je mehr er den anderen Wert beimessen kann.

KLAUS: Projektion und Verdrängung sind Abwehrmechanismen gegen die Angst. Das kann sich z. B. so äußern, daß das Objekt, welches Angst macht, gar nicht mehr im Bewußtsein erscheint. Infolge von Sexualangst kann das Individuum unter Umständen überhaupt keinen Sexualtrieb mehr empfinden. Die Rationalisierung ist die raffiniertere Methode. Man schafft sich faule Ausreden, um sich mit dem ängstigenden Motiv nicht auseinandersetzen zu müssen. Bei der Projektion ist es so, daß man die unliebsamen Eigenschaften, die im eigenen Innern Angst erzeugen, anderen zur Last legt. Damit erspart man sich die Aufnahme von Beziehungen.

WOLFGANG: Jene Philosophen, die die Angst als Grundbefindlichkeit des Menschen deklarieren und von seinem »Hineingeworfensein in das Nichts« schreiben, sind oft konservativ und bringen eine pessimistische Meinung über den Menschen und das Leben zum Ausdruck.

RONALD: Sullivan skizziert den Gegensatz von Angst und Euphorie oder Wohlbefinden. Der Mensch will von der Angst weg zur Lebensfreude hin gelangen. Die Angst ist also nicht die Hauptmotivation. Positive Lebenslust, erwachsend in erster Linie durch Übereinstimmung mit wesentlichen Beziehungspersonen, motiviert den Menschen auch.

JÜRGEN: Wir sprachen auch von der Finalität der Angst. Sie ist eine unlustvolle Stimmung, die das Individuum heraufbeschwört, wenn es sich zum Rückzug motivieren oder in der Umwelt Erleichterungen erlangen will.

RONALD: Angst entsteht hauptsächlich in zwischenmenschlichen Situationen. Ganz deutlich wird das im Falle von Freiheitsberaubung oder beim Zufügen von Schmerz: Man denke etwa an die Bestrafung von Kindern. Im Angstgefühl liegt Erinnerung und Erwartung zugleich; Erinnerung an erlebte Unlust und auch Erwartung kommender Frustration. Um die Angst zu bekämpfen, muß man die Erinnerungen korrigieren und neue Erwartungshaltungen aufbauen, die optimistischer sind.

TUSCHY: Das Erinnern in der Angst verläuft mehr automatisch und reflexartig. Es ist kein klares Durchdenken der Situation unter Heranziehung vergangener Erlebnisse. Die Therapie lehrt uns dann, korrektes Erinnerungsmaterial herzustellen und die jetzige Situation von den früheren Erlebnismustern loszulösen. Erkennt man das Hier und Jetzt richtig, so wird man oft keine Angst mehr haben müssen.

RONALD: Wenn ich von Erinnerung sprach, meinte ich nicht

bewußtes Erinnern, sondern Assoziationen, die zur Angstbildung beitragen.

GUNDA: Wer Ängste hat, hat auch eine verzerrte Wahrnehmungsfähigkeit. Seine Optik ist falsch und muß korrigiert werden. Kindheitserlebnisse bestimmen den Resonanzboden unserer Erlebnisse. Was den einen überhaupt nicht beeindruckt, kann beim anderen einen akuten Angstanfall auslösen.

RONALD: Man kann wohl eine Beziehung herstellen zwischen dem Grad von Angstfreiheit, den man als Kind hatte, und der Differenziertheit der jetzigen Situationswahrnehmung. Hat man als Kind die Umwelt als feindselig erlebt, so wird man sie später nur global und diffus erfassen. Ist man mit ihr in den ersten Jahren gut vertraut gemacht worden, so lernt man sie viel besser kennen.

RATTNER: Wir sprechen im Moment ziemlich theoretisch. Nun soll aber die Theoriestunde eine Ergänzung der Therapie sein. Wir müssen unsere Erwägungen so vortragen, daß jeder sich darin spiegeln kann. Für heute möchte ich folgendes Thema vorschlagen: »Wie hilft man einem verängstigten Menschen?« Jeder von uns kann in diese Lage kommen. Wir werden konsultiert von jemandem, der vor einer Prüfung steht oder eine Enttäuschung in der Liebe hinter sich hat oder Konfrontation mit Autoritätspersonen. Nun ist er in heller Angst und Panik. Was machen wir mit einem Menschen, der uns in seiner Angst um Hilfe angeht? Wir sollen ja alle Helfer des Mitmenschen werden. Wir müssen lernen, durch Gespräch und persönliche Haltung einem solchen Ängstlichen in einer kurzen Unterredung wieder Mut zu machen. Die Verminderung seiner Angst soll schon am Ende der therapeutischen Besprechung sichtbar werden. Vielleicht, daß einige von uns Erinnerungen an eigene Therapieerfahrungen – Einzelsitzungen und Gruppensitzungen – als Material beisteuern. Welche Methoden wurden denn da angewendet?

WOLFGANG: Wir sagten schon, daß Angst ein Kontaktmangel ist. Folglich können wir bei einem ängstlichen Menschen annehmen, daß er isoliert dasteht. Wir werden also danach trachten, ihn in eine Gruppe zu integrieren. Das ist ja auch das Prinzip unserer Therapie.

MAJA: Wenn ich einen ängstlichen Menschen vor mir habe,

dann muß ich mich im Umgang mit ihm möglichst natürlich geben, damit er nicht den Eindruck bekommt, ich sei besser als er, und er müsse sich vor mir anstrengen, um gut dazustehen. Auch vermittle ich ihm das Gefühl, daß ich verstehe, wie groß seine Angst ist.

URSULA: Wenn die Angst vor einem verstehenden Gegenüber ausgesprochen werden kann, ist schon ein Teil von ihr beseitigt. Das Schlimmste ist, wenn man mit seiner Angst allein bleibt. Dann kann man in Panik geraten.

THOMAS: Das glaube ich auch. Wer über seine Ängste spricht, ist schon zur Hälfte dabei, sie abzubauen. Darum geht das wohl leichter bei Leuten, die ihre Angst zugeben; schwieriger ist es bei solchen, die die Angst überspielen.

MICHAEL: Man hilft dem Ängstlichen, indem man ihn ermutigt. Das darf aber nicht plump gemacht werden. Nur im Rahmen einer guten Beziehung können ermutigende Worte auf fruchtbaren Boden fallen.

ROSWITHA: Ein Teil der Ermutigung besteht darin, daß man dem Ängstlichen ein Gefühl für seinen wahren Wert vermittelt. Ein ängstlicher Mensch fühlt sich immer auch minderwertig.

THOMAS: Wir sollten einmal beschreiben, woran man die Angst eines Menschen erkennen kann. Es gibt ja viel verborgene Ängstlichkeit.

KLAUS: Ich hatte letzthin ein persönliches Erlebnis, wo ich jemandem über die Angst hinwegzuhelfen versuchte. Ich hatte eine Zwischenprüfung an der Universität. Nach mir wurde ein Mädchen geprüft, das ich aus den Seminaren kannte. Sie sagte, daß sie Angst habe. Nun konnte ich natürlich in den wenigen Minuten zwischen zwei Prüfungen nicht eine Anamnese erheben, etwa in dem Sinn: Was hast du in deiner Kindheit erlebt, daß du jetzt ängstlich bist! Ich sprach einfach humorvoll auf sie ein, stellte ihr die Prüfung als harmlos dar und ermutigte sie. Rezepte kann man da wohl nicht geben. Man muß aus dem Augenblick heraus das richtige Wort, den richtigen Ton finden.

LOTHAR: Beim Ermutigen darf man nie allzu direkt vorgehen. Sonst fühlt der andere die Absicht und ist verstimmt!

PETER: Ich habe vor einiger Zeit erlebt, wie einem Analysanden in der Einzelstunde, als er von seiner Angst sprach, ganz schlicht vom Therapeuten gesagt wurde: »Sie müssen gar keine Angst haben.« Ich habe mich damals gewundert und gefragt, ob das helfen könne. So ein einfacher Satz als Heilmittel gegen die Angst! Aber das hilft wirklich. Voraussetzung ist allerdings, daß eine Beziehung zum Therapeuten besteht und daß diese Worte mit innerer Festigkeit gesagt werden. Der Analysand spürt die Haltung des Analytikers und nimmt dann an, dieser werde es ja besser wissen. So wirft er regelrecht seine Angst weg.

LOTHAR: Beim Ermutigen handelt es sich um die Vorwegnahme eines Erfolgserlebnisses. Man gibt dem Analysanden sozusagen Kredit. So setzt er sich mit neuem Mut in Bewegung.

URSULA: Wichtig ist auch, daß derjenige, der Mut zuspricht, nicht selbst Angst hat. Das würde sein Gegenüber empfinden und nichts annehmen können.

WILFRIED: Der andere muß das Gefühl haben, daß wir mit ihm sind und ihm zur Seite stehen. Ohne Identifikation ist da nichts zu machen. Da wir selbst noch Angst haben, können wir uns nur teilweise identifizieren. Unsere kranken Gefühle hindern uns, uns auf den anderen einzustellen. Wir können uns ihm nicht geben. Wer also anderen Mut machen will, muß zunächst die eigenen Ängste bearbeiten.

MAJA: Man kann auch als ängstlicher Mensch anderen helfen, wenn man nämlich versucht, sie anzunehmen und liebzuhaben.

MICHAEL: Wenn Wilfried von Identifikation spricht, so meint er sicher nicht, daß wir uns mit dem Ängstlichen ängstigen sollen. Wir wollen ihn nur verstehen. Sich mit jemandem eins fühlen, heißt nicht, seine Gefühle zu teilen. In der Therapie ist wohl Identifikation und Abgrenzung notwendig.

BÄRBEL: Ich habe die Erfahrung gemacht, daß ich mich um so besser auf andere einstellen konnte, je mehr ich mich selbst verstand. Dann konnte ich mich in andere einfühlen und in Ruhe an ihre Probleme herangehen. Manche von uns, die noch nicht viel von der Therapie begriffen haben, können die eigenen Probleme nicht von denjenigen der anderen trennen. Sie wollen dann helfen und ermutigen, aber liefern in den Gesprächen die eigene Angst mit.

URSULA: Zu Michaels Argument: Wenn man sich so stark mit dem Ängstlichen identifiziert, daß man seine Angst übernimmt, hat man eben die eigenen Ängste noch nicht überwunden. Verstehen und nachempfinden heißt nicht: sich selbst ängstigen zu müssen.

WERNER: Wenn einer kommt und Angst hat, dann ist es nicht immer so wichtig, die Ursachen seiner Angst zu klären. Oft kann es ihm schon nützen, wenn man irgend ein gutes Gespräch mit ihm führt. Dadurch kommt eine soziale Brücke zustande. Der Ängstliche fühlt sich nicht mehr allein.
Früher wollte ich in meinen Einzelsitzungen nur über meine Angst sprechen. Ich sah dann aber, daß das Gespräch oft auf ganz andere Bereiche überging. Und das half oft noch viel mehr.

WOLFGANG: Der gemeinsame Nenner aller bisherigen Empfehlungen ist wohl, daß man auf einen Menschen zugehen soll, ihn ins Auge fassen muß, seine Situation verstehen lernen soll und seine Ängste transparent machen kann. Man kann wohl auch sagen: Je mehr wir einen anderen verstehen, um so eher können wir ihm helfen.

JÜRGEN: Wir sollten dem anderen neue emotionale Erfahrungen vermitteln. Ich erlebte das sehr deutlich anläßlich meines juristischen Staatsexamens. Meine Ängste waren sehr groß. Ich erfuhr dann in der Therapie, daß ich mich vor den Menschen nicht so sehr fürchten muß. Meine Einstellung zur Umwelt änderte sich.

MICHAEL: Wir müssen für den Ängstlichen eine Brücke zur Welt bauen. Das kann von Fall zu Fall etwas ganz anderes sein. Der Ängstliche ist ganz auf sein Unvermögen fixiert. Nun soll ihm das Gespräch die Wirklichkeit wieder nahebringen.

FRITZI: Die Angst ist ja eine Form der absoluten Ungeborgenheit. Wenn nun die Gruppe ein Geborgenheitsgefühl vermitteln kann, ein wohlwollendes Entgegenkommen, so beschwichtigt das viele Ängste.

WILFRIED: Wir sprechen davon, daß man mit dem Ängstlichen Beziehungen aufnehmen soll. Das ist aber nicht immer so einfach. Nehmen wir z. B. die Situation in unseren Gruppensitzungen. Manche Angstcharaktere haben uns da schon gesagt, daß sie in der Gruppe sitzen und kaum zuhören können. Wenn sie von den Problemen anderer Leute hören, denken sie unwillkürlich an die eigenen. Oft muß erst die Kooperationsfähigkeit des Ängstlichen entfaltet werden. – Ich will damit keine Resignation predigen. Aber das Kooperieren mit dem Ängstlichen kann manchmal kompliziert sein.

ROSWITHA: Der Ängstliche muß auch seine Abwehrmechanismen durchschauen lernen. Wenn man Angst vor Beziehungen hat, kann es dazu kommen, daß man die Leute, die man fürchtet, innerlich abwertet.

RATTNER: Ich möchte nochmals vorschlagen, daß wir therapeutische Erfahrungen fruchtbar machen. Viele von uns kamen in die Therapie und waren zunächst ein Bündel von Ängsten. Wenn eine Sitzung gut verläuft, dann geht auch der ängstliche Patient hernach mit einem Gefühl der Zuversicht vom Therapeuten weg. Tatsächlich: das kann man in einer einzigen Sitzung erreichen. Unlängst war Angelica bei mir und war in Panik. Wollen Sie das nicht erzählen?

ANGELICA: Ich machte vor 14 Tagen das Abitur. Ich hatte das bei mir so hochgespielt, daß es für mich um Sein und Nichtsein, Wert oder Unwert meiner Person ging. Es war für mich eine fast ausweglose Situation.

RATTNER: Schildern Sie es doch genauer!

ANGELICA: Vor drei Monaten war ich bereits angetreten und in zwei Fächern durchgefallen. Nun kam die Nachprüfung. Wenn ich da versagt hätte, wäre das Abitur verloren gewesen. Herr Rattner sagte mir aber, daß es ja noch andere Möglichkeiten für mich gäbe. Er ermöglichte mir damit eine Perspektive in die Zukunft. Ich hatte gar nicht mehr an die mögliche Begabtenprüfung gedacht. – Im übrigen hatte ich zu wenig für das Examen gearbeitet. Es war schon Grund zur Angst da. Ich konnte eben nicht lernen, weil ich Angst hatte, und das verstärkte wieder meine Angst.

RATTNER: Und dann kam die Prüfung – und Sie sind durchgefallen?

ANGELICA: O nein, ich habe sie bestanden.

JÜRGEN: Ich hatte immer große Angst, in die U-Bahn zu steigen. Da wurde mir in den Einzelstunden gesagt, es sei doch interessant, die Leute in der Bahn zu betrachten. Auch könnte ich froh sein, daß ich nicht mit der Postkutsche fahren muß ...

RATTNER: Wenn wir solche Ausführungen anhören, sollten wir auch Abstraktionen durchführen. Man erzählt uns Anekdotisches. Für unsere Studien ist aber wichtig zu ermitteln: Was geschieht da prinzipiell? Es tönt oft so harmlos, aber dahinter steht eine therapeutische Methode.

LUDWIG: Als ich in die Therapie kam, hatte ich oft Angst vor dem Tod. Nun wurde mir klargemacht, daß jede Todesangst im Grunde eine Angst vor dem Leben sei. Der Zweck dieser düsteren Überlegungen sei, sich vor dem Leben und seinen Aufgaben zu drücken. Das schien mir zuerst paradox, aber es half mir weiter.

REGINE: Wenn man einem ängstlichen Menschen hilft, so sieht das so aus, als ob man ein Stück vom eigenen Leben in ihn hineinpumpen würde. Es läßt sich mit einer Bluttransfusion vergleichen.

THOMAS: Ich hatte lange Zeit viel innere Unruhe in der Gruppe und konnte nicht sprechen. In den letzten drei Gruppensitzungen bekam ich aber das Gefühl, von der Gruppe getragen zu werden. Es stellte sich ein emotionales Gleichgewicht bei mir ein.

RONALD: Die Tochter eines bekannten Ehepaares war letzthin in Gefahr, in der Schule nicht versetzt zu werden. Wir sprachen dann ruhig mit dem Mädchen und den Eltern, was denn geschähe, wenn sie nicht versetzt würde. Wir erwogen dann einen Schul- oder Klassenwechsel. Wichtig war aber, daß wir betonten, das sei doch nicht so schlimm. Wir würden sie keineswegs verurteilen. Das half ihr.

MAJA: Ich kam in die Therapie mit unheimlichen Minderwertigkeitskomplexen, weil ich nur Hausfrau und Mutter und nicht Akademikerin bin. Dazu bin ich noch Gattin eines Akademikers. Nun sah ich, daß in der Gruppe Professoren, Doktoren und Studenten sitzen; das schüchterte mich ein. Ich versuchte mit dem Mut der Verzweiflung, durch hektisches Reden den anderen zu imponieren. Ich ergriff die »Flucht nach vorne«. Im Laufe der Zeit habe ich nun gelernt, langsam und deutlich zu sprechen. Ich habe kaum noch Angst. Auch empfinde ich es nicht mehr als Makel, keine Akademikerin zu sein. Ich fühle mich in der Gruppe wohl. Hier lacht man ja über den angeblichen Unterschied von Akademikern und Nicht-Akademikern. Hier sind alle gleichwertig. Ich habe viele Kontakte geschlossen und kann mein Wissen erweitern. Man muß sich wirklich in der Gruppe nicht ängstigen.

WILFRIED: Maja, wenn man dir so zuhört, hat man oft den

Eindruck, daß du mehr Einfühlungsvermögen als so mancher Doktor bei uns hast. Könntest du uns noch deutlicher machen, wie du über deine Minderwertigkeitsgefühle hinwegkamst?

MAJA: Zunächst empfand ich meine Situation als fast aussichtslos. Dann versuchte ich, durch Gespräche meinen tatsächlichen Wert zu erfahren. Früher hatte man mich sehr entmutigt. In der Gruppe war nun das Gegenteil der Fall. Ich konnte plötzlich mitreden. Ich fühlte mich gleichberechtigt. Entschuldige, wenn ich dich persönlich anspreche, Wilfried. Wenn du nämlich früher sprachst, erstarrte ich vor Respekt und dachte, so etwas werde ich nie zustande bringen. Aber dann habe ich mich darauf konzentriert, was du so sagtest . . .

WILFRIED: So genau wollte ich das gar nicht wissen, Maja!

MAJA: Und dann war meine Angst vor dir plötzlich weg. Ich hatte eben deine menschliche Seite wahrgenommen und erkannt, daß du zwar groß bist und gut reden kannst, aber daß du auch deine Ängste hast. Ich sah in dir den Mitmenschen. So reduzierte sich meine Angst. Ich fühle mich nun nicht mehr als Anhängsel meiner Kochtöpfe. Ich habe Mut bekommen und bessere Gefühle erlernt. Dazu bin ich ja in der Gruppe!

RATTNER: Ich möchte gern zum Problem Stellung nehmen, wie man psychotherapeutisch die Angst angeht.

Ich praktiziere seit vielen Jahren und möchte gleich zu Beginn dem Irrtum vorbeugen, als ob Psychotherapie rein rational erlernbar sei wie ein Gedankenschema. Wenn wir jetzt rational über therapeutische Methoden sprechen, ist das lediglich eine Lernhilfe. In Wirklichkeit handelt man als Therapeut aus spontanen Antrieben. Man hilft dem anderen über seine Angst hinweg, ohne jeden Schritt dabei zu reflektieren. Die Reflexion kommt erst nach der Hilfeleistung, zumindest in vielen Fällen.

So kann man jahrelang mit Angstpatienten erfolgreich arbeiten. Nun wird man durch unsere Debatte auf die Frage gelenkt: Was macht man eigentlich, wenn man eine Angst heilt? Viele Reaktionen des Therapeuten sind ihm so in Fleisch und Blut übergegangen, daß er sie keineswegs planen muß. Er hat sie in seiner Charakter- und Lehranalyse in sich aufgenommen. Er hat Techniken assimiliert, mit denen er behandelt, ohne sie von Fall zu Fall genau zu überlegen. Nicht was der Psychotherapeut will oder plant, hilft dem Patienten, sondern das, was er *ist*. Man muß durch die Persönlichkeit, das unbewußte Wissen, die automatischen Reaktionen die Hilfeleistung zum Ausdruck bringen. Im therapeutischen Gespräch ist viel Spontaneität. Man kann da nicht viel vorausplanen. Aus dem unmittelbaren Erleben muß man sich mit dem Analysanden identifizieren können. Oft hat man dessen Ängste zumindest andeutungsweise am eigenen Leib erlebt. Nichts Menschliches sollte uns ja fremd sein. Ideen und hilfreiche Einfälle kommen aus dem Unbewußten. Auf diese muß der Analytiker vertrauen können, wenn er gut behandeln will. Seine Charakterstruktur ist das wertvollste Heilmittel in der Therapie. Balint hat nicht zu Unrecht von der »Droge Arzt« gesprochen. Diese muß dem Patienten – wohl dosiert – verabreicht werden.

Gleichwohl soll man sich genau überlegen, was der Therapeut oder der verstehende Mitmensch in solchen Fällen tut. Wir vertreten ja den Standpunkt, daß jeder, der bei uns mitmacht, im Maße seiner Möglichkeiten ein »kleiner Therapeut« werden soll. Man hat genug Gelegenheit im Leben, bei Kindern, Freunden, Lebenspartnern, im Beruf etc., psychohygienisch und therapeutisch zu wirken.

Ich stelle mir nun vor, daß ein Angstpatient zu mir in die Praxis kommt. Das passiert fast täglich. Wie ist die Verfassung solcher Menschen? Die Angst drückt sich bekanntlich seelisch und leiblich aus. Bevor der Analysand einen begrüßt, spürt man schon seine Angst. Sie zeigt sich im Händedruck, im Blick, im Auftreten, dann auch in der Sprechweise, im Tonfall, in der Diktion usw. Man empfängt also viele Signale vom ängstlichen Menschen, in denen er seine Angst kundtut.

Nun sitzt er mir gegenüber und teilt mir auch verbal mit, daß er Angst hat. Dabei geschieht etwas Interessantes. Ein Mensch, der Angst hat, hat hierzu subjektive und manchmal auch objektive Gründe. Die Therapie setzt in erster Linie am subjektiven Faktor an. Wir können den Ängstlichen ändern, seltener können wir seine Lebensumstände direkt beeinflussen. Der Patient zählt also alle Gründe auf, die er als Erklärung seiner Ängste bereithält.

Als Therapeut gewinnt man nun den Eindruck, daß der

Patient nicht nur Angst hat, sondern unbewußt auch Angst haben will. Es paßt ihm irgendwie in sein Konzept. Das ist für den Laien in der Tiefenpsychologie schwer begreiflich. Ich kann nur auf das verweisen, was hinsichtlich der Teleologie und Finalität (Zweckhaftigkeit) des Verhaltens bereits gesagt worden ist.

Die Angst hat also nicht nur ihre *causa* (Ursache), sondern auch ihr *telos* (Ziel). Als Ursache wird uns eine Prüfung oder eine Enttäuschung in der Liebe angegeben usw. Oder jemand muß einen Entschluß fassen. Oder er hat Angst vor Krankheit, der Zukunft etc.

Die Zwecksetzung liegt nun im folgenden: Der Ängstliche fühlt sich stark in seine Angst ein, erlebt sie dramatisch und möchte sie dem Zuhörer eindringlich klarmachen. Man kann sich fragen, was er damit will. Ich erinnere an Beispiele aus der Kinderpsychologie, die bereits angedeutet worden sind. Ein Kind soll etwa für die Mutter einkaufen gehen. Es zeigt Angst, zittert ein wenig. Was sagt nun die Mutter? »Komm, ich mache es selbst!« Oder das Kind soll im Keller eine Flasche holen. Es hat plötzlich Angst vor Gespenstern oder bösen Männern. Wiederum wird die Mutter sagen: »Bleib hier, ich werde selbst gehen.« Oder ein Kind hat in der Schule schlechte Noten gehabt und fürchtet sich, zu Hause bestraft oder getadelt zu werden. Nun kommt es weinend oder zitternd nach Hause. In der Regel werden dann auch hartgesottene Eltern auf Strafe verzichten. Die Angst wirkt nach all dem als ein sozialer Faktor, der mildernde Umstände schafft, das Mitleid der anderen rührt und den Ängstlichen vor den Härten des Daseins bewahrt. Diesen Erlebnishintergrund muß man zur Erklärung der Finalität der Angst heranziehen.

Als Psychotherapeut erlebt man das nun so, als ob der ängstliche Patient seinen Arzt mit der Angst anstecken möchte. Schon die Art seines Auftretens und Verhaltens enthält Angst-Suggestionen. Dann werden die Gründe für die Angst oft so suggestiv ausgemalt, daß man schon sein therapeutisches Wissen und Können zusammennehmen muß, um sich vor Angstbeeinflussung zu bewahren. Auch ängstliche Kinder können ihre Umgebung in ihre Angst hineinziehen. Sie fassen etwa die Mutter ins Auge und produzieren ihre Angstsymptome so effizient, daß in kurzer Zeit

Mutter und Kind zu einem »Angst-Paar« vereinigt scheinen. Die Mutter wird durch das Kind »weich geknetet«, und wenn sie sich richtig mit-ängstigt, folgt bald darauf die entsprechende Forderung: »Und nun mußt du mir dies oder das kaufen!«

Vergessen wir nicht, daß der Angstpatient gelernt hat, seine Angst als Waffe, Kommunikationsmittel und Refugium zu verwenden. Oft gelingt es ihm auf virtuose Weise, die Umwelt mit seiner Angst zu manipulieren.

Dasselbe gilt auch für den Traurigen, den Nervösen, den Jähzornigen usw. Auch der Depressive schaut seine Mitmenschen schon so an, daß denen selbst bange ums Herz wird. Hören sie nun den Depressionspatienten sprechen: es macht einen unwillkürlich traurig. Was hat nun der Depressive davon, wenn er andere traurig macht? Nun, alles Leben um ihn herum wird gedämpft, die anderen verlieren an Spontaneität, das Beunruhigende der Fremdaktivität wird gemildert – man kann die Umgebung so kontrollieren und wird nicht mehr von ihr überrollt. Man kann auch via Trauer herrschen. Auch hier kommt es also zur Affektansteckung, die wir ebenfalls bei den Ängstlichen beobachten können.

Vor allem in Partnerschaften funktionieren Affekt-Infektionen außerordentlich gut. Die beiden Partner stecken sich mit ihren Ängsten, ihrem Ärger, ihrem Groll und Ressentiment dauernd an. Die Folgen sind für beide Beteiligten unangenehm.

In der Therapie soll das anders verlaufen. Der Analysand will unbewußt den Analytiker in den Zirkel seiner Angst hineinziehen, aber das darf ihm nicht gelingen. Man hört ihn ruhig und genau an. Man nimmt Anteil an seinen Befürchtungen. Aber der Therapeut kontrolliert sich ständig, ob er selbst dabei unruhig wird, und er läßt eine solche Stimmung nicht in sich aufkommen. Er bleibt immer entspannt und behält den Überblick über die Lage. Am Ende der Sitzung mit einem Angstpatienten sollte im Therapeuten nicht mehr Angst sein als am Anfang. Dabei soll man aber nicht unbeteiligt geblieben sein. Man geht innerlich mit, bewahrt aber dennoch die Ruhe. Der Analysand soll spüren, daß jedes Wort vom Analytiker auch emotional aufgenommen wird. Man muß ihn zu Ende sprechen lassen. Man ist ganz auf Empfang gestimmt, vergißt aber nie zu relativieren, was der Patient erzählt. Gewiß sieht er alles so, wie er es sagt – aber die Fehlerquellen bei seiner Betrachtungsweise können enorm sein. Der Therapeut gewinnt im wachsenden Maße während des Patientenberichts einen Einblick in dessen Wahrnehmungsverfälschungen, Denkirrtümer und falsche Gefühlsschablonen.

Dann kommt noch ein weiterer Punkt hinzu. Ängstliche Menschen schildern ihre Ängste zumeist sehr global. Sie geben sich zu wenig Mühe, sich verständlich zu machen. Dadurch wird ihr Erlebnisbericht ungenau. Wenn man in einem starken Erregungszustand ist (und das ist der Angstpatient immer), regrediert man psychisch und hat wenig Kraft zur Kommunikation und Rationalität. Im Grunde tendiert der Ängstliche zu einem Angstschrei oder -seufzer – er will oder kann sich nicht deutlich erklären. Nun muß man in der Therapie darauf drängen, daß der Patient seine Ängste sorgfältig darstellt. Man kann sich sogar als Therapeut dabei noch unbeholfener stellen, als man schon ist. Dadurch zwingt man den Patienten zur detaillierten Reflexion seiner Ängste. Man stellt Rückfragen, man läßt es sich unter Umständen mehrfach berichten. Damit hebt man die Angstsituation auf ein zwischenmenschliches Niveau und erzieht den Analysanden zur Kommunikation. Das allein schon ist heilsam. Anstelle des »Angstschreis« soll der klare Bericht treten. Anstelle der Tränen soll eine Aussage zustandekommen. Anstelle wirrer Redeweisen soll eine zusammenhängende Erklärung erarbeitet werden.

So wird die Angstsituation auch verbal durchexerziert. Man soll das als therapeutisches Agens nicht unterschätzen. Alles was kommunizierbar ist, ist auch kontrollierbar. Der Patient soll lernen, kommunikativ zu sprechen. Damit hat er viel gewonnen. Er entrinnt unter Umständen seiner Regression, die seine Angst nur noch vergrößert.

Nun kommt ein weiterer Faktor hinzu. Jeder Therapeut weiß, daß eine Prüfung den Kandidaten sehr beunruhigen kann. Auch eine Liebesenttäuschung ist sehr schmerzlich. Das kennt jeder aus der eigenen Erfahrung. Dennoch muß man abschätzen, was der Analysand an »Übertreibungen« in seine reale Notlage hineinträgt. Das kann man ermitteln, wenn man zumindest kursorisch seine Kindheit bespricht. Einige Anhaltspunkte über seine Kindheitseindrücke beleuchten schlaglichtartig die psychischen Voraussetzungen, mit denen er seine jetzigen Notlagen hochspielt. Wieviel besagen doch etwa schon die scheinbar belanglosen Äußerungen eines Patienten: »Ich war ein Einzelkind!« Oder: »Mein Vater war immer sehr streng zu mir!« Oder: »Mich hat in meiner Kindheit niemand liebgehabt!« Man kann nun eine Brücke zur Gegenwartssituation schlagen und erahnen, wie ein derart in der Kindheit geprägter Mensch die üblichen Belastungen des alltäglichen Lebens empfinden muß.

Diesen Zusammenhang muß man sehen, wenn man etwa im letzten Drittel einer therapeutischen Sitzung zur Interpretation ansetzt. Nun geht es ja darum, die Angst des Patienten zu erklären, begreiflich zu machen. Der Psychotherapeut muß hier ein »Kraftstück« vollbringen, nämlich eine gewohnheitsmäßig verankerte Affektstruktur auflösen oder zerstören. Dabei ringt man mit dem Patienten, man versucht ihn für eine neue Sicht der Menschen und Dinge zu gewinnen. Er steckt in seiner Angst wie in einem Panzer. Dieser muß durch den Therapeuten aufgebrochen werden. Man muß sich diese Bemühung nicht als besonders einfach vorstellen.

Hat man dem Patienten die Ursprünge seiner Angst erklärt, so kann man auch gegen den Abschluß der Sitzung hin ganz schlicht sagen: »Wenn Sie alle diese Umstände ins Kalkül ziehen, werden Sie sich klar darüber werden, daß Sie keine Angst haben müssen.« Wenn man das aus tiefer Überzeugung heraus sagt, kann es ebenfalls »gefühlsansteckend« wirken.

Oft kommt von seiten des Patienten in diesem Augenblick ein »Ja-aber ...« Diese Formel ist so charakteristisch, daß sie schon Alfred Adler als neurosentypisch auffiel. Halb sieht der Patient ein, daß wir recht haben, aber zur Hälfte beharrt er noch auf seinem Standpunkt. Da müssen nun unsere Erläuterungen ins Detail gehen.

Vergessen wir aber hierbei nicht den appellativen Gehalt der therapeutischen Situation. Man kann dem Patienten vieles erklären, aber letzten Endes weist man auch mit Nachdruck darauf hin, daß man »angesichts dieser oder jener Situation nicht den Kopf verlieren muß.« Man appelliert sozusagen an das Erwachsensein des Analysanden, selbst wenn dieses nur rudimentär vorhanden ist. Man läßt den Patienten nicht in die Kindheit regredieren. Man sagt ihm mit anderen Worten: »Stelle dich der angeblichen Gefahr – ich werde dir dabei behilflich sein, und du wirst sehen, daß es nur halb so schlimm ist!«

Des weiteren berücksichtigt man einen Aspekt, den Angelica erwähnte. Der Ängstliche sieht keine Möglichkeiten mehr: Das ist uns theoretisch schon recht klargeworden. Wenn nun der Analysand seine Lebenssituation schildert, so sucht man als Analytiker, die für ihn bestehenden Möglichkeiten zu erkennen. Diese zeigt man dann auf und bekämpft damit die Resignation und den Pessimismus. Man tritt in gewissem Sinn in das Gemüt des Patienten durch die »Pforte der Hoffnung« ein. Wir mobilisieren die Hoffnung und die Zuversicht, die starke positive Affekte sind. Man muß als Therapeut selbst Optimist sein, um auch in scheinbar verzweifelten und ausweglosen Situationen die noch mögliche Lösung zu erkennen. Ein guter Therapeut ist virtuos im Erwecken von Hoffnung und Zuversicht. Für ihn gibt es keine ausweglosen Situationen, sondern nur Charaktere, die sich in Aussichtslosigkeiten hineinmanövrieren. Natürlich gibt es auch echte Tragik, die man nicht wegdisputieren kann. Aber in fast allen neurotischen Fällen liegt das Tragische mehr in der Phantasie des Patienten als in der Realität. Wir zeigen dem Patienten immer einen »Weg nach vorn« auf.

Wir haben bereits erwähnt, daß der Ängstliche vieles falsch sieht und beurteilt. Eine Angst ist ein affektives Fazit aus einer ganzen Summe von Denk- und Gefühlsirrtümern. Maja hat z. B. erzählt, daß sie in die Gruppe kam und meinte, ohne Universitätsdiplom sei man menschlich nicht viel wert. Solche willkürlich arrangierten Minderwertigkeitsgefühle hat jeder Angstpatient. So ruht die Angst auf vielen Pfeilern. Will man sie beseitigen, so muß man diese irrtümlichen Meinungen und Gefühle destruieren. Der Patient schwankt zwischen Über- und Unterschätzung. Er sieht die Realität sehr ungenau. Nun will die Therapie dahin gelangen, daß Analytiker und Analysand gemeinsam ziemlich klar die Lebenssituation des letzteren beurteilen können. Diese Klärung verringert viele Ängste. Die Art dieses klärenden Gesprächs kann sehr mannigfaltig sein. Ich selbst bevorzuge die humoristische Variante. Wenn mir z. B. jemand wie Maja sagt, daß man ohne Abitur nichts wert sei, dann mime ich große Erschütterung und rufe aus: »Ja, glauben Sie denn noch an das Abitur? – Vom lieben Gott will ich schon gar nicht mehr reden!« Auf diese Weise mache ich den Abitur-Aberglauben lächerlich. Ich will damit dem Analysanden zeigen, daß er in einer dicken Vorurteils-Hülle steckt.

Man erzieht den Patienten zur Realität, zur Tapferkeit, zum Erwachsensein. Das kann unter Umständen auch folgende Form annehmen. Ein Analysand, der in der Kindheit sehr verwöhnt worden ist, kommt und beklagt sich bitter über die Härten des Studiums, die ihn verängstigen. Der Therapeut kann hierzu freundlich aber ungerührt sagen: »Infolge Ihrer Kindheitsverwöhnung mag Sie das hart ankommen – aber offen gestanden, ich gönne Ihnen diese Komplikationen. Wenn es diese nicht gäbe, müßte man sie erfinden, damit Sie endlich erwachsen werden.« Das entspricht einer ehrlichen therapeutischen Überzeugung. Es ist nicht gut für den Menschen, wenn er vom Leben nicht gefordert wird. Man wächst nur an Schwierigkeiten. Oft sage ich: »Wen die Götter lieben, dem legen sie gerade so viel Steine in den Weg, als er beseitigen kann!« Schwierigkeiten sind ja in der Tat auch Chancen.

So viel kann man mit Worten ausrichten. Ein Patient schildert große Bedrängnisse. Der Therapeut hört ihn an und stellt dann die Bedrängnis als ein großes Glück dar. Das ist kein Trick und keine Schönfärberei. Es ist die psychotherapeutische Lebensanschauung, daß wir auch zur Überwindung von Schwierigkeiten in diese Welt hineingeboren werden. Das können Menschen, die als Kinder verzärtelt wurden, oft nur schwer begreifen. Aber wir arbeiten mit dieser Gesinnung, die uns in Fleisch und Blut übergegangen ist. Nur aus dieser Sicht heraus kann man sich mit dem Leben und seinen Mißlichkeiten versöhnen. Die unnütze und unproduktive Revolte der verwöhnten Kinder führt nirgendwohin. Man muß in der Psychotherapie das »Ja zum Leben« lernen.

Das ist es auch, was man eine humanistische Grundhaltung nennen kann. Als Therapeut geht man davon aus, daß es sehr viele Menschen in dieser Welt extrem schwer haben. Allein schon die ökonomischen, politischen, sozialen, hygienischen Bedingungen sind z. T. furchtbar – für die Mehrheit der Menschen kann man sie realiter unerträglich nennen. Was der neurotische Mensch an Klagen und Anklagen vorbringt, muß dagegen als Bagatelle gelten. Immerhin ist es für ihn eine wirkliche Belastung, die man nicht mit dem Hinweis auf die Not der anderen abtun darf.

Aber der Patient soll seine Nöte auf dem Hintergrund der ungeheuerlichen Schwierigkeiten der anderen sehen lernen. So öffnet er sich für die Welt, kann von seiner Person absehen und ein Auge und ein Ohr für die Schmerzen anderer bekommen. Dann wird er auch eher begreifen, daß er mit seinem Ach und Weh nicht resignieren darf. Er soll tapfer seine Aufgaben angehen – denn hinter der Lösung seiner Bedrängnisse braucht die Menschheit seine Hilfe, um die allgemeinen Fragen der Zeit zu bewältigen. Man darf nicht in seinem kleinen Ich steckenbleiben. Der seelisch gesund werdende Mensch fühlt sich verantwortlich für den Gang der Dinge innerhalb der Menschenwelt, und er möchte das Seine dazu beitragen, daß jedermann in naher Zukunft auf dem Erdball ein menschenwürdiges Leben führen kann.

Fünftes Gespräch

RATTNER: Wir sollten wiederholen, was wir das letzte Mal gehört haben.

DORIS: Wir sprachen davon, wie man am besten mit einem ängstlichen Menschen umgeht. Man hilft ihm, indem man Beziehung zu ihm aufnimmt. Das kommt nicht nur in der Psychotherapie vor, sondern auch im alltäglichen Umgang. Wir haben festgestellt, wie wichtig es ist, den Verängstigten auf den Boden der Realität zurückzuholen und ihm die Möglichkeiten aufzuzeigen, die er in seiner Angst übersieht. Sodann soll der Angstpatient dazu angehalten werden, seine Ängste und seine Gesamtsituation genau zu beschreiben – seine Affektlage soll richtiggehend verbalisiert werden. Auch betonten wir die Finalität der Angst. Diese muß dem Patienten durchsichtig gemacht werden. Er verfolgt unbewußt mit seinen Ängsten bestimmte Zwecke, nämlich Entlastung von Forderungen, Selbstrechtfertigungen etc. Auch soll der Kindheitshintergrund der Angstneurose in der Analyse erörtert werden: Ob da etwa Autoritarismus oder Verwöhnung die entscheidende Rolle spielen.

GUNDA: Dann haben wir über das Phänomen der Angstansteckung gesprochen. Unwillkürlich will der Angstpatient sein Gegenüber mit Angst infizieren. Dem muß sich der Therapeut entziehen können. Es hat ja keinen Sinn, wenn man zu zweit vor den Gefahren zittert. Der Therapeut hört sich die Äußerungen der Angst des Patienten an, aber er behält den Überblick über die Situation und findet so das klärende Wort, welches den Analysanden aus seiner Angst-Stimmung herausreißt. Am Ende der Analysestunde soll der Ängstliche merklich beruhigt sein. Zu diesem Zwecke muß der Analytiker die Angst auf ihre Ursachen und ihre Zielsetzungen hin ansprechen und zugleich auch an die Haltung des Patienten appellieren, der nicht in die Regression versinken darf.

JÜRGEN: Die Situation in der Therapie wurde mit einer Bluttransfusion verglichen. Durch die Festigkeit des Therapeuten überträgt sich dessen optimistische Weltansicht auf den Analysanden. Auch muß man die subjektive Sicht des Patienten korrigieren. Er muß lernen, daß die Dinge anders sind, als er sie sieht. Seine Erfahrungsbasis muß sich ändern.

KLAUS: Wir erwähnten noch, daß die Therapie zu einem bestimmten Teil appellativ arbeitet. Man verbaut dem Analysanden das Regredieren in die kindliche Abhängigkeit und ermöglicht ihm die realistische Einschätzung seiner Kräfte und seiner Aufgaben. Man animiert den Analysanden dazu, mutig seine Schwierigkeiten anzugehen.

HARRO: Man geht davon aus, daß der Ängstliche ein verzerrtes Wahrnehmungsbild der Welt und der Mitmenschen (und natürlich auch seiner selbst) hat. Hier muß die Korrektur ansetzen. In der Regel sind die objektiven Schwierigkeiten nicht so groß wie das, was der Patient durch seine Phantasie hinzudichtet. Der Therapeut oder irgendein Mitmensch hilft dem Ängstlichen auch dadurch, daß er ihm seine Möglichkeiten aufzeigt. Man bewegt auch den Analysanden dazu, seine Situation auf der Ebene echter Kommunikation durchzusprechen. Sie soll regelrecht »verbalisiert« werden. Bloße Angstmanifestationen werden übergangen.

RATTNER: Das scheint so ziemlich alles zu sein, was wir gesagt haben. Ich will nun über Reaktionen auf die letzte Sitzung berichten. Wir haben jemanden bei uns zu Gast, der nur kurze Zeit bei uns bleiben kann. Ich traf den Betreffenden mit einem Freund beim Mittagessen. Er erzählte dem Freund den Verlauf der letzten Theoriestunde und meinte dabei spaßhaft, ich hätte »alle Werkstattgeheimnisse der Psychotherapeuten ausgeplaudert«. Das fand ich sehr schön formuliert. Es entspricht in der Tat meinem Anliegen. Wir plaudern hier alles aus, was man in der Psychotherapie weiß. Niemand wird hier als Patient genommen, sondern alle sind im Grunde Schüler der Tiefenpsychologie und Psychotherapie. Wir betrachten jeden Mitarbeiter unserer Gruppen als einen zukünftigen Repräsentanten tiefenpsychologischer Erkenntnis. Wir machen aus unserer Therapie kein mystifizierendes Brimborium. Es stört übrigens meine therapeutische Arbeit keineswegs, wenn der Analysand ungefähr im Bilde ist, was ich mit ihm vorhabe. Darum unsere Offenheit in allen technischen Belangen.

Eine zweite Reaktion stammte von einer jungen Dame, die

mich am Tag nach der Theoriestunde konsultierte. Sie begann unser Gespräch mit den Worten: »Man getraut es sich ja fast nicht mehr zu sagen – aber ich habe Angst!« Natürlich mußten wir beide lachen. Wenn man theoretisch diskutiert, verwendet man manchmal etwas scharfe Formulierungen. Dann spricht man von der Finalität der Angst, von unbewußten Manövern usw. Aber wir haben nicht etwa gesagt, daß der Ängstliche simuliere. Wir können ihm auch seine Regression, seine Suggestivkraft, seine Ausweichtendenzen nicht zur Last legen. Er weiß es ja aufgrund seiner Kindheitsvoraussetzungen nicht besser. Er ist selbst der Gefangene seiner unbewußten Motivationen. Und wenn einmal die Angst da ist, hat sie den Ängstlichen hart im Griff, auch wenn er selbst der Haupturheber dieser Angst ist. Man muß sich demnach nicht genieren, Angst zu haben. Es herrschen da Zwänge vor, die man in einem Lebensalter verinnerlicht hat, wo man nur halbbewußt vor sich hinlebte. Der Charakter bildet sich durch die Zufälle der Kindheitseindrücke. Hat er sich einmal geformt, so bestimmt er das Leben und Erleben des Menschenkindes. Die Psychotherapie kann aber den Charakter ändern.
Letztes Mal wurde auch erwähnt, daß am Ende einer psychotherapeutischen Sitzung mit einem Angstpatienten diesem mitunter der schlichte Hinweis gegeben wird: »Sie müssen gar keine Angst haben!« Das ist richtig so. Aber ich möchte davor warnen, diese Wendung ohne die Herstellung bestimmter Voraussetzungen zu gebrauchen. Das Wann und das Wie einer solchen Aussage ist entscheidend für die Wirkung. Wenn z. B. der Ängstliche noch ganz in seiner Angststimmung steckt, wenn die Angst noch unausgegoren und unartikuliert in ihm flottiert, hat ein beruhigender Satz wenig Wirkung. Zuerst muß man den Analysanden gut anhören, die Arbeit des Verstehens und der Verständigung leisten, den Sprecher ganz in sich aufnehmen. Ist das geschehen, hat der Patient seine Situation begriffen, so kann als Resultat davon der Satz folgen: »So schlimm steht es gar nicht mit Ihnen!« Man darf also nicht nur das Gute tun, man muß es auch zum guten Zeitpunkt tun. Die Ermutigung muß über eine kräftige Kommunikationsbrücke vom Analytiker zum Analysanden gelangen. Die Beziehung zwischen diesen beiden Gesprächspartnern wird hergestellt

durch die eingehenden Fragen des ersteren, aber auch durch seine Mimik, Haltung, Sprechweise. Der Analysand spürt, daß er jemandem gegenübersitzt, der ihn stützen und führen kann. Er empfindet auch die wachsende Klärung anläßlich des geschickt gelenkten Gesprächs, bei dem sich die Nebel mehr und mehr zur Seite schieben, bis die Lebenssituation des Ängstlichen klar überschaubar wird. Am Ende einer solchen Sitzung kann der Therapeut ein wahres Wunder bewirken, wenn er sagt: »Sie müssen gar keine Angst haben. Regen Sie sich doch nicht auf. Das werden Sie ohne weiteres schaffen!«

Wir dürfen demnach psychotherapeutische Methoden nicht sklavisch übernehmen. Jede Sitzung muß wie ein Kunstwerk aus dem spontanen Erleben hervorgehen. Der Analytiker muß sich dabei voll einsetzen. Er gestaltet hierbei ein Stück des eigenen Lebens und der Erlebniswelt des Patienten. Kommt es zu einer tragenden Verständigung, dann fallen die Therapeutenworte auf einen fruchtbaren Boden.

Da fällt mir etwas ein, was vielleicht nur am Rande zu unserem Thema gehört. Man kann sich fragen: Wer ist eigentlich wach? Wer lebt als wacher Mensch, und wer schläft? Man würde annehmen, daß jeder, der hier sitzt, wach ist – die wenigsten scheinen zu schlafen. Wenn einer nicht gerade im Bett liegt und schläft, gilt er nach allgemeinem Sprachgebrauch als »wach«. Aber es gibt offenbar sehr viele Abstufungen des Wachseins und des Realitätserlebens. Die Menschen leben im Bereich einer Skala, die von einem hellen Wachsein über Tagträumen und Phantasieren bis zum regelrechten Schlaf reicht. Jeder gleitet auf dieser Skala hin und her, meistens gibt es einen Fixpunkt darauf, bei dem man gewohnheitsmäßig stehenbleibt. Die Zwischenstufen dieser Skala sind für uns interessant. Sehr selten sind die Fälle, in denen jemand die Umwelt und sich selbst ganz treffend erlebt und auffaßt. Viele Neurotiker leben in einem halben Wachzustand, in einer Art Alptraum, sie dösen und träumen meistens vor sich hin. Auch den Angstneurotiker möchte man mitunter bei der Schulter nehmen und »wachrütteln«. Beim Psychotiker ist es noch schlimmer: er gleicht einem Träumenden, der nicht mehr erwachen will. Viele Autoren haben die Psychose als einen kontinuierlichen Wachtraum beschrieben, aus welchem der Patient nicht mehr erwachen kann. Er wehrt sich auch dagegen, weil er die reale Welt als allzu lustlos empfindet.

Wir alle haben ein Stück Neurose und Psychose in uns, und so können wir auch unser Realitätsbewußtsein als lückenhaft beschreiben. Die Psychotherapie ist die Bemühung, eine möglichst umfassende Realitätsbeziehung herzustellen. Man hört den Patienten an, um seine Art von »Traumbefangenheit« zu ermitteln; man steigt auch in sein »Traumbewußtsein« ein, um ihn daraus zu befreien und ihm dazu zu verhelfen, sein Leben klar und genau durchzudenken. Man weckt den Menschen auf. Die richtige Deutung ist hierbei der »Weckreiz«. Oft erzielt sie zunächst einen Moment der Verblüffung, ein Aha-Erlebnis. Durch ein genaueres Verständnis seiner Lebensumstände gewinnt der Analysand an Bewußtseinsintensität. Man hat ihn gleichsam aus der privaten Welt seines Traumes in die allen Menschen gemeinsame »Wach-Welt« zurückgeholt. Denn das Traumdenken ist nicht kommunikativ. Es ist ein autistisches Denken, ein Denken in Fragmenten, oft sinnentstellend. Ein paar Bilder, flüchtige Assoziationen, merkwürdige Gedankenbrükken – das ist sowohl der Denkprozeß des Traumes, der Neurose und der Psychose. Nun erzwingt man beim Analysanden, daß er seine Gefühle und Gedanken artikuliert, mitteilbar macht. Dabei verschärft sich seine Wahrnehmungspräzision, er sieht sich selbst und die Mitmenschen besser. Anstelle eines bedrückenden Traumerlebens tritt die Klarheit eines Welterlebens, in dem man sich selbst und seine Möglichkeiten realitätsbezogen wahrnimmt.

Nun sollten wir aber mit unserem Thema weiterfahren.

KLAUS: Ich möchte vorschlagen, daß wir heute über das Problem der Zwangsgedanken und Zwangshandlungen sprechen sollten, die ja auch eine Art Abwehr gegen die Angst darstellen. Beim Zwangsneurotiker tritt die Angst nicht direkt in Erscheinung – sie ist durch seine Symptome gebunden. Diese bedeuten wohl einen Versuch, mit der Lebensangst und Unsicherheit fertig zu werden. Wahrscheinlich intensivieren sich Zwangsgedanken und -handlungen, wenn die Ängste des Patienten massiver werden. Bei Horney gibt es den Begriff der Situationsneurose.

Die Zwangsgedanken oder -handlungen werden vom Betroffenen selbst als völlig unsinnig empfunden. Man kann sich aber ihrer kaum erwehren. Da gibt es etwa den Waschzwang, den Grübelzwang, das mehrfache Überprüfen, ob man das Licht gelöscht, den Gashahn abgedreht, die Türe geschlossen hat. Eine Tante von mir hat einen Putzzwang. In diesen Umkreis fallen also die Symptome des Zwangskranken.

Mir scheint da vor allem die Lebensunsicherheit zum Vorschein zu kommen. Im übrigen beobachtet man bei Zwangscharakteren eine gewisse Zähflüssigkeit im Denken und Handeln. Wenn man mit ihnen spricht, sind sie nicht flexibel, sondern kleben an einem Thema, erzählen immer wieder dasselbe, sind also ziemlich rigid. Die Zwangsneurose ist mit der melancholischen und schizophrenen Psychose irgendwie verwandt. Ich denke da an den religiösen Versündigungswahn, bei dem man ständig erwägt, ob man gewisse Gebote nicht beachtet hat, Grübelzwang, absurde Gedanken, unlogisches Gebaren. Angst und Unsicherheit scheinen Synonyme zu sein. Die Neurose ist der verzweifelte Versuch eines unsicheren Menschen, sich die Realität nach seinen Ängsten, Wünschen und Bedürfnissen zurechtzulegen.

THOMAS: Meines Erachtens haben Leute mit einer Zwangsproblematik oft auch den Glauben an übermächtige Kräfte, denen sie ausgeliefert sind oder die sie magisch manipulieren können. Z. B. jemand steht vor einer Prüfung. Nun geht er auf dem Trottoir und versucht, jeden Schritt auf eine Ritze zwischen den Steinen zu setzen: gelingt ihm das, so glaubt er an seinen Erfolg. Das ist doch fast wie Magie.

JOACHIM: Als ich noch religiös war, hatte ich gleichfalls eine starke Zwangsproblematik. Wenn ich einen Flug mit der Nummer 3993 gebucht hatte, überlegte ich oft, wie viele Male die Zahl 13 darin vorkomme. Ich war abergläubisch.

WOLFGANG: Zwangscharaktere hängen auch sehr oft an Vorschriften, Regeln, amtlichen Bestimmungen. Ich habe eine Kollegin im Amt, die hierfür berüchtigt ist. Wenn wir bestimmte Akten abheften sollen, verlangt sie stets eine genaue Einhaltung des chronologischen Eingangs, wiewohl das mitunter nicht die zweckmäßigste Lösung ist. Aber es ist Vorschrift – und daran hält sie sich! Man sieht, daß Zwangstypen für die Mitmenschen durch ihre Umständlichkeit, Starrheit und Prinzipienhaftigkeit sehr belastend werden können. Die Umgebung empfindet die Zwangsrituale als eine Art von Dominanzstreben, evtl. sogar Feindseligkeit. Vermutlich will der Zwangscharakter durch seine Pedanterie einem bestimmten Perfektionsideal nachstreben. Er will vollkommener sein als die anderen. Sein Größenideal erzwingt seine Sturheit. Er ist so überordentlich, als ob er sich selbst und seiner Umwelt sagen möchte: Ich bin doch nicht so schludrig wie ihr. Ich bin besser als ihr alle.

Beim Putzfimmel und ähnlichen Gebräuchen spielt wohl mit, daß unsere Gesellschaft eine Sauberkeitsideologie hat. Erich Fromm erwähnt irgendwo, daß die Religion der USA eine Art Reinlichkeitskult sei – auch eine Vergötterung der Hygiene. Man unterscheidet die Menschen nicht mehr in Gläubige und Ungläubige, sondern Saubere und Unsaubere.

Tuschy: Zwangsgedanken kommen nicht nur bei Zwangsneurotikern, sondern auch bei Ängstlichen und Depressiven vor. Man hört dann oft von solchen Patienten, daß sie weniger Zwänge haben, wenn andere Menschen da sind. In der Isolierung verschlimmern sich die Zwänge.

Reinhold: Ich habe als Kind in einem Kaufhaus eine Kleinigkeit gestohlen. Jedes Mal, wenn ich danach in dieses Kaufhaus kam, hatte ich das Gefühl, beobachtet zu werden. Ich meinte, es bestehe ein Geheimcode zwischen den Verkäufern, und sie gäben sich irgendwelche Zeichen, die sich auf mich bezögen. Ich dachte, sie wollen mich ertappen, wenn ich wieder etwas stehle. Das hat mich noch nach Jahren verfolgt – ich kam von diesem Gefühl nicht los.

Klaus: Ich möchte aber noch ergänzen, daß Isolierung nicht nur physisch zu verstehen ist. Es gibt ja auch gefühlsmäßige Isoliertheit, und da treten die Zwangsgedanken auf, selbst wenn man viele Menschen um sich herum hat: Man fühlt sich eben gleichwohl allein. Oft kommen die Zwangsgedanken mitten in einem Gespräch oder in einer sexuellen Situation. Es ist wie ein Vorbeidenken an der gegenwärtigen Konstellation: Es fallen einem Dinge ein, die man noch erledigen müßte, Aufgaben, die bevorstehen – darin zeigt sich meines Erachtens eine Distanziertheit, die für den Zwangscharakter typisch ist. Man gibt sich nicht recht hin an den Augenblick. Man fürchtet die Nähe. Man hat auch Angst, den anderen an sich herankommen zu lassen und baut dauernd Abwehrsysteme auf. Die Zwangsgedanken trennen von den Mitmenschen. Das ist vielleicht ihre Funktion.

REINHOLD: Wenn ich in Begleitung im Kaufhaus war, hatte ich diese Symptome nicht.

MAJA: Das hängt damit zusammen, daß man im Gespräch mit anderen nicht so sehr auf sich selbst konzentriert ist.

GUNDA: Auch beschwichtigt die menschliche Nähe immer ein wenig die Angst. – Ich habe mir einige Gedanken über den sogenannten Kontrollzwang gemacht. Ich meine, daß solche Menschen, die alles kontrollieren müssen, eine allgemeine Lebensangst haben und innerlich so erstarrt sind, daß sie die Welt immer von neuem in ein System zwängen wollen. Als Abwehr gegen die Angst zählen sie dann Laternen, Fensterreihen, Trottoir-Ritzen. Man flüchtet sich in solche Unsinns-Betätigungen, um nicht der Angst ins Auge schauen zu müssen.

RATTNER: Franziska, Sie hatten heute die Gelegenheit, bei mir in der Einzelsitzung einen Fall anzuhören, bei dem eine spezifische Angst diskutiert wurde. Die betreffende Analysandin kann in der Gesellschaft das Besteck nicht verwenden – sie zittert, wenn sie Gabel, Messer, Trinkgläser in die Hand nimmt. Berichten Sie doch davon.

FRANZISKA: Das ist eine junge Lehrerin, die Herrn Rattner konsultierte, weil demnächst für sie ein gesellschaftliches Ereignis bevorsteht. Sie hat nun panische Angst vor dem festlichen Mahl. Ihr zittern immer die Hände, wenn sie mit Gabel und Messer hantiert. Auch fürchtet sie, beim Trinken etwas zu verschütten. Bis jetzt hat sie es meistens so gemacht, daß sie dann einfach nichts trank. Auch sucht sie Einladungen zu vermeiden. Das geht aber nicht immer. Es wurde ihre Kindheit erfragt, und dabei kam heraus, daß sie seit jeher die Menschen als Kritiker und potentielle Feinde erlebt hat. Sie hat überhaupt Distanz zu den Menschen. Ihre Ängste in der Gesellschaft haben einen weitläufigen Hintergrund, über den sie sich gar keine Rechenschaft ablegte. Sie wollte nur ihr Symptom beseitigt haben. Es wurde ihr geraten, sich in die Gruppe zu integrieren, viele Kontakte zu pflegen und sich intensiver mit den Menschen zu befassen.

WOLFGANG: Ich glaube, daß auch politische und religiöse Ideologien viel Raum für Zwanghaftigkeit bieten. In der Religion werden da vor allem die dogmatischen Typen in Betracht kommen. Sie hängen am Buchstabenglauben, für sie ist jede Vorschrift unumstößlich. In der Politik wird der Zwangscharakter auf eine Lehre »schwören« und die ganze Realität auf das Prokrustesbett seiner Formeln und Verallgemeinerungen zwingen. Es ist so einfach, die Wirklichkeit mit ein paar Schematismen abtun zu können.

THOMAS: Ich hatte in früheren Jahren einen Kaufzwang. Immer, wenn ich mich ängstlich oder isoliert fühlte, kaufte ich eine Menge Sachen, die ich gar nicht brauchte. Mir scheint, daß das bei vielen Leuten so ist.

WOLFGANG: Ich habe mitunter den Eindruck, daß beim Nationalsozialismus und beim Stalinismus die Zwangsneurose einer bestimmten Clique und ihrer Führer zu einer Art »Weltanschauung« erhoben wurde. Wahrscheinlich kranken alle Menschen dieser Kultur an Zwängen. Handelt es sich um kollektive Zwänge, so fällt das nicht so sehr auf wie beim persönlichen Zwang, der deutlich irrational ist. Aber politische und religiöse Systeme sind kaum anders.

TUSCHY: Es gibt noch einen Hinweis auf den Zusammenhang von Angst und Zwang. Wenn man einen Zwangskranken daran hindert, seine Zwangshandlungen durchzuführen, etwa ihn die Hände nicht waschen läßt, so tritt eine massive Angst auf. Die Zwangshandlung stellt da das kleinere Übel dar.

JÜRGEN: Bei mir war es lange Zeit so, daß ich bei Unsicherheit einen Eßzwang hatte. Ich aß, um mich irgendwie zu beruhigen. Auch wenn ich allein war, bekam ich sofort Hunger. Ich fühlte mich von allen verlassen und eilte in die Küche. Andererseits bekam ich Schuldgefühle wegen des vielen Essens. Die Schuldgefühle isolierten mich von den anderen, und so aß ich weiter.

FRITZI: Wie kamst du da heraus?

JÜRGEN: Durch Zufall hörte ich von der Gruppentherapie. Ich fühlte mich hier rasch sehr wohl. Ich begann mich mit anderen Menschen zu beschäftigen. Ich bin nicht mehr allein.

CHRISTEL: Ist nicht das Sammeln auch eine Zwangshandlung? Mein Vater hat alles gesammelt, was es überhaupt gibt.

KLAUS: Ich möchte noch darauf aufmerksam machen, daß auch jede Sucht eine Zwangsproblematik enthält. In der psychosomatischen Medizin gibt es die sogenannte Fettsucht, bei der jemand infolge von Angst zwanghaft ißt. Auch beim Alkoholismus sind Angst und Zwang nicht zu übersehen. Dasselbe gilt fürs Rauschgift. In allen diesen Fällen will der Süchtige sein Bewußtsein auslöschen, Verantwortungslosigkeit erreichen. Er zieht sich von den Mitmenschen zurück in seine Träume von der eigenen Größe. Die sind nämlich bei allen Süchtigen deutlich vorhanden. Gegen den Zwang der Welt (wie er ihn empfindet) errichtet der Suchtkranke via Gegenzwang seine Eigenwelt, die so sehr auf das Lustprinzip ausgerichtet ist. Damit erhebt er sich über die Wirklichkeit – mit dem Suchtmittel im Körper kann er alles, weiß er alles usw. Er fühlt sich für Augenblicke nicht mehr verängstigt, manchmal sogar ganz groß.

ROSWITHA: Zwangsgedanken und -handlungen erscheinen mir als eine Blockade, mit der man sich die eigene Ich-Expansion in Richtung auf die anderen verbaut. Es sind »Bremsvorrichtungen« auf dem Weg nach vorn und zu den Mitmenschen.

FRANZISKA: Das erlebe ich auch so. Ich hatte früher auch einen Sammelzwang. Seit ich in der Gruppe bin, interessieren mich solche Bagatellen nicht mehr. Ich habe auch keine Zeit mehr dazu.

LOTHAR: Ich könnte mir denken, daß zwanghaftes Stehlen oder Einkaufen aus dem Gefühl kommt, daß man irgendwie reduziert ist und keine Mittel sieht, sich via Beziehung oder Interaktion in eine bessere Verfassung zu bringen. Dann fühlt man sich hilflos und allein gelassen. Nun braucht der innerlich vereinsamte Mensch wohl solche Fixpunkte oder starre Rahmen, an die er sich halten kann. Er »hangelt« sich an seinen Zwängen weiter, weil er andere Stützen nicht besitzt. So verschafft er sich kurzfristige Erfolgserlebnisse.

MAJA: Das Sich-reduziert-Fühlen ist wohl das Wesentliche. Jeder Zwang – vor allem Einkaufen, Stehlen, Trinken etc. – gibt einem eine Art »Vervollständigung« – man ist dadurch mehr oder scheint wenigstens so. Auch eine Briefmarkensammlung kann so ein Korsett für das Ich, die Persönlichkeit werden. Man denkt dann auch an den Wert der Sammlung. Man kann mit ähnlich Gesinnten darüber reden. Man ist »Fachmann«. Ich frage mich nun, wie man zu seinem speziellen Tick kommt. Wo hat man den her?

RONALD: Solche Verhaltensweisen müssen einen lebensgeschichtlichen Ursprung haben. Im Elternhaus der Zwangscharaktere geht es in der Regel gefühlsarm zu. Um so mehr dominieren die Vorschriften und Rituale. Gutes Benehmen, Konvention, den Schein wahren – das zählt. Das Kind wird irrationalen Dressaten unterworfen. Als Antwort darauf versucht sich das Kind untadelig zu verhalten. Es fürchtet ja den Liebesentzug der Eltern. Auch Strafen sind in zwangskranken Familien beliebt. So wird das Kind sehr reinlich, sehr ordentlich – oder das Gegenteil. Aber der Zwang steckt in ihm drin.

Je größer die Angst in der Kindheit, um so starrer hält der Heranwachsende an diesen Methoden der Angstbewältigung fest. Er kann zum Pedanten, zum Ordnungsfanatiker werden. Dahinter steckt die unbestimmte Erwartung, sich ständig vor Kritik schützen zu müssen. Man will gar keine Fehler machen. Daher die Zwangsrituale, die auch genau befolgt werden. Die Zwangshandlungen oder -gedanken sind um so hartnäckiger, je härter und unnachgiebiger der Erziehungsdruck gewesen ist. Je größer die Unsicherheit, um so unausweichlicher der Zwang.

JÜRGEN: Das Kind guckt da sehr viel von seinen Eltern ab. Es gibt gewisse »Familientraditionen des Zwangs«. Ich aß früher sehr viel, aber meine Mutter machte es genauso, und von meiner Großmutter läßt sich ähnliches sagen. In unserer Familie wurde Angst durch Essen bekämpft. Dort habe ich es gelernt. Essen wurde für mich zum Liebesersatz. Mir wurde wohler, wenn ich was Gutes zu mir nahm. Beim Baby ist es ja auch so. Mit dem Essen erhält es die Liebeszuwendung der Mutter. Es spürt hierbei Wärme und Zuneigung. Später bleibt diese Assoziation erhalten.

KONRAD: Der Zwangskranke hat eine Angst vor allem Neuen, er sehnt sich nach Beständigkeit. Das hat auch gesellschaftliche Relevanz. Eine große politische Partei der Bundesrepublik gewann eine Wahl mit dem Slogan: Keine Experimente! Sicherheit geht dem Durchschnittsbürger über alles. Wenn man zu einer Behörde kommt und etwas verändern will, heißt es sogleich: »Nun hören Sie mal, da könnte ja jeder kommen und etwas verändern. Wo kämen wir da hin?«

MAJA: Ich könnte mir auch denken, daß Zwangscharaktere nur sehr schwer Kompromisse schließen können. Denn ein Kompromiß ist ein Entgegenkommen und eine kleine Verunsicherung. Man hat nicht mehr alle Fäden in der Hand.

REINHOLD: Bei Ronalds Schilderungen fühlte ich mich an mein Elternhaus erinnert. Es war ganz genauso. Mit wahrer Virtuosität wurde auf Ordnung geachtet. Das ging so weit, daß ich auch Ordnung machte, wenn ich irgendwo zu Besuch war: also Ordnung für die anderen. Bei diesem Ordnungsfimmel hatte ich wenig Zeit für Kontakte.

MAJA: Wenn man alles überschaut, was wir gehört haben, so fällt einem der große Weltverlust in der Zwangshaltung auf. Wozu nützen Zwangshandlungen? Was will man damit? Sie sollen eine innere Leere übertönen, den Abgrund zudecken, der entsteht, wenn Menschen und Dinge von einem abrücken. Auch die Angst soll beschwichtigt werden.

KLAUS: Der von Maja erwähnte »Weltverlust« könnte auch bei der Fettsucht eine Rolle spielen. Der Fettsüchtige ißt so viel und nimmt an Gewicht zu, so daß er den Weltverlust am eigenen Leibe ersetzt. Da zeigt sich auch der infantile Charakter solcher Zwangshandlungen. Man versucht eine innere Leere mit »Nahrungsmitteln« auszufüllen.

TUSCHY: Ich möchte an Ronalds Votum anknüpfen. Die Familien, die so an Ordnung und Regeln hängen, sind durch einen Mangel an Gefühlsbindungen gekennzeichnet. Dadurch können sie dem Kind kein Urvertrauen zuteil werden lassen. Folglich wird der Heranwachsende sehr unsicher werden. Nun bietet ihm die Familie mit ihrer zwanghaften Lebensweise einen kompensatorischen Mechanismus an. Der Zwang liefert eine Scheinsicherheit und Scheingeborgenheit. Er verewigt aber auch die Distanz zu den Mitmenschen, die Beziehungsarmut.

WOLFGANG: Ich lese gerade einige Bücher von Albert Camus. Viele seiner Gedanken kreisen um die »Philosophie des Absurden«. Ich frage mich, ob bei einem absurden Lebensgefühl nicht auch ein Zwangscharakter dahintersteht.

WILFRIED: Beim Zwangscharakter wie bei allen Neurotikern fällt oft ein ganz bestimmtes Sprachverhalten auf. Wir haben schon darauf hingewiesen, daß viele Neurotiker mit der Formel »Ja-aber« argumentieren. Theoretisch geben sie zu, was man ihnen sagt; hernach kommt dann das »aber«, womit sie ihre Zustimmung zurückziehen oder relativieren. Beim Zwangsneurotiker kommt oft die sprachliche Wendung »Nein-umgekehrt«. Jedenfalls verhält er sich oft so, auch wenn er es nicht *sagt.* Es handelt sich wohl um eine Kampfposition. Man steht im Widerspruch. Man gibt nicht nach. Trotz und Ehrgeiz mögen da eine Rolle spielen. Zwanghaftes Benehmen liegt vielleicht auch vor, wenn jemand andauernd zu laut, zu leise, zuviel spricht.

Bei der Arbeit macht sich zwanghaftes Verhalten bemerkbar, indem man alles verschiebt, sich leicht ablenken läßt, herumtrödelt. Man verliert dadurch Zeit und kommt in einen Zeitzwang hinein. Im letzten Moment wird dann durch hektische Aktivität die Arbeit erledigt.

RATTNER: Ich möchte zu den heutigen Problemen Stellung nehmen. – Wenn wir von einem Menschen eine einzige Lebensäußerung hören, wobei wir ihm psychotherapeutische Hilfe leisten wollen, so müssen wir uns in seine psychische Gesamtsituation einfühlen. Wir wollen erahnen, wo die Lücken in seinem Persönlichkeitsaufbau sind – diese wollen wir bewußt machen. Mittels unserer Phantasie und unserer Sachkenntnis können wir aus dem kleinsten Detail einen Hinweis auf die Charakterstruktur bekommen. Wir versetzen uns dabei in die innere Situation unseres Gegenübers. Das ist eine Kunst, die wir sehr sorgfältig üben müssen. Wie bei allen schönen Künsten, muß man da mit dem Herzen dabei sein. Unsere Deutungen sind nicht das Ergebnis intellektueller Virtuosität, sondern einer echten Identifikation und Hilfsbereitschaft. Wenn wir mit jemandem über seine Probleme sprechen, leitet uns immer das Motiv, ihm wahrhaftig zu nützen. Wir wollen nicht unsere Klugheit demonstrieren. Erzählt er uns etwas aus seiner Vergangenheit, ein Symptom oder ein Ereignis, dann nehmen wir so dazu Stellung, daß der Sprecher einen Vorteil in bezug auf seine Selbsterkenntnis, die Gestaltung seiner menschlichen Beziehungen und seine Selbstverwirklichung hat. Wir verwerten alle Äußerungen des Analysanden im Hinblick auf seine Gegenwart und Zukunft, in denen er noch aus seinem Leben etwas machen kann. Reine Vergangenheitsforschung treiben wir nicht in der Psychotherapie – die Vergangenheit ist tot und kann nicht mehr geändert werden.

Heute wurde uns erzählt, daß jemand in seiner Kindheit

etwas stahl und dann das Gefühl hatte, immer im Kaufhaus beobachtet zu werden. So sollte eine weitere delinquente Handlung unterbunden werden. Wenn wir uns hier einfühlen, was überlegen wir da? Die Juristen nennen einen Diebstahl einen Akt der Delinquenz. Wir Psychologen sagen: Reinhold hat als Kind einen unerlaubten Akt der Ich-Expansion durchgeführt. Er erweiterte sein Ich durch Gegenstände, die er an sich nahm. Er eignete sich ein Stück der Welt an.

Nun ist ein großer Teil der bürgerlichen Erziehung darauf gerichtet, dem Kinde die Ich-Expansion zu verekeln. Wenn es brav werden soll, so muß es auf seine ich-expansiven Regungen – Souveränität, Lärmen, Herumspringen, sich gegen die Ansprüche der Erwachsenen wehren – verzichten. Sein Ich soll klein und schmal und damit manipulierbar bleiben. Ein Sich-Ausbreiten in die Welt ist weder erwünscht noch gestattet. Wer dem entspricht, ist ein »anständiges Kind«. Die gängigen pädagogischen Maximen der Eltern und Lehrer sind allesamt der kindlichen Ich-Entfaltung nicht sehr freundlich gesinnt.

Die Psychotherapie hat es daher fast immer mit Menschen zu tun, deren Ich-Expansion von Kindheit an unterbunden worden ist. Das zeigt sich an Ängsten, Hemmungen, Unsicherheiten, an der Unfähigkeit, einen eigenen Standpunkt zu vertreten, an Masochismus, Handlungs- und Entscheidungsunfähigkeit. Die psychotherapeutische Behandlung soll nun die charakterliche Integrität und Expansionskraft des Analysanden entwickeln. Hat man dabei Erfolg, so ist das Individuum hernach imstande, der Welt die Stirne zu bieten, seine Rechte zu verteidigen, seine Fähigkeiten in die Waagschale zu werfen, sich selbst und die Umwelt zu gestalten. Es ist auch in der Lage, seinen rechtmäßigen Anteil an dieser Welt zu fordern, wenn dies sinnvoll und aktuell ist.

Von Reinhold hörten wir, daß er streng und zwanghaft erzogen worden ist. Verbot und Abschreckung werden dabei eine erhebliche Rolle gespielt haben. Nun wagte er einmal einen kleinen Diebstahl, was psychologisch eine kräftige Ich-Expansion bedeutet. Sofort tauchte hierbei die Angst auf. Er erschrak vor seinem eigenen Mut. Nun müssen wir das so deuten, daß in seiner Kindheit überhaupt die Kraft der Ich-Expansion und das »gute Gewissen dazu« gedrosselt worden sind. Seine Ängste im Kaufhaus sollten ihn davor bewahren, wieder allzu heftig zu expandieren. Das Resultat seiner Erziehung ist also eine allgemeine Einschüchterung, die auch im Kaufhaus-Symptom zum Vorschein kam. Vielleicht wird Reinhold bei genauer Beobachtung feststellen, daß diese Problematik für ihn noch immer besteht. Er muß die unbefangene Ich-Expansion lernen.

Kürzlich kam eine Dame zu mir, die jahrelang von einem berühmten Psychoanalytiker der orthodoxen Schule behandelt worden war. Neben einer allgemeinen Angstproblematik hatte sie noch ein kleines, merkwürdiges Symptom: Es fiel ihr ungemein schwer, sich beim Friseur in den Stuhl zu setzen – davor hatte sie panische Angst. Ich fragte, wie der Psychoanalytiker dies gedeutet habe. Sie antwortete, das Symptom habe nicht erklärt werden können. Monatelang habe man ihre Kindheit unter die Lupe genommen, ob ihr da etwa beim Friseur gegen ihren Willen Haare abgeschnitten worden waren, ob irgendein Trauma beim Friseur passierte. Nichts konnte gefunden werden.

Mir schien die Deutung des Symptoms viel einfacher. Die Dame war eine Angstneurotikerin, und hinter ihren Ängsten verbarg sich viel unbewußte Herrschsucht; das kam auch in ihrer Ehe und in der Beziehung zu ihren beiden Kindern zum Vorschein. Mittels ihrer Angst »regierte« sie die Familie. Auch hatte sie viel Mißtrauen gegen die Menschen.

Hier lag auch die Ursache für ihr Symptom. Beim Friseur muß man sich einem Menschen anvertrauen. Er hat »das Rasiermesser in der Hand«. Man sitzt im Stühlchen, und er arbeitet an einem. Das braucht schon eine Portion Zutrauen zum Menschen. Daß diese Dame das nicht aufbrachte, erlebte ich sehr bald, als ich ihr empfahl, in die Gruppe zu kommen. Sie kam bis zum Hörsaal, aber eintreten mochte sie nicht. Die vielen Menschen verschüchterten sie. Sie bekam plötzlich Herzklopfen und kehrte um – sie ging nach Hause, wo sie ihren verläßlichen Einflußbereich hat. Das Friseursymptom, die allgemeine Menschenfurcht, die häusliche Miesmacherei – alles hat einen gemeinsamen Ursprung. Das mußte der Patientin deutlich gemacht werden, damit sie den Hebel für eine Charakterveränderung in die Hand

bekam. Was sie überall nicht konnte, ist: das Sich-Hingeben. Auf diesen Zusammenhang mußte sie aufmerksam gemacht werden.
Wir enthüllen gleichsam die verborgene Charakterorientierung, die falsche Zielsetzung und Einstellung im Leben. Nun hat es der Analysand nicht so schwer, sich umzustellen. Im Falle dieser Dame mußte sie lernen, daß man auch da mitspielen soll, wo man nicht alle Trümpfe in der Hand hat. Das hatte sie als ehemals verwöhntes Kind nicht eingeübt.
Einige Analysanden haben uns z. B. schon erzählt, daß sie Mühe haben, in ein Flugzeug einzusteigen. Die Angst hält sie zurück. Wiederum könnten wir lange Zeit nachforschen: Hast du etwas in der Kindheit mit Flugzeugen erlebt? Welches Symbol ist ein Flugzeug für dich? Etwa ein Penis? Und ähnlichen Unsinn.
Die Lösung liegt woanders. Was geschieht, wenn wir in ein Flugzeug einsteigen? Es ist ähnlich wie beim Friseur-Beispiel. Wiederum muß der Mensch sich anderen anvertrauen. Er kann nichts tun. Andere fliegen die Maschine. Man kann lediglich sagen: euer Wille geschehe, im Himmel wie auf Erden! Mißtrauische Menschen bringen das nicht über sich. Darum die Flugzeugangst.
Es kann aber noch ein weiteres hinzukommen. Manche ehemals verwöhnten Kinder sind über-expansiv. Sie durften als Kind alles und jedes machen. Sie kennen keine Schranken. So bewegen sie sich auch in der mitmenschlichen Welt. Sie reden zuviel, unterbrechen andere, treiben willkürliche Expansion, die den anderen zuviel werden kann. Wie ist es nun im Flugzeug? Da kann man nicht expandieren. Man sitzt angeschnallt und muß stillhalten, bis man landet. Schon das allein kann Angst hervorrufen. Man ist nicht gewohnt, stille zu halten, sich einzuschränken, geduldig zu warten. Das macht einem das Flugzeug so unbehaglich. Natürlich können noch weitere Faktoren mit im Spiel sein.
Diese Art von Deutungstechnik könnte man die »prospektive« nennen – sie grenzt sich deutlich gegen die eher retrospektive der orthodoxen Psychoanalyse ab, die das Rekonstruieren von Vergangenheit oft zum Selbstzweck machte. Wir verankern die Symptomatik in der Lebensführung des Analysanden – wir zeigen auf, daß das Symptom not-

wendig aus der unbewußten und praktizierten Lebenseinstellung hervorgeht. Diese Einstellung kann und muß geändert werden.
Franziska berichtete von jenem Fall, bei dem eine junge Dame Angst davor hat, in Gesellschaft etwas zu trinken oder mit Gabel und Messer zu hantieren. Wieder könnten wir nachforschen, ob in der Kindheit zuviel genörgelt und getadelt wurde, z. B. beim Essen und Trinken. Wahrscheinlich würde man bei eingehenden Nachforschungen schon einiges finden. Aber man findet bei jedermann solche Nörgeleien, die er in der Kindheit über sich ergehen lassen mußte. Etwa: Halte die Gabel richtig. Verschütte nichts beim Trinken. Wie hältst du denn das Messer!
Aber solche »Ausgrabungen von Erinnerungen« helfen der Analysandin nicht viel. Sie wird das mit Interesse zur Kenntnis nehmen. Es ist aufschlußreich, im Gedächtnis zu kramen. Aber es ist oft für die Psychotherapie belanglos. Wiederum können wir hier mittels unserer Einfühlungsgabe und Phantasie viel mehr aus dem Symptom herausholen. Was liegt denn da alles drin? Eine solche Analysandin hat sicher Angst vor dem Fehlermachen. Sie will sich keine Blöße geben. Sie legt offenbar besonders viel Wert auf das Urteil der anderen. Sie muß sehr ich-schwach sein. Wenn sie so sehr Eindruck machen will (guten Eindruck), muß sie auch ichhaft und ängstlich sein. Dann unterstellt sie den Mitmenschen kleinliche Gesinnung und Feindseligkeit. Sie hat keine gute Meinung von den anderen. Aus all dem – und noch vielem mehr – setzt sich ihr Symptom zusammen.
Das muß ihr nun bewußt gemacht werden. Auch muß man ihr zeigen, daß ihr »Lebensstil« offenbar auf Distanz und nicht auf Kooperation ausgerichtet ist. Sie meidet ja auch gesellschaftliche Kontakte. Vielleicht hat das Symptom den »Sinn«, die Kontaktbreite zu vermindern. Denn nun hat die Analysandin einen triftigen Grund, nicht in Gesellschaft zu gehen. Das Symptom ist ihr sozusagen wertvoll.
Wir ziehen die Kindheitsanamnese auch hinzu, um der Patientin zu erläutern, warum ihre Selbstachtung so klein und ihre Beziehungsfähigkeit so reduziert ist. Aber wir verweilen nicht lange beim »Kindheitsroman«. Wir gehen schnell zur Umstrukturierung der Persönlichkeit über. Wir emp-

fehlen der Analysandin eine kommunikativere Lebenshaltung und bieten ihr die Gruppe als eine Möglichkeit hierzu an. Wenn sie sich beim Essen in Gesellschaft ängstigt, hat sie offenbar zu wenig Kenntnis von und Beziehung zu den Mitmenschen. Würde sie die anderen besser kennen und verstehen, so wüßte sie auch, daß sie alle selbst so viele Sorgen und Nöte haben, daß sie nicht darauf achten können, ob jemand mit dem Trinkglas wackelt. Hätte sie mehr Solidaritätsgefühl den Menschen gegenüber, so müßte sie vor ihnen nicht so sehr auf der Hut sein. Sie lebt in einem Feindesland. Sie tut, als ob sie sich ständig sichern müßte. Das ist das Resultat ihres Kindheits-Erlebens. Das muß sie begreifen lernen, um den Weg zu sich selbst und zu den anderen zu sehen.

Der Zwangscharakter ist ein übermäßig dressierter Mensch, dem schon in seiner Kindheit ein Großteil seiner Spontaneität abhanden gekommen ist. Darum reagiert er auf das Leben starr, ängstlich, formalistisch. Er hat nicht nur den Kontakt zu den Mitmenschen, sondern auch zu sich selbst, zu seinem Innenleben verloren.

In der Kindertherapie erkenne ich den Zwangscharakter oft schon an der Art, wie ein Kind bei mir eintritt und sich benimmt. Ein lebendiges Kind hat einen rhythmischen Bewegungsfluß. Sein Körper wiegt sich im Gehen. Wenn ein zwanghaft erzogenes Kind in ein Zimmer hineinkommt, hat man den Eindruck, daß man eine Maschine vor sich hat. Die Steifheit ist im Gang, in der Mimik, in der Gestik mitunter auffallend. Leben ist hier in Mechanisches umgewandelt worden.

Die Fachliteratur sagt uns übrigens auch, daß viele Zwangscharaktere an den Problemen vorbeireden und vorbeidenken können. Sie sind hervorragend im »Tun-als-ob«. Das mag in einer Familie mit zwanghafter Lebensweise vorteilhaft sein. Wenn nur der Schein gewahrt wird! Schon aus dem Sicherheitsstreben heraus fürchten die Zwangstypen jede Direktheit. Sie entziehen sich hartnäckig jedem Kontakt.

Die hilfreiche Deutung in der Psychotherapie besteht immer darin, daß man dem Analysanden die Konsequenzen seiner falschen Einstellung aufzeigt. Man wirft ein neues Licht auf seinen Lebensweg, was ihm die Richtung klarmacht, die er nun einschlagen soll. Folgender Gesichtspunkt ist hierbei wesentlich:

Der Patient klagt über absurde, widersinnige Gedanken. Wir versuchen uns einzufühlen und überlegen hierbei: Warum funktioniert unser eigener Denk- und Erlebnisapparat besser? Wenn wir halbwegs seelisch gesund sind, so fließen unsere Gedanken frei dahin. Sie passen meistens zur Situation, in der wir uns befinden. Die Einfälle schließen sich assoziativ aneinander – sie werden von uns nicht als »Fremdkörper im Denken« empfunden. Warum ist das bei uns so und beim Zwangskranken ganz anders?

Da fällt uns ein, daß der Sinn jeglichen Denkens u. a. eine Art Kommunikationsvorbereitung oder Kommunikation ist. Wir denken, um uns mitteilen zu können.

Am besten gelingt der Denkprozeß, wenn man sich dabei einem imaginären Kommunikationspartner mitteilt. Der lebhafte Wunsch, sich anderen zuwenden zu können und sich ihnen verständlich zu machen, ordnet die Gedanken und unterwirft sie der Vernunft und Logik. Die gute Einstellung zu den Mitmenschen erzeugt ein kohärentes Denken, das von einem kohärenten Fühlen getragen wird. Aus der Grundstimmung der Freundlichkeit und Beitragsleistung wird man kommunikativ und verständig. Man trägt gleichsam die anderen in sich. Man ist stets im Zwiegespräch mit ihnen – auch wenn niemand da ist. Dadurch kann man gar nicht ins Absurde und Widersinnige abirren. Das Denken bleibt mehr oder minder »normal«.

Anders beim Zwangskranken. Er lebt in einer permanenten Stimmung des Grolls, des Ärgers, der Auflehnung, des Haders. Oft merkt er das gar nicht. Er stellt nur fest, daß ihm die Welt und die Mitmenschen »zuwiderhandeln«. Welchen Beitrag sein Gefühl hierzu leistet, versteht er nicht. Nun muß ihm die Therapie sagen: Solange du dich mit den Menschen nicht versöhnst, sie nicht liebgewinnst, wirst du innerlich allein bleiben. Alleinsein heißt Trauer, Verzweiflung, Hilflosigkeit. Du mußt dich dann nicht wundern, daß deine Gedanken verworren werden und schließlich ins Erschreckende entgleiten. Das ist der Ausdruck deiner unglücklichen und feindseligen Gefühle. Der Gedankenfaden, der nicht an die Mitwelt angeknüpft ist, muß notwendig zerreißen.

Hier ist wieder eine Interpretation, die charakterumstellend wirken kann. Wir zeigen dem Patienten eine neue Richtung für sein Streben auf. Wir machen ihn frei für seine Zukunft. Wir lehren ihn, auf den Mitmenschen zuzugehen.
Das verschüttete Gemeinschaftsgefühl des Analysanden wird freigelegt. Er beginnt, sich mit anderen zu identifizieren. Wir lehren: Gesunder Menschenverstand, geordnetes Denken und Fühlen entsteht nur dadurch, daß man seinen Mitmenschen wirklich gut gesinnt ist.
Zwangsneurotiker haben als Kinder das Grundgefühl erworben, von allen Menschen getrennt zu sein. »Ich da und alle anderen dort!« Das setzt sich von der Familie her in der Schule und im späteren Leben fort. Hier muß die Therapie eine fundamentale Korrektur anbringen.
Unsere Deutungen müssen so sein, daß der Patient sich weitgehend verstanden fühlt. So kommt es erstmals zu einem Zweiheitsgefühl: Ich und der Therapeut oder Ich und die Gruppe. Beides kündigt die erwachende Beziehungsfähigkeit an. Wo diese zustande kommt, erhält das Denken des Analysanden eine neue Lebhaftigkeit und Intensität. Vermutlich spielt hier auch die Stimmung der Freude, die sich aus dem Kontakt entwickelt, eine große Rolle. Freude beschleunigt und begünstigt alle körperlichen und seelischen Funktionen: Körper und Seele weiten sich aus, man »verströmt« in die Umwelt, man fühlt sich mit ihr eins. Die Mauern, die der ich-verkapselte Zwangscharakter um sich gezogen hat, brechen zusammen. Er wird innerlich frei dazu, sich zu freuen und anderen Freude zu bereiten. Da liegt die Heilung des Zwangsneurotikers, das Erlebnis der inneren Wandlung.

Sechstes Gespräch

RATTNER: Was haben wir das letzte Mal gehört?

JUTTA: Wir sprachen darüber, daß Zwangsgedanken und -handlungen psychische Mechanismen darstellen, welche die Angst bewältigen sollen. Im einzelnen erörterten wir den Putzzwang, den Eßzwang und den Waschzwang. Auch der Kaufzwang wurde genannt. Hinter diesen Zwängen stehen nicht nur persönliche Schicksale, sondern auch allgemeine Kultureinstellungen, gesellschaftliche Verhaltensmodi.

Welcher Sinn liegt im zwanghaften Verhalten? Wir sagten, daß die Beziehungsfähigkeit des Zwangscharakters sehr eingeschränkt sei. Er versucht nun, seine Isolierung aufzuheben, seine Schwächegefühle zu kompensieren. Er verschafft sich billige Erfolgserlebnisse auf Gebieten, wo ihm niemand so leicht ins Gehege kommen kann. Als Sammler z. B. freut er sich an all den schönen Sachen, die er besitzt. Der Ursprung der Zwanghaftigkeit liegt in der Kindheit und in der Erziehung. Das Elternhaus solcher Menschen ist meist gefühlsarm. Nörgelei und Kritik sind viel häufiger als Lob und Anerkennung. Das Kind wird regelrecht dressiert. Es muß stets pünktlich und sauber sein. Das Kind übernimmt nun die Zwangsdynamismen der Eltern und verwertet sie zum Schutz gegen seine eigene Daseinsangst. Perfektionismus und Machtstreben spielen da auch hinein. Je stärker der Druck des Elternhauses ist, um so zwanghafter handelt der Mensch. Religiöse, moralisierende und vor allem autoritäre Erziehung begünstigen zwanghaftes Handeln ganz besonders. Manche Familien haben eine »Zwangstradition«, wie andere eine Angst- oder Melancholie-Tradition haben.

THOMAS: Zum Problem der Sucht sagten wir, daß auch in ihr angsthafte und zwanghafte Elemente feststellbar sind. In jedem Süchtigen steckt ein Zwangscharakter. Auch hier wird die Lebensangst durch zwanghaften Genuß von Drogen, Alkohol etc. beschwichtigt. Entzieht man das Mittel, so taucht die Angst wieder auf.

ROSWITHA: Was sich individuell als Zwangscharakter ausprägt, findet man kollektiv in den Institutionen wieder.

Fast alle gesellschaftlichen Institutionen sind in ihrer Art zwanghaft: die Kirche, die Ehe, der Staat, das Militär, die Schule.

Dann sprachen wir von der Sucht und führten sie auf einen »Hunger nach Beziehung« zurück. In der Eßsucht knüpft der Patient an seine uralte Kindheitserfahrung an – Essen hängt mit Zuwendung zusammen, und so kann es auch als Liebesersatz fungieren. Essend eignet man sich die Welt an. Auch Machtstreben kann sich hinter dieser oralen Gier verbergen.

TUSCHY: Wir schrieben dem Zwangscharakter eine starke emotionale Isolierung zu. Sein Denken ist darum weltfremd und wird oft durch feindselige Gefühle durcheinandergebracht. Wer die Menschen mag, denkt zusammenhängender. Seine Beziehungsfähigkeit ordnet seine Gedanken und Gefühle.

In der Psychotherapie muß man den Zwangstyp auf diesen Zusammenhang hinweisen. Er erntet in seinen Zwangsimpulsen, was er zuvor in seiner Lebenseinstellung gesät hat. Will er geheilt werden, so muß er den Menschen näherkommen.

KLAUS: Zwangsgedanken sind Distanzmanöver. Man hält sich durch sie die Umwelt vom Leibe. Widersprechen und Neinsagen kann für den Zwangscharakter kennzeichnend sein. Er gebraucht gern, verbal und in Handlungen, die Formel: »Nein – umgekehrt!« Die Abwehrmechanismen sind in solchen Fällen rasch mobilisiert. Alles wird als Zwang empfunden, unter Umständen auch die Therapie. Man muß vorsichtig in der Behandlung solcher Menschen sein.

Die Symptome dürfen von Arzt und Patient nicht überbewertet werden. Wichtiger ist die gesamte Lebensführung, die bewußte und unbewußte Lebenseinstellung. Ein direktes Ankämpfen gegen das Symptom führt bestenfalls zu Scheinheilungen. Damit ist niemandem gedient.

Der Zwangscharakter muß im gesamten flexibler, weltfreundlicher, spontaner werden. Dann kann er die jeweils geforderten Anpassungsleistungen vollbringen. Seine zähflüssigen Gedankenprozesse sind Ausdruck seines Spontaneitätsmangels. Ein seelisch gesunder Mensch hat immer die Gedanken, die zu seiner Situation passen. Er ist auch meistens Herr seines Denkens. Das Denken gewinnt bei ihm nicht die absurde Eigenmacht wie in der Zwangsneurose.

TUSCHY: Manche Autoren charakterisieren das Zwangsdenken als eine plumpere Abart des normalen Denkprozesses. Der Zwangstyp hat eben von Kindheit an nicht mitdenken gelernt. Er schwimmt prinzipiell gegen den Strom, auch wenn das gar keinen Sinn hat. Er ist immer »anti«. Das zeigt sich im Beruf, in den Liebesbeziehungen, in der Sexualität. Die trennenden Haltungen, Affekte, Verhaltensmuster sind ausgeprägt. Oft bevorzugt er ein Arbeitsgebiet, wo er mit Menschen nicht in Kontakt kommen muß. Er stürzt sich dann in seine Beschäftigungen, die ihm zum Kontaktersatz werden. Man kann auf diese Lebensweise den Vers des Dichters anwenden:

»In die Flucht geschlagen,
glaubt er zu jagen ...«

Viele neurotische Manöver sind so strukturiert. Man ist auf der Flucht vor Hingabe, Austausch, Nähe, Beziehung.

WILFRIED: Wir erwähnten auch die enorme Hingabeangst des Zwangscharakters. Jede Situation mobilisiert seine Abwehr. Die Therapie ist darauf aus, einen derart sperrigen Menschen für Mitleben und Mitarbeit zu gewinnen. Er muß lernen, auf die Mitmenschen gleichsam mit offenen Armen zuzugehen. Sein Interesse für die Menschen muß geweckt werden. Wer sich schon in der Kindheit von der Gemeinschaft innerlich entfernt hat, versteht die Menschen zuwenig. Sie sind ihm ein Buch mit sieben Siegeln. Da man an die anderen nicht herankann, holt man sich Ersatzbefriedigung bei Alkohol, Drogen, Arbeit, Religion, politischem Utopismus.

GUNDA: Man appelliert an die verschüttete Liebesfähigkeit solcher Menschen. Man erinnert sie oft daran, daß der Mitmensch ihr Heilmittel ist.

KLAUS: Auch die Freudianer zeigen, daß bei dem Zwangsneurotiker »archaische Denk- und Fühlprozesse« stattfinden. Damit will man wohl ausdrücken, daß er autistisch und wirklichkeitsfremd in der Welt steht. Der späte Freud spricht davon, daß bei dieser seelischen Störung Aggression und Eros »entmischt« worden seien – darum die grobschlächtige Feindseligkeit im Gemüt mancher Zwangstypen. Wir glauben ja auch nicht an einen ursprünglichen

»Aggressionstrieb«. Freud will wahrscheinlich bloß sagen, daß im Zwangsdenken keine Liebe steckt. Das stimmt mit unseren Überlegungen durchaus überein. Der Zwangsneurotiker muß, wie alle anderen Neurotiker, das Lieben erlernen.

HANNA: Wenn man solchen Patienten den zwischenmenschlichen Kontakt empfiehlt, stößt man oft auf Widerstände. Sie haben manches »Material« gegen die Menschheit aufgestapelt. Sie können von vielen Enttäuschungen mit den Menschen berichten. Wie weit sie selbst ihr Teil dazu beigetragen haben, sehen sie meist nicht.

RONALD: In schweren Fällen überrascht auch der Umstand, daß solche Patienten Worte und Gespräche nicht ernstnehmen. Sie sind von Kindheit an gewöhnt, daß man Worte zur Selbst- und Fremdtäuschung benützt. Daher geben sie oft verbal etwas zu, ändern aber nicht ihr Verhalten dementsprechend. Die Therapie muß hier sehr geduldig vorgehen.

IRMGARD: Das Zusammengehörigkeitsgefühl zum Therapeuten oder zur Gruppe muß bei dem Patienten entwickelt werden. Kommt Beziehungsfähigkeit auf, so ändern sich Grundstimmung, Verhalten und Denkvorgang des Analysanden. Er wird weltoffener, wendiger, fröhlicher, »ungezwungener«. Er gibt es auf, nach dem in der Kindheit erworbenen Autarkieprinzip zu leben, nämlich: wenig geben und wenig nehmen. Er wird austauschfreudiger, in Worten und in Handlungen. Damit gewinnt er einen neuen »Lebensstil«, der produktiver und sozialer ist.

RATTNER: Ich möchte vorschlagen, daß wir uns heute dem Thema »Die orthodoxe Psychoanalyse und die Angsttheorien« zuwenden.

ROSWITHA: Ich habe den Aufsatz von Freud *Hemmung, Symptom und Angst* aus dem Jahre 1926 gelesen. Er setzt sich da u. a. mit der Theorie von Otto Rank (*Das Trauma der Geburt*) auseinander. Rank hat behauptet, daß die Geburtsangst die Quelle aller späteren Ängste sei. Je schwerer die Geburt sei, um so angstanfälliger werde das Kind. So wird die Entstehung der Neurose auf den Geburtsakt zurückverlegt.

Freud lehnt das mit Recht ab. Er anerkennt, daß die Geburt für das Kind ein sehr unlustbetonter Zustand sein kann, aber damit sei höchstens eine Art Vorbild für spätere Angsterlebnisse gegeben, nicht aber eine Universalursache.

Freud weist darauf hin, daß der Mensch in seiner Kindheit sehr hilflos und abhängig sei. Daher hat der Säugling eine große Angst vor Objektverlust, d. h. Liebesverlust. Denn die Liebe der Mutter garantiert ihm Nahrung und Sicherheit. Der Mensch bleibt zeit seines Lebens von der Liebeszuwendung anderer wesentlich abhängig.

Die Mutter beschützt das Kind, welches bald lernt, sie durch Schreien herbeizurufen. Der Schrei des Säuglings wird zu einem magischen Hilfsmittel der Umweltbeeinflussung. Oft wird gar nicht mehr ein reales Bedürfnis abgewartet – das Kind holt die Mutter herbei, um seine Macht über sie zu bestätigen.

Das Kommen und Verschwinden der Mutter ist für den Säugling eine einschneidende Erfahrung. Mit der Zeit muß eine Frustrationstoleranz erworben werden. Die Mutter wird erwartet und erscheint gelegentlich.

Angst hängt bei Freud auch mit Sexualverdrängung zusammen. Beim Knaben stellt er hauptsächlich die sogenannte Kastrationsangst in den Vordergrund. Sie soll im 5.–6. Lebensjahr (Ödipus-Komplex) besonders groß sein. Der Knabe, der die Mutter für sich will und dem Vater feindselig gegenübersteht, soll angeblich durch dessen Kastrationsdrohungen sehr beeindruckt werden. Er fürchtet nicht nur um sein Glied, sondern auch, daß er allgemein vom Vater erniedrigt wird. Aus dem überwundenen Ödipus-Komplex geht das Über-Ich oder Gewissen hervor. Es ist der Niederschlag von Identifizierungen, aber auch verinnerlichter »Aggressionstrieb«. Nun hat der Knabe nicht nur Realangst (nach außen), sondern auch Gewissensangst.

Beim Mädchen finden diese Prozesse angeblich ziemlich abgeschwächt statt.

Bei der Lektüre von Freud fiel mir auf, daß er alles triebpsychologisch zu erklären versucht. Die Gefühle, die bei unserer Betrachtungsweise im Mittelpunkt stehen, werden viel weniger berücksichtigt. Freuds Gefühlstheorie scheint mir überhaupt sehr lückenhaft zu sein.

Regine: Ich hörte kürzlich eine psychoanalytische Vorlesung zum Thema Angst. Der Dozent sprach von der Realangst und der neurotischen Angst. Die letztere wurde unterteilt in:

a) die neurotische Erwartungsangst (der Ängstliche malt sich allerlei Schreckliches aus),

b) die Phobie (Platzangst, Höhenangst etc.),

c) die Angstanfälle, die weder Objekt noch sichtbaren Anlaß haben.

In Freuds *Vorlesungen zur Einführung in die Psychoanalyse* wird erzählt, wie Freud auf die Idee kam, daß die Geburtsangst Vorbild aller späteren Angstsituationen sei. Er war in einer Prüfung für Hebammen. Eine Kandidatin wurde nach der Bedeutung des sogenannten »Kindspechs« gefragt, das mitunter im Gebärwasser enthalten ist. Die Frau sagte, das Kind ängstige sich und mache in die Hosen (im Mutterleib). Sie fiel bei der Prüfung durch, aber Freud nahm diese Anregung später auf und vermittelte sie Otto Rank, der sie dann verabsolutierte.

Freud sagt auch, daß unausgelebte sexuelle Energien sich in Angst umwandeln können. Adler würde sagen, sowohl die Angst wie die Verminderung der Sexualität entstammen der mangelhaften sozialen Einordnung. Für Freud ist das sexuelle Manko die Hauptursache. – Bei der neurotischen Angst sieht er oft einen wirklichen Anlaß, der durch Phantasietätigkeit maßlos übersteigert wird. Auch Projektionen kommen hierbei vor.

LOTHAR: Freuds Annahme ging dahin, daß unabgeführte Triebenergie sich in Angst umwandeln kann. Später hat er die These dann modifiziert. Nun sprach er davon, daß das Ich einen Reizschutz für das Es aufbaut. Wenn nun zu starke Reize von seiten der Außenwelt auf das Ich und das Es einstürmen, kommt es zum Alarmsignal der Angst. Aber auch aus dem Innern können allzu starke Reize (Triebe) gegen das Ich entstehen: Dann kommt es zur Triebangst.

Die Angst könne auch zum Signal für Objektverlust werden. Das Kind erlebt oft das Verschwinden seiner Mutter. Es muß mit dieser traumatischen Situation fertig werden. Es bildet Abwehrkräfte gegen dieses Trauma.

TUSCHY: 1895 publizierte Freud eine Arbeit mit dem Titel: *Über die Berechtigung, von der Neurasthenie einen bestimmten Symptomkomplex als »Angstneurose« abzutrennen.* Neurasthenie heißt Nervenschwäche. Man hat damals

viele verschiedenartige Zustände unter diesem Begriff zusammengefaßt.
Als dramatische Angstzustände beschreibt Freud in der erwähnten Arbeit: Herzklopfen, Schwindel, Kopfschmerzen, Ohrensausen, Durchfall, Schwitzen, Zittern. Zwischen den eigentlichen Angstanfällen bleibe eine allgemeine ängstliche Erwartungshaltung bestehen. Diese führe zu phobischen Vermeidenshaltungen, d. h. der Patient schränkt seine Lebensführung weitgehend ein, damit er keine Angst haben muß.
Als Ursache für die neurasthenische und die angstneurotische Angst gab Freud Deformationen des Sexuallebens an. Coitus interruptus, Enthaltsamkeit und Onanie erschienen ihm als die wesentlichen Angstursachen. In allen diesen Fällen entstünde eine Libidostauung, und diese erzeuge die Angst. Es sei eine Art toxische Verängstigung – Sexualstoffe im Blut bringen den leib-seelischen Organismus in Unordnung.
Die Theorie um 1920 (*Ich und Es*) ist viel komplizierter. Das Ich wird als die Stätte der Angst beschrieben. Die Realangst bezieht sich auf die Gefahren der Umwelt. Es gibt nun Übergänge zwischen der Real- und der neurotischen Angst. In letzterer spiele die »unverwendete Libido« eine erhebliche Rolle.
1926 erschien die Arbeit über *Hemmung, Symptom und Angst*. Sie ist sehr mühsam zu lesen. Roswitha hat einen Teil davon bereits wiedergegeben.
Freud geht von der Geschichte des kleinen Hans aus (*Analyse der Phobie eines fünfjährigen Knaben*). In diesem Fallbericht hatte er eine umfangreiche Kinderanalyse publiziert. Der kleine Hans hatte Angst vor Pferden. Diese Pferdephobie brachte Freud mit dem Ödipus-Komplex des Knaben in Zusammenhang. Hans stand zu seinem Vater in einem sogenannten »Ambivalenzkonflikt«. Teils liebte er ihn, und teils wollte er ihn bei der Mutter verdrängen. So sei es zu einer Verlagerung des Vaterhasses auf die Pferde gekommen. Die Sanktionen, die Hans von seiten seines Vaters fürchtete, projizierte er nun auf die Pferde und ängstigte sich vor ihnen. Die Angst, daß das Pferd ihn beißen könne, sei ein symbolischer Ausdruck für die Kastrationsangst.

Hieß es früher, daß die Verdrängung die Angst erzeuge, so wird nun gesagt, daß die Angst (Kastrationsangst) primär sei und später die Verdrängung erzwinge. Freud nimmt hiermit die neopsychoanalytische Auffassung vorweg, daß die Angst das zentrale Phänomen der Neurose sei. Je größer die Angst eines Menschen, um so mehr Wirklichkeit muß er in ihm und um ihn herum verdrängen.

WOLFGANG: Interessant ist auch, daß Freud diese Kinderanalyse nur aufgrund der Berichte des Vaters und der Mutter des Knaben durchgeführt hat. Er hat den Hans nur ein bis zwei Mal kurz gesprochen. Die Eltern des Buben scheinen von moderner Erziehung wenig verstanden zu haben, obwohl sie zu Freuds Arbeitskreis gehörten. Die Fehler, die sie im Umgang mit Hans begehen, sind teilweise erschütternd und werden von Freud ohne kritischen Kommentar wiedergegeben.

TUSCHY: Das Buch von Rank über die »Geburtsangst« wurde von Freud negativ beurteilt. Die Gründe wurden bereits angedeutet. Man kann gewiß schon die Geburt als eine Art »Trennung von der Mutter« beschreiben, obwohl man hierbei die Phantasie einigermaßen strapaziert. Wichtiger sind wohl die Trennungen von der Mutter, die später erfolgen, wenn das Kind bereits seine Abhängigkeit von dieser ernährenden und betreuenden Person realisiert. Die dabei auftretenden Unlustspannungen haben wohl einen anderen Charakter als die Unlust bei der Geburt – aber Analogieschlüsse kann man, wenn man nur will, immer herstellen.

Auch die »Signalangst« wurde bereits erwähnt. Sie soll wohl schlimmere Traumatisierungen verhüten. Das Ich wird damit ernstlich auf die Gefahr aufmerksam gemacht und versucht, Abhilfe zu schaffen.

Die Alternative »Verdrängung schafft Angst, oder Angst schafft Verdrängung« ist in beiden Formulierungen für uns interessant. Beides mag wohl vorkommen. Wahrscheinlich stimulieren beide Prozesse einander. Wer Angst hat, wird so manches verdrängen und infolge seiner Verdrängungen noch mehr Angst bekommen.

Immerhin legen wir den Akzent auf die Gesamtpersönlichkeit und nicht auf Triebe und Triebschicksale. Man hat immer die Hemmungen und Verdrängungen, die zur Gesamtpersönlichkeit passen.

In der Viktorianischen Ära, in der Freud seine Forschungen begann, konnte es wohl oft so erscheinen, als ob die sexuelle Verdrängung die Hauptursache des pathologischen Seelenlebens sei. Freud arbeitete zunächst mit hysterischen Patientinnen, bei denen die Sexualthematik sehr aufdringlich sein kann. Die Zeitstimmung findet man etwa in Stefan Zweigs Autobiographie *Die Welt von gestern* reflektiert. Die Rolle der Sexualität im damaligen Kulturleben wird dort eindringlich geschildert.

REGINE: In manchen Schriften Freuds fand ich sogar die Mutmaßung, es gäbe eine konstitutionelle Disposition zur Verängstigung: Also Anlage und Erziehung müßten berücksichtigt werden.

ROSEMARIE: Ich möchte auch auf Freuds späte Schrift *Angst und Triebleben* (Neue Folge der Vorlesungen über die Psychoanalyse) eingehen. Darin knüpft er an dem Symptom der Agoraphobie an. Es handelt sich hier um Menschen, die Platzangst haben, also nicht auf Straßen und Plätze gehen können. Wie kommt es dazu? An den Anfang dieser Phobie setzt Freud den Angstanfall, der auf einer Straße oder einem Platz erfolgt ist. Nun will der Kranke nicht mehr in diese Gefahrensituation hineingeraten. Er bleibt lieber zu Hause. Seine Phobie hat damit auch den Charakter einer Angstvermeidung. Die Hemmung hat sich eingestellt, um die Angst eliminieren zu können.

Beim Zwangspatienten ist es umgekehrt. Seine Zwangshandlungen sollen die Angst überdecken. Hält man ihn von einer solchen Handlung ab, so kommt es zu einem Angstanfall. Aber wieder ist das Symptom zum Zwecke der Angstvermeidung da.

Freud schließt daraus, daß dem Symptom immer eine Angst zugrundeliegt. Er sucht sie vor allem im Triebbereich. Z. B. der Agoraphobe gehe deshalb nicht auf die Straße, weil er die »Trieb-Versuchungen« fürchte, die dort auf ihn warten. Es ist also die Angst vor der eigenen Libido, die in der Phobie auf ein äußeres Objekt verlagert wird.

ROSWITHA: Eigentümlich ist an Freuds Theorien, daß er die ganze Kultur aus der Sexualverdrängung ableitet, zugleich aber auch meint, daß die Verdrängung dem Individuum schade. Wahrscheinlich meinte er, man müsse das richtige Mittelmaß finden. – Im übrigen zweifelt er nie die Gesellschaft an, sondern bürdet alles Versagen dem Individuum auf. Kulturentwicklung ohne Neurose kann er sich schlecht vorstellen.

Meines Erachtens müßte man die Ängste der Menschen nicht nur im Hinblick auf die Sexualverdrängungen, sondern auch auf den Autoritarismus unserer Kultur erklären. Unsere auf dem »Kampf aller gegen alle« orientierte Kultur verängstigt den Menschen und isoliert ihn. Da liegt die Hauptquelle der Lebensängste. Die Sexualität kränkelt auch am Autoritarismus, der die Verdrängung braucht, um die Menschen gefügig zu machen.

RATTNER: Ich möchte weit ausholen, um zu Freuds Lehre Stellung zu nehmen.

Das Thema ist sehr kompliziert für uns, weil viele nicht die Literaturkenntnisse haben. Auch ist es sehr schwer, die Freudschen Theorien in die unmittelbare Anschauung zu übersetzen. Gerade das ist aber für uns wesentlich. Wir sind ja kein theoretischer Studienzirkel, sondern eine therapeutische Gemeinschaft.

Die Auseinandersetzung mit Freud ist für uns sehr wichtig. Wir versuchen uns in seine Theorien hineinzudenken. Wir üben dann auch Kritik, aber man muß beachten, *wie* wir Kritik üben. Zunächst stellen wir die Meinungen eines Autors möglichst objektiv dar. Dann prüfen wir unsere eigene Erfahrungswelt. Stimmt das, was der Autor sagt? Autoritätsgläubigkeit kann man bei uns nicht erwarten. Wir gestatten es uns, an allem und jedem zu zweifeln. Ich persönlich kann mir wissenschaftliche Forschung nur so vorstellen. Kritik ist das Lebenselement der Wissenschaft. Natürlich könnte uns jemand entgegenhalten: »Ihr kritisiert alles. Aber vielleicht sind auch eure Auffassungen falsch.« Eine solche Aussage rennt offene Türen ein. Selbstverständlich hat niemand die Wahrheit für sich gepachtet. Man muß aber gleichwohl seine Arbeit vorantreiben – was man zu wissen glaubt, vertritt man auch. Immer steht dahinter aber auch das Postulat: Es kann ja alles anders sein!

Wir üben Kritik, aber wir haben auch Respekt vor fremder Leistung. Eine Mischung von Bescheidenheit und Selbstgewißheit erleichtert die wissenschaftliche Tätigkeit. Allzu demütig sein ist ebenso verkehrt wie Größenwahn. Der gute Forscher nimmt die Meinungen anderer sehr ernst, aber er verfällt nicht in Autoritätsgläubigkeit. Auch Namen wie Freud, Adler, nicht zu reden von Sternen zweiter Größe, vermögen ihn nicht ins Bockshorn zu jagen. Er vertraut seiner eigenen Beobachtung, seinem eigenen Urteil, aber er weiß, daß andere für ihre Anschauungen auch Gründe haben. So ist die Wissenschaft ein permanenter Dialog.

Wir lassen also die »Ehrfurcht« aus dem Spiel. Freuds Größe bestand u. a. auch darin, daß er gegen fast alle Autoritäten seiner Epoche die von ihm gefundenen Erkenntnisse aufrechterhielt. Nun sollten wir nicht in den Fehler verfallen, aus Freud eine unanzweifelbare Autorität zu machen. Das wäre nicht im Geiste seiner tapferen Persönlichkeit gehandelt. Wir werden also auch ihm gegenüber unbefangen kritisch sein.

Überhaupt geht wohl jede echte Wahrheitsfindung davon aus, daß man eine offizielle Lehrmeinung nicht mehr akzeptieren kann. Man hat zunächst das unbestimmte Gefühl: Das kann doch gar nicht so sein! Dann erst sucht man die Gründe für die Ablehnung einer veralteten Theorie. Dabei stützt man sich auf »Autopsie«, nämlich »selber sehen«. Da liegt der Urquell aller neuen Einsichten. Man muß nur den Mut haben, der eigenen Wahrnehmung und dem eigenen Denken zu vertrauen. Ein Großteil der Menschen gelangt nie zu einer derartigen Denk- und Urteilsfähigkeit.

Es ist erwähnt worden, daß Freuds erste Angsttheorie stark biologisch orientiert war. Er sprach von Ängsten, die er auf mangelnde Sexualbefriedigung zurückführte. In diesem Zusammenhang schuf er den Begriff der »Aktualneurosen«. Unter ihnen verstand er die Neurasthenie und die Angstneurose. Neurasthenie umfaßt Erschöpfungszustände, Zittern, Nervosität, Ermüdung usw. Dieser Zustand sollte angeblich durch Coitus interruptus oder Onanie entstanden sein. Psychische Ursachen für diese Störungen wurden von Freud bestritten. Er behauptete sogar, er habe Angstneurotiker und Neurastheniker geheilt, indem er ihr Sexualverhalten geändert habe. Man müsse nur den Coitus interruptus abstellen und die Onanie verbieten, dann sei die Angstproblematik behoben. Die Erfahrung habe ihm das hundertfach bestätigt. – Man sieht, wie wenig verläßlich auch die »Erfahrung« eines Genies ist. Ein Grund mehr, nur der

eigenen Vernunft den entscheidenden Urteilsspruch zu überlassen.
Unserer heutigen Erfahrung nach kann die Angst nicht auf den *abusus sexualis* (sexuellen Mißbrauch) zurückgeführt werden. Wenn Onanie Ursache von Angst ist, so hat das nichts mit dem eigentlichen Triebvorgang zu tun, sondern mit den abschreckenden Vorstellungen, die Erziehung und Kultur mit der Selbstbefriedigung verknüpfen. Wer etwa denkt, daß er beim Onanieren seine sexuelle Potenz zerstöre oder sündig werde oder sich die Strafe Gottes zuziehe, wird deswegen Angst bekommen. – Der Coitus interruptus ist an sich eine harmlose aber unzulängliche Verhütungsmethode aus der »Ära vor der Pille«. Man wird auch hier vergeblich nach den Angstursachen suchen.
Onanie und Coitus interruptus sind gewiß unbefriedigende Sexualtechniken. Sie mögen die seelische Spannung erhöhen, wie alles, was den Menschen frustriert. Aber Angst muß daraus nicht hervorgehen.
Die Onanieangst hat oft mit religiösen Schuldkomplexen zu tun. Diese müssen berücksichtigt werden, wenn etwa ein Jugendlicher anläßlich der Pubertätsonanie massive Ängste aufweist. Auch heute noch wissen viele Jugendliche nicht, daß die Selbstbefriedigung eine natürliche Abreaktion ist. Trotz Sexualkunde in der Schule stecken die Sexualauffassungen vieler Menschen noch im dunkelsten Mittelalter.
Bekanntlich hat Wilhelm Reich diesen Freudschen Ansatz fanatisch weitergeführt. Auch für ihn wurde die sexuelle Befriedigung zum A und O der psychischen Hygiene. Er meinte, von hier aus könnten nicht nur die Probleme der Neurose, sondern geradezu die Weltprobleme gelöst werden.
Man mag jedermann seine sexuelle Befriedigung gönnen, und wir wollen dieses Thema nicht bagatellisieren. Aber das Seelenleben ist komplizierter, als solche Triebtheoretiker meinen. Sie übersehen die Gefühlssphäre des Menschen und so manches andere dazu. Es gab früher auch Analytiker, die als Heilung für eine Neurose ein »Sexualerlebnis« empfahlen. Die Erfolge solcher »Therapien« ließen zu wünschen übrig.
Sexualität wirkt bestimmt entspannend, aber heilend wirkt wohl eher die Liebe bzw. das Anwachsen der Liebesfähig-

keit. Neurotische Probleme können wohl kaum durch Sexualbetätigung allein gelöst werden.

Was der Neurotiker in seiner Beziehungsgestörtheit braucht, ist das Erlebnis der Partnerschaft, worin Sexualität durchaus inbegriffen sein soll. Der rein-sexuelle Akt ist nur eine kleine Selbstbestätigung; die emotionale *und* sexuelle Kommunikation mit einem Liebespartner erhöht Sicherheit und Selbstachtung viel eher. Reichs plumpe Sexualtheorien haben bei einem Teil der Studentenschaft Anklang gefunden. Sie sind Auswüchse einer »wilden Psychoanalyse«, wobei in Reichs Fall eine offenkundige schwere Persönlichkeitsstörung der abstrusen »Orgon- und Orgasmus-Theorie« zugrundeliegt.

Die zweite Angsttheorie von Freud besteht aus der Formel: Die Verdrängung erzeugt Angst. Dies basiert auf dem Gegensatz zwischen Bewußtsein und Unbewußtem. Im Unbewußten finden sich die abgewiesenen und verschmähten Triebregungen, vor allem die Sexualität im weitesten Sinne des Wortes. Die verdrängten Triebe halten aber nicht still. Sie wollen ans Tageslicht und erzwingen somit eine Besetzung im Ich, die sie ständig niederhalten soll. Werden nun verdrängte Triebe durch den äußeren Anlaß wachgerufen oder verstärkt, so reicht die Besetzung des Ich nicht aus. Das Ich fühlt sich überflutet von der Libido und entwickelt die Angst als Warnruf. Je mehr Verdrängungen bestehen, um so leichter wird das Individuum in Angst geraten.

Die Therapie soll nun nach Freud folgenden Weg einschlagen. Einen Triebanspruch verdrängen ist eigentlich eine feige Lösung. Es ist nicht die redliche Auseinandersetzung mit dem Trieb, sondern ein »Wegschauen«, ein »Nichtwahrhabenwollen«. Die Therapie hebt nun die Verdrängung auf und ersetzt sie durch einen Verzicht. Nachher ist der Status rein äußerlich nicht so verschieden. Innerlich aber hat das Individuum sich mit seinen Triebproblemen auseinandergesetzt und ist dadurch Herr im eigenen Haus geworden. Es fürchtet nichts in seinem Inneren und so auch nichts draußen in der Welt.

Die verdrängten Sexualtriebe sind nicht so sehr die Genitalität des Erwachsenen, sondern das, was Freud als infantil-sexuelle Regungen beschrieb. Man holt also aus der Verdrängung hauptsächlich oral-kannibalistische, anal-sadistische, exhibitionistische, voyeuristische Triebregungen etc. herauf, selbstverständlich auch die in Vergessenheit geratenen Ödipuswünsche (Begierde nach der Mutter, Haß gegen den Vater) – auf diese Wünsche sollte der Patient verzichten.

Wir stellen uns vor, daß das dem Patienten nicht so schwer fallen dürfte. Die orthodoxe Psychoanalyse trieb da ein folgenloses Spiel, indem sie den Analysanden auf sehr fragliche Triebregungen in seinem tiefsten Innern hinwies und dann eine Absage an die ohnehin absurden Motive verlangte. Das trug sicherlich nicht viel zur Angstbewältigung bei. Analytiker und Patient ergingen sich in verwegenen Mutmaßungen über des letzteren Kindheit. Man grub aus dem Schutt der Vergangenheit allerlei Monstren heraus, die teilweise der Phantasie des Psychoanalytikers, teilweise der willigen Suggerierbarkeit des Analysanden entstammten.

Wir sehen auch diesen Punkt heute anders. Was die Patienten verdrängt haben, ist nicht so sehr die Sexualität – weder die infantile noch die erwachsene. Die eigentlichen blinden Flecken des Menschen betreffen seinen zwischenmenschlichen Verhaltensmodus, seine Einstellungsfehler, seine Charaktermängel. Hier wird viel stärker verdrängt als bei der Sexualität, und sie leisten der Bewußtwerdung einen viel heftigeren Widerstand. Ein paar Sexualwünsche, zur Not auch perverse, wird der Patient ziemlich bald eingestehen, wenn man ihn genügend bedrängt. Weniger leicht wird er zur Kenntnis nehmen, daß er eitel, geizig, neidisch, ängstlich, hochstaplerisch ist. Um 1900 mag auch die Sexualität teilweise aus dem Bewußtseinsfeld herausgedrängt gewesen sein. Aber heute gewiß nicht mehr so stark. Die wesentliche Wahrheit über sich selbst erfährt der Analysand in der »Charakteranalyse«. Seine Charakterstruktur ist ihm weit unbekannter als seine Triebhaftigkeit.

Das lehrt uns auch die Gruppenerfahrung immer wieder. Wir hören einen Analysanden an, lassen ihn über sich selbst und sein Leben erzählen. Hernach klären wir ihn über seine unbewußten Verhaltensmuster auf, sofern wir sie durchschaut haben. Wir sprechen dabei aber nicht über sogenannte »Partialtriebe«, sondern über seine Charakterunzulänglichkeiten. Hier taucht dann auch allenfalls der »Wider-

stand« auf. Man will seine Charakterfehler nicht wahrhaben. Bei Partnerschaftsproblemen sieht man so oft nur die Schwächen des anderen. Nun kommt die Analyse und versucht, ein Gleichgewicht herzustellen. Die Fehler liegen auf beiden Seiten. Die Art, wie die Leute auf solche Eröffnungen reagieren, zeigt, *was* wirklich verdrängt ist.
Wenn man es so beschreibt, darf man sogar teilweise zur Freudschen Formel zurückkehren, daß die Verdrängung Angst erzeuge. Nehmen wir an, daß jemand verzweifelt bemüht ist, an seinen Charakterdeformationen »vorbeizusehen«. Handelt es sich um gewichtige Haltungsanomalien, so muß das den alltäglichen Umgang mit den Menschen extrem belasten. Man spürt doch innerlich auch, daß man irgendwo schief liegt. Nun muß man immer daran vorbeidenken und -handeln. Dadurch kommt viel Spannung in den zwischenmenschlichen Verkehr. Man ist immer auf der Hut, daß man nicht mit der Wahrheit über sich selbst konfrontiert werde. Eines Tages könnte das Kartenhaus zusammenbrechen. So kann man sagen: Je mehr Retuschierungen einer in seinem Selbstbildnis hat oder nötig hat, um so ängstlicher geht er durchs Leben. Allerdings ist die Angst auch die Ursache seiner Unehrlichkeit gegen sich selbst.
Die umgekehrte Formel »Angst erzeugt Verdrängung« ist uns daher akzeptabler. Angst – so sagten wir – ist mangelhaftes Vertrauen und gelockerte Bezogenheit auf die Mitmenschen. Wenn nun jemand tatsächlich Zutrauen zu den Menschen hätte, dann könnte er sich so geben, wie er ist: Er hätte keine Angst vor dem Fehlermachen, er bedürfte keines Imponiergehabes, er dürfte sich in seiner schlichten Menschlichkeit annehmen. Er könnte sich unbefangen im menschlichen Raum bewegen.
Was ist denn so Schlimmes dabei, wenn uns die Mitmenschen auf unsere Fehler aufmerksam machen? Wozu die Verdrängungen, die im Grunde ein »Kopf-in-den-Sand-Stecken« bedeuten? Hat man einmal die Erfahrung einer echten Beziehung zu den Menschen gemacht, nimmt man den Hinweis auf eine bestehende Fehlhaltung ganz ruhig und auch dankbar auf. Man muß da nichts mehr verdrängen. Die schönste Reaktion auf eine sachliche Kritik unseres Verhaltens oder unseres Charakters wäre: »Danke schön – ich werde es mir überlegen!«

Die Schrift *Hemmung, Symptom und Angst* aus dem Jahre 1926 ist bereits erwähnt worden. Darin hat Freud entdeckt, was wir eben auch gesagt haben: Die Angst ist primär und ist die Grundlage der Verdrängung. In einer späteren Argumentation wird das am Beispiel des Patienten mit Platzangst allerdings etwas zurückgenommen. Der Agoraphobe hat seinen Angstanfall auf der Straße gehabt. Um nun diese Angst nicht mehr erleben zu müssen, entwickelt er ein Symptom. Dahinter steht aber noch die Furcht vor der Straße, auf welcher er sexuellen Versuchungen ausgesetzt sein soll. Somit ist wiederum die Libido die Quelle der Angst.

Auch hier ist das Pferd beim Schwanz aufgezäumt. Man soll doch nicht verkennen, daß Plätze und Straßen nicht in erster Linie für sexuelle Versuchungen gebaut worden sind. Es mag einzelne Straßen dieser Art in jeder Stadt geben – aber da muß ja der Patient nicht hingehen, wenn er Versuchungen meiden will. Die Neopsychoanalyse sieht es so, daß auf Straßen und Plätzen das soziale Leben sich abspielt. Davor hat der Agoraphobe Angst – vor dem Beruf, vor den vielen Menschen, vor der »Welt«. Er flüchtet sich in seine vier Wände, zu seiner Familie, die ihn schonend behandelt. Er bleibt zu Hause, um sich dem Leben nicht stellen zu müssen. Draußen warten auf ihn die Kontakte, die Bemühung, der »Lebenskampf«. Der Sinn der Agoraphobie ist ein Ausweichen vor dem letzteren; in Abwandlung eines bekannten Ausspruchs von Julius Cäsar könnte man sagen: Lieber in der Familie der Mittelpunkt, als da draußen eine Null!

Am Beispiel des »kleinen Hans« erläutert Freud die neue These, daß die Angst primär sei und die neurotische Symptomatik nach sich ziehe. Aber diese Primärangst ist bei ihm die »Kastrationsfurcht«. Die Urangst des Mannes sei die Angst, kastriert zu werden; beim Mädchen und bei der Frau sei das nicht so ausgeprägt, weil diese schon von Natur aus kastriert seien!

Wir wollen wiederum nach dem realen Kern dieser merkwürdigen Theorie suchen. Knaben hörten früher sehr viel Kastrationsdrohungen, vor allem, wenn man sie beim Onanieren ertappte. Wie oft sagen dann unwissende Eltern: »Du wirst krank werden, dein Glied wird abfallen!« Im

Struwwelpeter des Arztes Hoffmann gibt es eine Geschichte von einem Jungen, der ständig am Daumen lutscht. Zur Strafe wird ihm der Daumen abgeschnitten. Wir sind uns klar darüber, daß hier nicht nur der *Daumen* gemeint ist. Dennoch möchten wir Freud in bezug auf seine zügellosen Mutmaßungen über die Kastrationsangst nicht folgen. So viel Angst werden die Knaben wohl nicht haben, daß man ihnen das kostbare Glied verstümmelt. Läßt man aber die Kastrationsthematik weg, so wird die Sache schon eingängiger. Was der Knabe fürchtet (auch anläßlich von Onanieverboten und entsprechenden Drohungen), ist nicht so sehr die Kastration, sondern allgemein die Überwältigung durch die Autorität, d. h. die Autoritätsangst ist eines der Zentren der Neurosenpsychologie. Elterliche Drohungen müssen auf dem Hintergrund der elterlichen Gewalt gesehen werden. Als Kastration im weitesten Sinne des Wortes kann jede Verkürzung der kindlichen Ansprüche, jede Expansionshemmung, jede Verringerung der kindlichen Selbstachtung angesehen werden. Gäbe es keinen Autoritarismus in Familie und Gesellschaft, so wären die Menschen wesentlich angstfreier. Sie wären kein »Kastraten-Geschlecht« – die »Impotenz« im sozialen, politischen und kulturellen Handeln ist nicht auf das ständige Kastrationsgerede in der Kinderstube, sondern auf die reale Entmachtung und Entmannung im gesamten Leben und Erleben zurückzuführen!

Otto Ranks Lehre vom »Trauma der Geburt« wurde erwähnt. Es ist richtig ausgeführt worden, daß der Geburtsvorgang als Ursache späterer Neurosen kaum in Betracht kommen kann. Wir halten uns da lieber an die psychischen Traumatisierungen der späteren Kinderjahre. Es ist reine Mythologie, wenn im Geburtsereignis die entscheidende Seelenprägung gesucht wird. Es zeigt sich hier einer der Denkfehler der orthodoxen Psychoanalyse, der es so unendlich wichtig erschien, die »Ur-Situation«, d. h. den Beginn der neurotischen Entwicklung ans Licht zu bringen. Dabei wurde zügellos spekuliert. Unter Anleitung ihrer Analytiker waren dann Patienten unter Umständen imstande, Erlebnisse des ersten oder zweiten Lebensjahres aus dem Gedächtnis zu ekphorieren: Wahrscheinlich handelt es sich immer um erfundene Erinnerungen ohne jeden Realitätsgehalt. Ein Patient von Freud (der »Wolfsmann«) kam nach mehrjähriger Behandlung auf sein »Ur-Erlebnis« – er habe im Alter von ca. sechs Monaten einen Beischlaf seiner Eltern beobachtet! Diese Erkenntnis hat, wie wir uns leichthin denken können, gar nichts zur Heilung des Patienten beigetragen. Wichtiger als die spekulativen Geburts-Frustrationen sind für uns der Charakter der Mutter, des Vaters, die Ehe der beiden, der Erziehungsstil, Geschwisterprobleme, körperlicher Zustand des Kindes u. a. m. Die Ranksche Theorie hat eine Freudsche Einseitigkeit noch mehr verabsolutiert.

Aber man kann auch aus den Gedanken Ranks etwas Sinnvolles machen. Rank betonte auch, daß die Therapie diese Geburtsangst wieder aktivieren müsse – der Patient müsse durch die Angst hindurch, um sich selbst zu finden. Die Psychotherapie sei eine zweite Geburt. – Diese Meinung können wir durchaus bestätigen. In einer guten Analyse wirft der Mensch den »alten Adam« weg und fängt ein neues Leben an. Das läßt sich aber ohne Angst kaum machen. Wer sich wirklich ändert, erfährt in den Phasen tiefgreifender Umstellung häufig seine Schutzlosigkeit. Sich ändern bringt Unruhe. Solange man in dem alten Trott weiterfährt, sind auch unzweckmäßige Gewohnheiten in ihrer Art beruhigend.

Die Charakteränderung ist so etwas wie ein Durchgang durch einen engen Geburtskanal. Man erfährt eine Wandlung. Alte Stützen fallen weg und neue sind noch nicht da. Das Individuum erlebt das als eine Gefahr. Die Neurose schafft auch ihre Probleme, aber es sind wenigstens bekannte Probleme. Ein vertrautes Unglück ist manchem Menschen vertrauenerweckender als ein ungewisses Glück. Jeder hat mit seiner psychischen Gestörtheit doch irgendein Arrangement gefunden. Irgendwie hat er sich ans Leben angepaßt. Sein Verhaltensmodus erlaubt ihm, die Daseinsangst auf ein bestimmtes Minimum zu reduzieren. Nun verlangen wir in der Therapie, daß er diesen Schlupfwinkel verläßt. Wir plädieren: Stell dich dem Leben. Setz dich mit der ganzen Fülle der Lebenserscheinungen auseinander. Wirf deine Abwehrmechanismen über Bord. Entschließ dich zur Kontaktnahme, zur Sexualität, zur Liebe, zu Gruppenkontakten, zum Eingestehen von Ängsten und Schwierigkeiten,

zum Arbeiten, zum Fehlermachen! Es darf uns nicht verwundern, daß so etwas mächtige Ängste mobilisieren kann.
Nun zur späten Theoriebildung von Freud über die Angst. In den Schriften um 1920 unterteilt Freud die menschliche Persönlichkeit in drei Instanzen: das Es, das Ich und das Über-Ich. Man hört die Leute oft diese Begriffe verwenden. Die Menschen haben ein kindliches Zutrauen in eine wissenschaftlich klingende Terminologie. Auch Laien sagen im Brustton der Überzeugung: Das Es sind die Triebe, das Ich ist das Zentrum des Bewußtseins, das Über-Ich ist das Gewissen! Die Dinge scheinen einfach, aber sie sind sehr kompliziert. Wenn wir tiefgründiger arbeiten wollen, müssen wir die Frage aufwerfen, ob Freuds Konzepte einer Realität entsprechen und ob diese Realität so aussieht, wie er sie beschreibt. Dazu braucht es viel Wissen hinsichtlich der Theorie und Praxis der Psychoanalyse.
Gemäß den drei seelischen Instanzen gibt es nach Freud drei Arten von Angst. Alle Ängste ereignen sich im Ich. Dieses hat z.B. Angst vor dem Es, vor den Trieben. Sodann ängstigt es sich vor der Außenwelt (Realangst), und drittens hat es Gewissensangst.
Nun kann man das so nachplappern und sich als ein kleiner Psychoanalytiker fühlen. Wie wäre es aber, wenn man den Mut dazu hätte, die Frage aufzuwerfen, ob es überhaupt das Freudsche Es, Über-Ich und Ich gibt? Sind das nicht alles Konstruktionen? Für Freud sind die beiden Instanzen des Es und Über-Ich geradezu zwei autonome Gegenspieler des Ich. Meist bestimmen Es und Über-Ich, was der Mensch tut. Das Ich ist machtlos. Es wirkt wie ein kraftloser Hausbesitzer, der im Keller eine Gangsterbande (im Es steckt die rohe Sexualität und die brutale Aggression) und im Obergeschoß moralische Popanzen einquartiert hat. Nun muß er ständig zwischen den Delinquenten und den Moralpredigern vermitteln, wobei ihm beide tüchtig Angst machen.
Befragen wir nun unsere therapeutische Erfahrung. Sie lehrt uns Skepsis gegenüber der Theorie vom Es und Über-Ich. Wie oft hat man Fälle, in denen der Analysand eine völlig verschiedene Triebdynamik zeigt, je nachdem, wie gerade seine Lebensumstände und Beziehungsprobleme sind. Zum Thema »Es«: Ein Analysand berichtete uns kürz-

lich, daß er in der einen Liebesbeziehung sozusagen dauernd sexuelle Bedürfnisse hatte, in der folgenden Beziehung kaum. Was war da mit seinem »Es« geschehen? Wir ermittelten, daß die erste Partnerin den jungen Mann verunsichert hatte. Um sich nun ihres Besitzes ständig zu vergewissern, forderte der Analysand den täglichen Geschlechtsverkehr, und selbst das war ihm nicht genug. Die andere Partnerin war ihm unterlegen: So mußte er seine sexuelle Eroberungslust nicht mobilisieren, um sie zu »haben«. Man sieht hieran, daß das Es vielleicht gar nicht so autonom ist, wie es scheint. Es wird vom Ich sozusagen an- und abgestellt. Man *erzeugt* unbewußt die Triebbedürfnisse, die man zu seiner Selbstdurchsetzung und Angstvermeidung benötigt. Ich und Es sind eins. Das gilt nicht nur für die Sexualität, sondern auch für die Aggression. Freud hat einen künstlichen Gegensatz zwischen dem Ich und den »Trieben« geschaffen. Wir erklären: Das Ich hat die Triebe, die zu ihm passen. Ein feindseliges Ich hat auch aggressive Triebimpulse. Es begünstigt die Verantwortungsscheu des Neurotikers, wenn man ihm erläutert, daß er für seine affektgeladenen Reaktionen nichts kann – es sei ja nur sein »Es« gewesen! In Wirklichkeit ist es immer das Ich, wenn einer Dummheiten macht, sich unkooperativ und asozial benimmt. Es wäre einfach, wenn man immer sagen könnte: Nicht ich war es, sondern Es war es. Der gesunde Menschenverstand nimmt einem solche Rabulistik nicht ab.

Man hat nicht Angst vor dem Es, denn die Triebe, die angeblich in ihm wie in einem Hexenkessel kochen, sind ein Wassersüppchen, welches das Ich als Koch selbst zusammenbraut. Es ist Falschmünzerei, wenn jemand seine Reaktion auf das »Es« abwälzt. So könnte ein Voyeur etwa sagen, sein Es habe ihn zum voyeuristischen Akt gedrängt. Wir meinen jedoch eher, daß »er selbst« neugierig war und etwas sehen wollte ...

Sartre nennt die Argumentation, die man in der orthodoxen Psychoanalyse und bei dem verantwortungsscheuen Alltagmenschen findet, »la mauvaise foi«, d. h. die Unredlichkeit. Wir müssen die Menschen dazu erziehen, solche Ausflüchte zu durchschauen. Wenn etwas schief geht, darf es ruhig das »Ich« gewesen sein. Das ist weder Sünde noch Schande, noch Schuld. Denn auch das Ich kann nichts da-

für, daß es zu einer falschen Einstellung und damit auch Verhaltensweise gekommen ist.
Ist das Über-Ich nun eine autonome Instanz? Die Schilderung der Freudianer würde dies vermuten lassen. Man sagt etwa bei einer Depression, wenn der Patient sich in Selbstanklagen windet und dauernd Selbstverurteilung dokumentiert, hier sei das Über-Ich über das Ich hergefallen. Infolge verinnerlichter Aggression tyrannisiere das Über-Ich sein Ich. Im Suicid erzwingt das Über-Ich sogar den Mord am Ich. So hart und destruktiv kann das Über-Ich sein.
Auch hier müssen wir genauer beobachten als Freud. Betrachten wir einmal einen Depressiven in seiner sozialen Umgebung. Er sitzt da und wütet gegen sich selbst. Er klagt sich grundlos an. Er spricht sich das Lebensrecht ab. Er wühlt im Sumpfe der Fehler, die er angeblich begangen haben soll. Was geht hier vor?
Vom Standpunkt der Mitmenschen aus gesehen entzieht sich hier einer der sozialen Beitragsleistung. Die anderen erwarten von ihm Zuspruch, Freundlichkeit und Zuwendung: Er aber sitzt da mit trübem Blick und konstanter Selbstverneinung. In seinen Selbstanklagen erscheint so häufig das Wort »Ich« (wenn auch in kritischer Variante), daß es zu denken gibt. Wir sind doch in die Welt gesetzt, um uns den anderen zuzuwenden und nicht im Ich steckenzubleiben. Wer allzulange seine Mängel und Unzulänglichkeiten ventiliert, gerät in den Verdacht, eine sehr ichhafte Lebenseinstellung zu haben.
Was gewinnt das Ich bei solch kritischem Unterfangen? Der »Krankheitsvorteil« ist nicht gering. In unserer Kultur, die moralisierend und masochistisch ist, gilt es als vornehm, sich seiner eigenen Fehler bewußt zu sein. Wer sich selbst anklagt, nimmt den Anklagen der anderen den Wind aus den Segeln. Er wirkt moralisch und gibt sich reumütig. Er übertreibt nur. Aber was des Guten zuviel ist, gehört schon fast zum Übel.
Sodann muß man sehen, wie sehr ein Depressiver mit seiner Selbstquälerei den anderen die Stimmung verdirbt. Er übt mit seinem Sermon Macht über seine Zuhörer aus. Sein Klagen ist unbewußt eine Anklage. So empfinden es auch die Zuhörer, denn es tut ihnen weh. Es soll ihnen auch weh-

tun. Denn in der melancholischen Verdüsterung liegt viel Sadomasochismus. Wer breit und lang ausführt, wie schlecht es ihm geht, hat den »Nebenerfolg«, daß es auch den Zuhörern mit der Zeit schlecht zu gehen beginnt. Gefühle übertragen sich. Man kann sich ihrer nicht völlig erwehren. Der Melancholiker beherrscht die Stimmung seiner Umwelt. Da entpuppt sich auch das Über-Ich als eine Funktion des Ich. Der Depressive z. B. »benützt« sein Über-Ich zur Entlastung des Ich. Er sitzt zwar in schmerzlichen Selbstanklagen da, aber dafür braucht er nicht zu arbeiten, sich nicht »die Hände schmutzig zu machen«, und muß auch nicht lieben. Das alles erspart er sich, wenn er sein Über-Ich sich so richtig austoben läßt. Er schafft sich ein Alibi, denn er strengt sich auf seine Art an – ohne irgend jemandem nützlich zu werden.

Dahinter steckt Kleinmut, frühkindliche Prägung, unbewußte Lebensangst, Rückzugstendenz von der Front des Lebens. Der Ängstliche will am liebsten einen »Kriegsschauplatz« im eigenen Innern haben – draußen ist es ihm zu gefährlich. Wiederum hat Freud die Dinge vereinfacht gesehen. Er sah nicht den sozialen Sinn der Über-Ich-Hypertrophie. Der seelisch Kranke macht sich selbst und der Welt etwas vor. Darauf sollte der Psychotherapeut nicht hereinfallen.

Angst vor dem Über-Ich ist also nur Angst vor dem Leben. Was Freud an Funktionen dem Es und dem Über-Ich zuschreibt, sind bei genauerer Überlegung alles Ich-Funktionen. Therapeutisch hat diese Auffassung große Bedeutung. Denn die Therapie arbeitet am Ich und mit dem Ich des Patienten. Das Es und das Über-Ich wären schwer zu beeinflussen. Erklärt man aber dem Analysanden, daß er selbst der Schmied seines Schicksals ist, auch der Urheber seiner Leidenschaften, Affekte, Gewissensqualen, der Selbst- und Fremddestruktion, so bekommt er den Hebel in die Hand, durch den er sich verändern kann. Man setzt das Ich in seine Regisseur-Aufgabe ein. Man spricht es auf seine Verantwortlichkeit an, damit es mit der Zeit tatsächlich verantwortungsbewußt wird.

Noch ein Beispiel. Ein Junge will einen Apfel stehlen. Nun spricht eine innere Stimme in ihm: »Tu das nicht!« Ist das der »Ruf des Gewissens«? Wir würden meinen, es sei ganz

simpel die Bestrafungsangst. »So macht Gewissen Feige aus uns allen« (Shakespeare).
Ähnlich müssen die Gewissensbisse gedeutet werden. Nietzsche sagt: »Gewissensbisse sind unanständig«. Was konnte er damit meinen? Nehmen wir ein Beispiel. Jemand hat einen Fehler oder eine Missetat begangen. Nun zeigt er Gewissensqualen, das Gewissen »beißt« ihn. Aber wo steht da die moralische Änderung? Es spielt sich hier eine hintergründige Komödie ab. Man hat sich zuerst den »asozialen Impuls« geleistet, hernach genießt man noch die Moralität, indem man sich wirkungslos reumütig zeigt. Wer sich aber wirklich ändert, hat nicht sehr viel Zeit, in Reue zu machen. Erst sündigen und dann bereuen ist doppelter Lustgewinn: zuerst der »sündhafte« und dann der »moralische« Genuß. Nietzsche plädiert wohl eher dafür, daß man einem Delikt, das man begangen zu haben bedauert, unverzüglich eine gute Tat folgen lassen soll. Der moralische Sturm im Wasserglas (Gewissensbiß) hilft doch niemandem weiter.
Wiederum halten wir fest, daß Gewissensbisse, Reue und Schuldgefühle nicht in die Sphäre des Über-Ich, sondern des Ich gehören, und zwar eines Ich, das *noch nicht moralisch besser wird.* Das liegt an der Rückwärtsorientierung der genannten Regungen. Das Leben liegt vorn, in der Zukunft: Nur das kleinmütige Ich begnügt sich mit Moralgeplänkel, der mutige Charakter ändert sich ohne Gewissensbisse – die Einsicht in sein Fehlverhalten genügt ihm.
Man erkennt hier wiederum unsere prospektive Ausrichtung im Gegensatz zur retrospektiven der orthodoxen Analyse. So werden auch bei uns die therapeutischen Gespräche geführt. Wir halten uns nicht lange in der Vergangenheit des Analysanden auf. Auch die Kindheit darf uns nicht monatelang oder gar jahrelang interessieren. Der Patient lebt ja schließlich in der Gegenwart. Hier manifestiert sich seine Neurose, hier muß sie geheilt werden. Die Erörterung der gegenwärtigen Situation nimmt in unserer Therapie den größten Raum ein. Wir greifen in die Kindheit und Jugend zurück, um das Hier und Jetzt besser begreiflich zu machen.
Für das Verständnis der Angst eines Patienten ist ebenfalls das Gegenwärtige im Leben und Erleben von entscheidender Bedeutung. Wir fühlen uns in den Analysanden ein und

erläutern ihm, daß er seine Angst durch die gestörten menschlichen Beziehungen erworben hat. Wenn nun der Betroffene die Frage stellt: Was mache ich mit meiner Angst? – so gibt es nur eine vielfältig abgewandelte Antwort: Sie benötigen soziales Training! Dazu gehören Selbsterkenntnis, Menschenkenntnis, Menschenliebe, Solidarität, Identifikation, Suchen eines Lebensinhalts.
Wer in der Therapie vorankommt, wird erleben, was wir vorhin geschildert haben. Er wird weder Es noch Über-Ich mehr in sich empfinden. Seine ehemaligen dunklen und dumpfen Dränge, die er als wesensfremd fühlte, werden zu klaren Bedürfnissen seines Ichs werden. Und je lebensfreundlicher und hingabefähiger ein Mensch wird, um so weniger wird er sich mit unfruchtbaren Gewissensqualen herumschlagen. Er wird sich immer in der Wandlung und Entwicklung befinden, und das ist moralisch immer noch das Größte, was der Mensch vollbringen kann.
Die Methode unserer Theoriestunden sollte hiermit deutlich geworden sein. Wir nehmen die Theorien anderer zur Kenntnis, aber lassen uns nicht das Recht rauben, diese theoretischen Konzeptionen anhand unserer eigenen Erfahrungen zu überprüfen. So manche Theorie, die wir hierbei verwerfen müssen, enthält aber immer noch einen Kern richtiger Beobachtung. Es lohnt sich, diesen freizulegen und ihn in die Sprache des gesunden Menschenverstandes und der für jedermann zugänglichen Alltagswirklichkeit zu übersetzen.

Siebentes Gespräch

RATTNER: Wir sollten heute zur empirischen Analyse der Angst zurückkehren. Aus dem Lehrbuch wissen wir, daß der ängstliche Mensch folgende Begleitsymptome aufweist: Mißtrauen, Minderwertigkeitsgefühle, gestörtes Körper-Erleben, falsches Selbst- und Menschenbild, Unkenntnis der eigenen Möglichkeiten u. a. m. Aber um diese Kenntnis wirklich für unsere Lebensführung fruchtbar zu machen, muß sie anschaulicher präsentiert werden. Darum wäre es gut, wenn einige, deren Angst durch Einzel- oder Gruppentherapie bereits durchsichtig gemacht worden ist, uns ihre psychische Struktur vor Augen führen würden. Was im Lehrbuch steht, kann man gedankenlos auswendig lernen. Wer aber therapeutisch arbeiten will, muß seinen Blick für Individualitäten schärfen.

Ein Analysand kommt mit dem Symptom der Angst in die psychotherapeutische Sprechstunde. Wenn man ihm helfen will, darf man ihn nicht ziellos befragen. Die richtige Frage bestimmt die wesentliche Antwort. Nun fragt der Therapeut so, daß die Charakterstruktur des Patienten immer genauer zum Vorschein kommen kann. Man verarbeitet während des Gesprächs alle Auskünfte, die man erhält: dabei erahnt man Strukturgesetze, und diese determinieren den Fortgang der Befragung. Nur so kann man effizient arbeiten. Sonst würde man einige hundert Stunden brauchen, um einen Analysanden zu verstehen. So lange dürfen wir uns jedoch nicht Zeit lassen. Es wäre auch zu kostspielig für den Analysanden. Einige Sitzungen müssen zur Abklärung eines Falles genügen.

Wer kann uns schildern, was die Psychotherapie in seinem Fall zum Verständnis der Angstdynamik beitragen konnte? Es wäre für uns sehr aufschlußreich, wenn wir solche »durchanalysierten Ängste« vorgelegt bekämen.

ROSWITHA: Vielleicht kann ich anfangen. Eine umfassende Einsicht in meine Ängste habe ich heute noch nicht gewonnen, denn ich habe immer noch dann und wann Angst. Aber einiges wurde in der Therapie bereits erarbeitet. Häufig entsteht bei mir Angst, wenn ich ein Anliegen an andere Menschen herantragen muß. Letzthin mußte ich mit der

Direktorin einer Schule verhandeln, in die mein Sohn umgeschult wurde. Die Umstände waren etwas schwierig, und ich war auf das Wohlwollen der Beteiligten angewiesen. Ich hatte also die Situation nicht im Griff. Sobald ich nun die Lage nicht überschauen und kontrollieren kann, tritt bei mir Angst auf.

Ähnlich war es lange Zeit in der Therapie. Auch dort wollte ich das Geschehen selbst bestimmen, aber das ging nicht. Das gab ein Gefühl der Unruhe gegenüber den Therapeuten.

RATTNER: Es ist aber glimpflich verlaufen.

ROSWITHA: Der Therapeut wurde damit gut fertig. – Meine Symptome waren meist auch körperlicher Art. Bei Angsteinwirkung habe ich Atembeschwerden, kalte Füße, allergische Reaktionen an den Nasenschleimhäuten etc. Das Psychische ist schwerer zu beschreiben. Es ist wohl mehr ein Lähmungsgefühl.

RATTNER: Kann das jemand interpretieren? Roswitha nennt die Symptome. Dahinter steckt eine Charakterstruktur. Wer kann das unter Berücksichtigung ihrer Lebensgeschichte durchsichtig machen?

ROSWITHA: Ich könnte noch ein paar Aspekte meiner Neurose schildern. Ich konnte die Frauenrolle nur schwer annehmen. Eine Folge davon war allgemeine Ängstlichkeit. Auch Zwangsstrukturen wurden herausgearbeitet.

JÜRGEN: Du hattest einmal von deinem absoluten Freiheitsbedürfnis erzählt. Wir deuteten das als Autarkiewunsch. Damit ist eine Angst vor der menschlichen Nähe verbunden. Du kannst nicht leicht auf andere zugehen, von ihnen etwas verlangen und von ihnen etwas bekommen. Das paßt zur Angst beim Verhandeln mit der Schuldirektorin. Du schreckst auch zurück, wenn sich ein Partner näher mit dir einläßt.

KLAUS: Seinerzeit wurde von deinem »Zwangscharakter« gesprochen. Du hast häufig das Gefühl, eine Situation kontrollieren zu müssen. Das will bekanntlich jeder, der diese Charakterstruktur besitzt. Er will die anderen infolge seiner Unsicherheit vorausberechnen können. Manchmal kann das zur Herrschsucht ausarten. Denn Herrschen bedeutet evtl. Sicherheit. Die Frauenrolle hast du wenig verinnerlicht und dieser natürlichen Forderung einen Zwang entgegengesetzt. Wahrscheinlich wolltest du männliche Züge an dir entwickeln. Du warst als Kind sehr unsicher. Darum die starke Tendenz, sich abzusichern, gegen die Männer, gegen Unfreiheit, gegen das Bittenmüssen usw. Auch ein »Training vom Gefühl weg« kommt in solchen Fällen vor. Deine Körpersymptome sind wohl ein Schutz gegen die Spontaneität.

IRMGARD: Die Kontrolle über die Menschen kann auch darin liegen, daß du einmal sagtest, du hättest zwei Kästchen für die Menschen, rechts jene, die du magst, und links jene, die du nicht magst.

RATTNER: *Links* hat sie die Sympathischen!

WILFRIED: Für Roswithas Kindheit ist entscheidend, daß auch der Vater zwanghafte Charakterzüge besitzt. Ich könnte mir vorstellen, daß sie sich als Kind an den Vater wenden wollte und dabei auf kein Verständnis stieß. Noch heute kann sich der Vater schwer mit Kindern abgeben, das sieht man noch bei seinen Enkelkindern. Wenn ein Kind ihn umarmt, wird er sehr zurückhaltend. Roswitha muß das als Kind teilweise übernommen haben. Anders konnte sie damals mit dem Leben kaum fertig werden. Heute braucht sie diese Abwehr nicht mehr. Aber es wird noch eine Zeit dauern, bis ihr die neue Einstellung in Fleisch und Blut übergeht.

PETER: Welchen »Zweck« befolgt nun Roswitha mit den Atembeklemmungen, den kalten Händen und Füßen? Wo liegt da die Finalität des Handelns?

WILFRIED: Das reduziert ihre Spontaneität, und sie wird damit auf sich selbst zurückgeworfen. Sie muß sich dann dem Partner nicht geben. So schützt sie sich vor Nähe.

RONALD: Es ist ja auch so, daß sich Ängste gefühlsmäßig unseren Beziehungspersonen mitteilen – wir stecken sie damit an, und zwar über die Stimmung und die Haltung. Das muß der Empfänger gar nicht bewußt wahrnehmen, aber er spürt irgendwie die Gefühlslage des anderen. Besteht nun eine Angst vor der Nähe und ein Bemühen, den Kontakt in berechenbaren Bahnen zu halten, so bewirkt die Angststimmung in bezug auf das Du, daß sich dieses auch zurückhält, sich beschränkt und dadurch die Beziehung nicht so intensiv werden läßt. Man bleibt formell. Darin liegt das finale Moment.

Roswitha: In der Therapie hat die Angst des Analysanden auch noch den Zweck, daß die Probleme nicht besprochen werden können. Wenn der Analysand verängstigt ist, kann man seine Schwierigkeiten nicht so gut bearbeiten. Die Angst wird zur Mauer, die man in den zwischenmenschlichen Beziehungen aufrichtet.

Klaus: Man kann sich fragen, warum der Analysand so lange an seiner Angst festhält, obwohl er in der Therapie ziemlich bald erfährt, wo der Weg nach vorn liegt. Ich vermute, daß da das Sicherheitsstreben wichtig ist. Bei Roswitha kann man das Sicherheitssystem deutlich erkennen.

Thomas: Ich kann mir vorstellen, daß der Zweck der Ängste, die Roswitha geschildert hat, der ist, eine noch fundamentalere Angst zu mildern, nämlich die Angst vor der Hingabe.

Jutta: Das verstehe ich nicht.

Rattner: Ich gebe ein Beispiel für das, was Thomas meint. Nehmen wir an, daß Roswitha Angst vor der Nähe hat, weil sie schon als Kind einübte, Distanz zu halten. Nicht nur Distanz zum Vater, sondern auch zur Mutter, der sie aus irgendwelchen Gründen nicht sehr gewogen war. Sie hat sich frühzeitig gegen Zärtlichkeiten gesperrt. Offenbar hatte sie ein unbewußtes Programm, niemand an sich heranzukommen zu lassen. Diese Tendenz hat uns Roswithas Mutter, die eine sehr kluge Frau ist, bestätigt. Wenn man zu Roswitha zärtlich sein wollte, wurde sie ganz steif. Gefühle paßten offenbar nicht in ihr Konzept.

Nun nehmen wir an, sie habe – wie das bei solchen Charaktertypen ungemein häufig vorkommt – die Angst, erkannt und durchschaut zu werden. Manche Menschen befürchten, man werde sie fallenlassen, wenn man sie erst einmal richtig beurteilen könne. So eine schlechte Meinung haben sie von sich. Das ist die Angst jener, die emotional sehr isoliert aufwuchsen. Sie erkranken an verminderter Selbsteinschätzung und wissen gar nicht, wer sie sind und was sie vermögen. Wenn sie in eine engere menschliche Beziehung eintreten, entsteht die Angst, man werde vor ihnen erschrecken, wenn man in ihr Inneres geschaut habe. Kommt sie nun unruhig und zitternd in die Therapie, so kann der Therapeut ihr Innenleben schwer beurteilen und erkennen. Man kann sie kaum befragen, was sie denkt und fühlt, weil man ge-

nug damit zu tun hat, sie zu beschwichtigen. Dadurch entrinnt sie der gefürchteten Konfrontation. Eine Zeitlang bot sie mir sozusagen in den Analysestunden die Angst als Kommunikationsmittel an – ich mußte sie dafür gewinnen, auf diese Kommunikationsebene zu verzichten. Ich interessierte mich nicht so sehr für ihre Angst und ihre Körpersymptome. Ich wollte mit *ihr* in Kontakt treten. Wenn sie mir gegenüber voller Furchtsamkeit war und kaum noch etwas denken konnte, spielte sie das kleine Kind, und ich sollte wohl der große Papi sein, der sie trösten soll: eine dialogische Interaktion von zwei Personen war da nicht eingeplant. Wir mußten das erst mit der Zeit erarbeiten.
Wenn wir nun Roswitha helfen wollen, hilft uns das schöne Lehrbuch wenig. Ein Analysand wäre enttäuscht, wenn wir auf die Schilderung seiner ganz persönlichen Nöte mit Lehrbuchformeln reagieren würden. Das wäre Konfektion und nicht Maßschneiderei. In der Psychotherapie ist es lebenswichtig, daß der Analysand das Gefühl bekommt, als Person vom Therapeuten angesprochen zu werden. Mißverstanden und übergangen wurde er ja oft genug in seinem Leben. Die Gruppe und der Therapeut dürfen diesen Fehler nicht wiederholen. – Roswitha hat meines Erachtens schon sehr viele Ängste abgebaut. – Wer möchte weitere Fälle schildern?

CHRISTEL: Als ich vor zwei Jahren in die Gruppe kam, bestand ich eigentlich nur noch aus Angst. Speziell hatte ich vor den Männern Angst. Das hat sich so ausgewirkt, daß mir schlecht wurde und ich zu zittern begann, wenn ich mit jemandem sprechen mußte. Mein Blutdruck war in dieser Zeit unheimlich hoch. Das Problem besteht immer noch ein wenig. Ich habe immer noch z. B. vor Herrn Rattner Angst. Wenn ich bei ihm eine Einzelstunde nehme, sorge ich dafür, daß jemand mitkommt: Ich fühle mich dann sicherer. Aber ich habe in der Gruppe bereits so viel Selbstbestätigung bekommen, daß inzwischen mein Blutdruck annähernd normal geworden ist und auch meine Angst sich in sehr erträglichen Grenzen hält.

WILFRIED: Christel hatte einen außerordentlich autoritären Vater, der manchmal regelrecht brutal wurde. Einmal warf er sogar mit dem Messer nach ihr, und in einer anderen Auseinandersetzung hat er ihr den Arm gebrochen. Da bestand also in der Kindheit eine starke Angstsituation. Es wundert uns nicht, daß Christel von den Menschen kein freundliches Bild in die Therapie mitbrachte.

HILDEGARD: Ihr Vater hat oft angedeutet, daß er für ihre Zukunft schwarz sehe: Sie würde noch als Prostituierte enden. Das hat sicher zur Angst vor dem Mann beigetragen.

CHRISTEL: Ich fühle mich sehr leicht abgewertet. Wenn ich mit einem Mann sprach, hatte ich das Gefühl, er stehe auf einem Berg, und ich in einem Tal. Die Therapie mußte mir bewußt machen, daß die Menschen nicht so sind wie mein Vater. Bei ihm hatte ich immer das Gefühl, daß demnächst eine Katastrophe passiere. Wenn ich später im Leben jemandem gegenüberstand, der autoritär war, hatte ich dasselbe Vorgefühl. Ich erwartete etwas Furchtbares.

TUSCHY: Ein anderer Bereich, in dem Christel Angst hatte, war der Beruf. Da gab es doch auch Konstellationen, die eine Beziehung zur Kindheit haben.

CHRISTEL: Ich hatte Arbeitsstörungen. Ich habe drei Berufsausbildungen hinter mir. Mein dritter Beruf ist Kindergärtnerin. In der Arbeit mit den Kindern habe ich keine Angst. Da geht es gut: Aber vor der Leiterin habe ich große Angst. Wenn sie irgend etwas Kritisches sagt, fühle ich mich wie unter einer Druckglocke. In meinem zweiten Beruf als zahnärztliche Helferin hatte ich vor den Zahnärzten Angst, wenn diese gelegentlich schimpften. Sie meinten es gar nicht schlimm: Das Keep-smiling vor den Patienten reagierten sie bei uns Mitarbeiterinnen ab. Ich war dann immer schnell in Panik.

RATTNER: Wer kann das auf ein gewisses Abstraktionsniveau heben? Wenn man mit Christel therapeutisch arbeitet, muß man ihr manchmal konzentriert vor Augen führen, wie sie im Leben steht. Daher muß man ihre Schilderungen zusammenfassen.

KLAUS: Bei Christel sehen wir, daß die Vater-Beziehung der Tochter entscheidend sein kann für ihre spätere Einstellung zum Geschlechtspartner und zum Mann überhaupt. Auch die ganze Lebenseinstellung wird davon geprägt. Denn wenn sich die Angst einmal fundamental eingenistet hat, greift sie auf alle Lebensgebiete über. Bei Christel erkennen wir daher Angst vor der Arbeit, Angst im Hinblick auf Selbstbestätigung. Ihr Selbstbewußtsein ist so gedrosselt worden, daß sie auch in Gesprächen mit Herrn Rattner eine »moralische Stütze« braucht.

TUSCHY: Wenn Christel Angst vor Vorgesetzten und vor dem Therapeuten hat, dann sieht das auch wie eine Angst aus, als ob sie nicht allein existieren, auf eigenen Füßen stehen könnte. Das wird wohl auch Angst vor jeglicher Ich-Expansion sein. Sie wurde als Kind so massiv unterdrückt, daß sie sich unbewußt das Konzept zulegte, immer brav und lieb zu sein, sich kleinzumachen. Um von den Autoritäten geschont zu werden, gibt man sich selbst auf.

RONALD: Wie war es nun mit der Mutter? Wie reagierte sie auf die Tyrannei des Vaters? Das ist für das Kind wesentlich!

CHRISTEL: Meine Mutter war sehr ängstlich. Ich gleiche ihr. Auch sie war ein Blutdruck-Patient. Sie war ängstlich und zurückgezogen und machte alles, was mein Vater wollte.

HEIDI: Christel wohnt derzeit bei mir. Ich konnte mitunter beobachten, daß sie Angst hat, in einem Zimmer allein zu bleiben. Auch schon einige Minuten werden ihr da zuviel. Wenn ich gelegentlich vom Büro zu spät nach Hause kam, ging sie mir entgegen. Sie fühlte sich schon verlassen. Jetzt aber erlebe ich, wie sie schön vorankommt und der Dialog mit ihr viel ruhiger wird. Sie kann viel besser zuhören und auf den anderen eingehen. Früher standen immer ihre Probleme im Vordergrund. Es schien, als ob sie um sich selbst kreise.

WOLFGANG: Ich möchte zur Theorie feststellen, daß meines Erachtens Roswitha und Christel zwei sehr verschiedene Wege zur Überwindung ihrer Angst eingeschlagen haben. Roswitha schützte sich vor Angst durch Rückzug, Distanz, Autonomiestreben. Bei Christel scheint das entgegengesetzte Konzept vorzuliegen. Sie geht gegen ihre Ängste an, indem sie menschliche Nähe sucht. Zuwendung scheint auf sie beruhigend zu wirken. Christels Ängste waren beim Therapiebeginn viel manifester. Roswitha hatte ihre Ängste in die Körpersphäre, in verschiedene unbewußte Verhaltensmuster verdrängt.

HEIDI: Bei Christel muß durch die Mutter in der Kindheit eine starke soziale Verbundenheit vorgeherrscht haben. Man merkt heute noch, wie sehr sie sich dem Menschen annähern kann. Kontakte hat sie schon nach kurzer Zeit.

RATTNER: Man sieht also, daß die Therapie in diesen beiden Fällen verschiedene Methoden anwenden muß. Bei Roswitha, die in der Kindheit die Angst vor dem Kontakt in sich aufnahm und heute noch sehr zart und gefühlsscheu im Leben steht, muß die Therapie regelrecht zur Kontaktaufnahme verlocken. Man muß sich dabei der Sensibilität des Analysanden anpassen und ihn nicht überrollen. Er muß langsam spüren, daß Hingabe an den Menschen und an Situationen ungefährlich ist. Er lernt damit, sich zu geben, seine »Sicherungen« über Bord zu werfen.

Bei Christel ist die Aufgabe anders. Sie sucht die Menschen und ist ihnen nahe. Hier muß der Mut zum Selbstsein, zur Selbstbehauptung gestärkt werden. Sie muß lernen, sich gegen die Umwelt abzugrenzen, ihre Rechte zu verteidigen. Dieses Problem kann sich z. B. in einem Liebesverhältnis stellen. Christel hatte ein Liebesverhältnis mit einem Mann, der sich sehr autoritär benahm. Sie konnte sich gar nicht wehren und hat erst durch die Therapie die Kraft bekommen, diesem sadomasochistischen Kontakt ein Ende zu setzen.

Wer möchte weitere Ängste schildern?

HILDEGARD: Bei mir liegt eine aktuelle Angstsituation vor. Ich mache demnächst meine Zwischenprüfung an der Pädagogischen Hochschule. Wenn nun Anforderungen an mich gestellt werden, werde ich ängstlich. Ich fürchte zu versagen. Wenn es ganz schlimm ist, kommen sogar Impulse zur Selbstverstümmelung. Es treten z. B. Phantasien auf, daß ich mit meinem Kopf durch ein Fenster rennen möchte.

Auch werde ich leicht nervös und gerate aus dem Häuschen. Kürzlich mußte ich irgendwo ein Manuskript abholen und konnte die Hausnummer nicht finden. Jemand hatte mich hingefahren. Sogleich wurde ich unruhig, weil ich dachte, der Betreffende werde mir nun böse sein, daß wir herumsuchen mußten. Mein Begleiter war aber sehr geduldig – er hatte Zeit für mich und machte sich nichts draus.

RATTNER: Wer kennt Hildegards Gesamtsituation?

KLAUS: Sie ist als Einzelkind aufgewachsen. Ihr Vater ist Professor der Chemie. Er war sehr streng. Sicher wurde Hildegard oft überfordert. Das macht sich jetzt in ihren Prüfungssituationen bemerkbar. Ihre Erregungszustände lassen sich wohl aus der spezifischen Einzelkindsituation erklären.

Da sind ja Übertreibungen beim Erziehen an der Tagesordnung. So will das Kind immer die Aufmerksamkeit der Erzieher auf sich lenken. Ob nun Verwöhnung oder Dressur stattfindet: Das Einzelkind ist gewöhnt, irgendwie im Mittelpunkt zu stehen.

HILDEGARD: An solcherlei erinnere ich mich gar nicht in meiner Jugend. Ich war vor allem sehr isoliert. Auch trotzig war ich, so daß ich beim Geschlagenwerden auch noch pfiff. Panik hatte ich als Kind nicht. Das kam erst in meinen Dreißigerjahren. Heute bin ich 38 Jahre alt.

RATTNER: Was heute da ist, muß in der Kindheit doch schon in Andeutungen vorhanden gewesen sein. Die Erinnerung des Analysanden kann da sehr trügerisch sein.

HARRO: Hildegard war ein unerwünschtes Kind schon älterer Eltern. Sie hat uns erzählt, daß sie relativ wenig Zuwendung erhielt. Später war sie viel allein und hatte das Gefühl, das Leben allein meistern zu müssen.

HEIDI: Man kann bei Hildegard einen unerhörten Perfektionismus feststellen. Sie geht an alles mit viel Gespanntheit heran und verlangt von sich, daß es auf den ersten Anhieb gelingt. Wenn sie etwas falsch macht, gerät sie sofort in Panik.

ROSWITHA: Es ist auch bezeichnend, daß sie von ihrer Mutter stets sehr abgelehnt wurde. Andererseits lehnte auch sie die Mutter ab. Ihr Wunsch war: Nicht so werden wie die Mutter!

CHRISTEL: Sie hat einen großen Anspruch an sich selbst. Vor einer Prüfung will sie sich so umfassend vorbereiten, daß sie mit den Terminen nicht zu Rande kommt. Infolge der gesteigerten Phantasie erscheinen ihr ihre wirklichen Leistungen immer unzureichend.

MAJA: Ihr geschiedener Mann hat diese Haltung noch akzentuiert. Er akzeptierte Hildegard nie. Sie konnte es ihm nie recht machen.

RONALD: Was will Hildegard mit ihrer Panik, wenn sie vor Aufgaben steht?

ERICH: Irgendwie meint sie, sich entschuldigen zu müssen, wenn etwas nicht klappt. Daher ihre Aufregung, die eine Art Bitten um mildernde Umstände ist. Man kann ihr keine Vorwürfe mehr machen, wenn man sie so aufgelöst sieht.

TUSCHY: Ein Einzelkind wird fast immer verwöhnt. Es will

hernach im Leben auch bestimmen, wie und wo es langgeht. Vielleicht haben die Erregungszustände auch diesen Sinn und Inhalt.

WILFRIED: Der Erregungszustand dient doch einer Art Entschuldigung, vor sich selbst wie vor den anderen. Man kann sich nachher sagen: Wenn ich nicht aufgeregt gewesen wäre, hätte ich es gekonnt. So kann man seinen unbewußten Traum von der eigenen Größe trotz realem Versagen aufrechterhalten. Das Vorbild für dieses Verhalten ist das Kind, das Angst vor Kritik hat. Wenn es sehr nervös ist, läßt man es in Ruhe.

HEIDI: Das einzige Kind wird auch oft unselbständig. Es bewahrt sich die Hilflosigkeitsgebärde und wendet sie immer dann im Leben an, wenn Schwierigkeiten auftauchen. Man fühlt sich dann rasch überfordert. Die Panik bringt zum Ausdruck: »Das Leben ist zu hart für mich!«

KLAUS: Hektik und Panik müssen in bezug auf eine vorliegende Lebensaufgabe gesehen werden. Der aufgeregte Mensch regrediert auf ein kindliches Verhaltensmuster. Die anderen sollen für ihn die Schwierigkeiten bewältigen. Er hat seine Aufregung, die ihn genügend strapaziert.
Hildegard muß von den irrealen Maßstäben ihres Vaters loskommen und lernen, Probleme ruhig anzugehen. Sie muß nicht auf kindliche Verhaltensmodelle zurückgreifen.

MICHAEL: Wir alle wollen Bestätigung durch den Mitmenschen. Wurden wir in der Kindheit allzusehr irritiert, so suchen wir das auf Umwegen zu erzwingen. Der mutige Mensch holt sich Anerkennung direkt durch Zuwendung an andere und durch Leistung. Der entmutigte Mensch versucht es durch Regression auf die Kindesstufe. Die Therapie lehrt ihn, den anderen Weg zu gehen. Dabei ist ihm auch wohler, und er gelangt wirklich an sein Ziel.

BÄRBEL: Der Ängstliche kann sich in sein Schneckenhaus zurückziehen. Durch Panik und Hektik hingegen macht er die anderen auf sich aufmerksam. Da Hildegard Einzelkind war, muß es ihr ein unbewußtes Bedürfnis sein, im Mittelpunkt zu stehen.

RATTNER: Wie helfen wir Hildegard? Unsere therapeutische Technik verlangt scharfe Beobachtung und ein hohes Maß an Phantasie. Der Analysand erzählt uns etwas, aber wir dürfen nicht an den Fakten hängenbleiben. Was er uns sagt, müssen wir durch die Einbildungskraft vervollständigen und erweitern. Die Worte des Analysanden müssen im Analytiker aufgrund seiner Kenntnisse und seiner Erfahrungen eine Fülle von Assoziationen heraufbeschwören. Das läßt sich rational nicht erzwingen. Nur durch die lebhafte Anteilnahme am Fall, durch innere Präsenz kann man einen Menschen verstehen. Hildegards Ängste sind uns schon länger bekannt. Sie mußte vor einem Jahr ein sogenanntes Didaktikum an der Pädagogischen Hochschule machen, d. h. Unterrichtserfahrungen sammeln. Sie brach diese Aufgabe in der Mitte ab, weil sie in Panik geriet. Sie wollte damals ihr Studium aufgeben. Es bedurfte fast ein Jahr psychotherapeutischer Einwirkung, daß sie wieder den Mut zum Studium bekam.

Sie wirkt auch oft unruhig, wie ein Mensch mit einer latenten Angst im Gemüt. Wenn man hier helfend eingreifen will, muß man sich lebhaft die Situation des heranwachsenden Einzelkindes vorstellen. Hildegards Eltern waren schon ziemlich alt, als sie zur Welt kam. Vermutlich war die Erziehung *overprotective* und ängstlich. Dem Kinde ist viel Aufmerksamkeit zugewendet worden. Das ist eine große Frustrationsquelle für das spätere Leben. Wenn solch ein früher verwöhnter und dressierter Mensch durchs Leben geht, hat er oft das Gefühl, im Mittelpunkt stehen zu müssen. Man kann es kaum ausdrücken, wie wichtig er die kleinen Bagatellen des Alltags nimmt. Er kann nicht begreifen, daß er einer unter anderen ist. Immer fühlt er den Blick der Welt auf sich gerichtet. Sogar wenn er (oder sie) ein harmloses Didaktikum absolvieren muß.

Auch Prüfungen werden ungeheuer dramatisiert. So etwas hat seinen Ursprung in der Kinderstube. Man muß sich ausmalen, wie solche Eltern reagieren, wenn das Kind einmal keinen Appetit hat oder krank ist (oder so wirkt). Der Scheinwerfer wird dauernd auf solch ein Kind gerichtet. Es gleicht einer Uhr (um mit Jean Paul zu reden), die man aufzieht und nicht gehen läßt.

Auch schirmen ältere und konservative Eltern ihr Einzelkind von der Umwelt ab. So lernt es die Realität zu wenig kennen. Ein Kind, das draußen herumtollt und sich mit anderen auseinandersetzt, bekommt wahrscheinlich einen realistischeren Maßstab für sich und die Anforderungen der

Umwelt. Bei Hildegard müssen wir noch an dieser Realitätsbezogenheit arbeiten. Vor allem bei Prüfungen verliert sie das Maß. Sie meint, sie müsse alle Weisheit der Welt bei einer Prüfung präsentieren. Indessen ist der Prüfer schon froh, wenn der Kandidat wenigstens in Grundzügen das Thema kennt, so daß ein Prüfungsgespräch geführt werden kann. Vor zwei Monaten sagte uns Hildegard, sie müsse für die Prüfung noch ca. 4000 Seiten durcharbeiten. Wir haben das energisch angezweifelt. Ich hoffe, daß sie sich in der Zwischenzeit auf einige hundert Seiten beschränkt hat.

Dazu kommt noch folgendes: Ein Einzelkind darf in der Kindheit oft übermäßig expandieren. Wenn auch die Eltern verwöhnen und kritisieren, so kann das Kind sich doch ziemlich in die Umwelt ausbreiten. Auch das kann es später in große Verlegenheit bringen. Man fühlt sich fast durch alle natur- und kulturgegebenen Schranken eingeengt. Im Sprechen und Handeln stößt man sich an den üblichen Begrenzungen wund. Auch das gehört zu den Angstfaktoren.

Hildegard muß z. B. lernen, ihre Expansion – auch verbal – zu zügeln. Sie muß auch an sich halten können. Überhöhter Expansions- und gesteigerter Perfektionsanspruch sind miteinander verwandt. Der gemeinsame Nenner ist übrigens ein kindliches Lebensgefühl, bei dem die Werte groß-klein, überlegen-unterlegen, Herrschaft-Ohnmacht eine entscheidende Rolle spielen.

Warum gerät ein Mensch immer wieder in Aufregung? Nehmen wir an, er hat etwas falsch gemacht. Und wenn schon? Davon geht doch die Welt nicht unter. Warum der Affektaufwand?

Hierzu kommt uns noch ein Gedanke. Wenn ein Kind Eltern hat, die es gut verstehen, dann kann es sich auch leicht verständlich machen. Es wird bald mit Worten alles mitteilen können, was für das Zusammenleben wichtig ist. Oft genügen auch Blicke, kurze Hinweise. Wenn die Eltern aber distanzierter sind, dann muß das Kind kräftig auf die Pauke hauen, um seine Zustände und Nöte wahrnehmbar zu machen. Es darf nicht nur Worte gebrauchen – es muß Affekte und die Körpersprache einsetzen. Anstatt zu sagen: »Ich habe Angst!«, zittert es an allen Gliedern.

Vielleicht hat Hildegard heute noch das Gefühl, sie könne in allen ihren Notlagen nur durch große Affekte ihre Mitmenschen als Helfer gewinnen. Wir müssen ihr das immer klarmachen, daß das nicht notwendig ist. Wir begreifen sie auch, wenn sie uns ganz seelenruhig ihre Lage schildert. Auch muß sie bei uns nicht für »mildernde Umstände« plädieren, wenn etwas schiefgeht. Es bedarf keiner Riesenanstrengungen, um bei uns anerkannt zu sein.

Verwöhnende Eltern verzärteln nicht nur, sie nörgeln auch. Beides ist da: heiß und kalt. Mit diesen ständigen psychischen »Wechselbädern« zertrümmern sie das Selbstgefühl des Kindes. Es wird so viel in einer solchen Erziehung geredet, daß das Kind seelisch den Geist aufgibt. Vor allem Fehler und Ungeschicklichkeiten des Kindes werden zu lange »zerredet«. Das Kind verzweifelt bei solchem Gerede.

Gibt es im späteren Leben einen Schatten von Mißlingen oder Mißerfolg, so tritt die Kindheitssituation innerlich wieder auf, und man fürchtet, daß etwas Schreckliches passieren werde. Daher die Panik und die Verzweiflung. Es wurde richtig gesagt, daß man damit um Sympathie wirbt. Andere früher verwöhnte Kinder haben uns erzählt, daß sie bei schlechten Noten in der Schule, die sie zu Hause vorzeigen mußten, kurz vor der Heimkehr absichtlich zu weinen anfingen. Die Eltern standen vor einem Rätsel, trösteten lange, bis herauskam, daß es eine schlechte Note gab. Aus Mitleid wird auf Strafe verzichtet. Ein ähnlicher Dynamismus mag bei Hildegards Panik eine Rolle spielen.

Hildegard wird bei uns lernen, mit sparsameren Affektmitteln durchs Leben zu gehen. Die Gruppenmitglieder haben da eine Aufgabe. Man muß im alltäglichen Umgang solche Verhaltensfehler immer wieder klarstellen und neue Verhaltensmuster einüben.

Achtes Gespräch

RATTNER: Was haben wir letztes Mal gehört?

ROSWITHA: Zur Angst ist zu sagen, daß man in ihr die Realität nicht richtig wahrnimmt. Einzelkinder werden manchmal von der Umwelt so abgeschirmt, daß sie keinen Maßstab für die Realität besitzen. Die Therapie muß einen solchen Maßstab erst entwickeln. – In zwei anderen Fällen wurde gezeigt, daß die Therapie im einen Beispiel den Mut zur Nähe und Hingabe stärken, im anderen aber das Selbstsein festigen muß.

RATTNER: Da wir heute zum letzten Mal über Angst sprechen, sollten nochmals einige die Gelegenheit wahrnehmen und ihre Therapieerfahrung schildern. So werden wir die Angstprobleme am lebendigsten erfassen können.

BETTINA: Ich muß demnächst meine Diplomprüfung in politischer Wissenschaft machen. Ich habe auch Prüfungsängste. Diese sind so groß, daß ich kaum lernen kann. Ich stelle mir immer vor, daß ich in der Prüfung den Stoff vergessen werde. In der nächsten Woche sind z. B. zwei wichtige Teilprüfungen.

KLAUS: Hast du das Gefühl, nicht ausreichend vorbereitet zu sein? Wie sieht die Angst in deinem Fall konkret aus?

BETTINA: Vielleicht kommt noch hinzu, daß kürzlich eine Partnerschaft für mich zu Ende ging. Anstatt zu lernen, grüble ich über diese Partnerschaft nach. Das macht mich sehr nervös.

RATTNER: Welche Prüfungen kommen jetzt auf Sie zu?

BETTINA: Die erste ist ein Vortrag über die Frauenarbeit. Er soll ca. eine halbe Stunde dauern. Darauf folgt eine halbstündige Diskussion mit den Prüfern über dieses Thema. Nach einer Stunde Pause kommen drei kleinere Prüfungen. Durchfallen kann ich gar nicht. Meine schriftlichen Arbeiten waren so gut, daß ich mich gar nicht beunruhigen müßte.

FRITZI: Ich erinnere mich, daß du bei den schriftlichen Arbeiten auch große Angst hattest. Und doch hast du diese so gut gemacht. Das wird wohl bei der mündlichen Prüfung nicht anders werden.

BETTINA: Ich hatte damals sehr viele Gespräche mit Leuten der Gruppe. Dadurch fühlte ich mich dann sicherer. Heute habe ich nun meinen ersten Vortrag mit jemandem aus der Gruppe vorbereitet. Zuerst sträubte ich mich gegen diese Hilfe, indem ich behauptete, das ginge gar nicht: das Thema sei zu kompakt. Die Betreffende hat aber nicht locker gelassen und mich regelrecht gezwungen, ein Konzept mit ihr auszuarbeiten – das tat mir sehr gut, und wir sind schön vorangekommen.

RATTNER: Dieses Sträuben haben wir kürzlich auch erlebt, als wir Ihnen vor der schriftlichen Prüfung helfen wollten. Sie haben heftig abgestritten, daß da Hilfe möglich sei. Nachher stellte sich heraus, daß Ihnen die Gespräche nützlich waren. Es scheint ein Verhaltensmuster bei Ihnen zu sein, daß Ihnen angebotene Hilfe zunächst sinnlos erscheint und Sie diese deshalb ablehnen. Sie müssen da vorsichtig sein.

BÄRBEL: Bettinas Vater ist Fabrikant. Ihre Mutter starb bald nach ihrer Geburt. Der Vater konnte sich um das Kind nicht kümmern. So wurde sie Hausangestellten überlassen. Die Familie zog oftmals um, so daß die Beziehungspersonen mehrfach gewechselt wurden.

MAJA: Bettina hat eine Beziehung zu einem Mann gehabt, mit dem sie auch über ein Jahr lang zusammenlebte. Sehr viel Gefühlsaustausch gab's dabei nicht. Aber das ist ihr erst klargeworden, als sie sich von ihm kürzlich löste. Sie berichtete uns dann in privaten Gesprächen, daß sie sich jetzt viel freier und fröhlicher fühle. Die Distanz, die in dieser Beziehung bestand, wurde ihr erst hernach bewußt. – Vielleicht erklärt das auch, warum sie sich gegen das Annehmen von Hilfe sträubte. Das würde nämlich Nähe zu den Helfern bedeuten: Gefühlskommunikation. Da Bettina hier etwas unsicher ist, versucht sie dem auszuweichen. Sie will es lieber allein machen. Da wird auch ein großer Ehrgeiz mitspielen.

CHRISTEL: Bettina hat einen sehr großen Anspruch an sich selbst. Da sie ihre Beziehungspersonen in der Kindheit oft wechseln mußte, wird sie das Gefühl haben, es sei am besten, auf sich selbst gestellt zu sein. Sie erwartet wohl gar nicht, daß ihr die anderen helfen könnten.

HEIDI: Bettina hatte auch Schwierigkeiten, jemandem zuzuhören. Sie hat mir selbst erzählt, daß sie immer ungeduldig werde, sobald ihr Gesprächspartner rede – sie warte auf den Moment, bis sie zum Zug komme.

RATTNER: Bettina, könnten Sie uns Ihre Eindrücke in der Gruppe erzählen? Von Anbeginn bis jetzt.

BETTINA: Ich habe die Gruppe von vornherein als sehr positiv empfunden. Aber ich hatte wenig Beziehung zu den Leuten. Die Sitzungen waren für mich intellektuell sehr interessant. Auch fand ich einige Leute nett, aber ich kam mit ihnen wenig ins Gespräch. Das ging über ein Jahr lang so. In diesem Frühjahr hatte ich nun drei Gruppensitzungen, die mit meiner schriftlichen Prüfung in Zusammenhang standen. Dabei merkte ich erst, wieviel einem die menschlichen Kontakte bieten können. Seither haben sich meine Gruppenkontakte intensiviert. Ich führe viele Gespräche und fühle mich geborgener. Konflikte, die mich früher umgeschmissen hätten, bewegen mich immer noch, aber ich kann sie bewältigen. Ich habe ein neues Lebensgefühl bekommen.

MAJA: Ich kann da eine schöne Begegnung mit dir schildern. Bettina ging einmal auf mich zu und sagte, daß sie mit mir sprechen möchte. Ich hatte immer bemerkt, daß Bettina politisch sehr gut Bescheid wußte. Ich fühlte mich ihr gegenüber etwas klein. Nun aber bat sie mich um ein Gespräch, weil es ihr nicht so gut gehe. Wir saßen lange im Auto und unterhielten uns. Bettina schilderte, daß sie in letzter Zeit große Glücksgefühle hatte, weil sie ihre Distanz zu den Menschen aufzugeben begann. Auch der Schritt auf mich zu geschah wohl aus dieser Umstellung heraus. Ich fand unser Gespräch sehr gut – vielleicht hat es auch Bettina ein wenig geholfen.

HEIDI: Ich habe auch bei Bettina eine starke Veränderung registriert. Vor einem Jahr noch hatte ich bei ihr immer den Eindruck, daß sie ständig auf der Flucht vor sich selbst sei. Wenn man mit ihr sprach, war sie keinen Moment lang ruhig; dauernd erzählte sie, sie müsse dahin und dorthin. Kürzlich hat sie mich auf dem Spaziergang angesprochen, wir kamen ins Gespräch, und es war ein echter Dialog. Ein Wort gab das andere, schließlich hat sie mit mir über ihre Probleme gesprochen. Ich war erstaunt über die tiefgreifende Wandlung der ganzen Verhaltensweise.

BETTINA: Ich habe auch das Gefühl, daß mir die Menschen jetzt viel nähergekommen sind. Ich bin in der Lage, zuzuhören und zu begreifen, was im Innern der anderen vorgeht. Es ist, wie wenn eine Kruste bei mir aufgebrochen wäre. Ich muß auch nicht mehr so »intellektualisieren«, wenn ich mit jemandem rede. Wahrscheinlich benötige ich kein Imponiergehabe mehr.

RATTNER: Wir müssen an den Menschen herantreten wie ein Künstler an eine Landschaft, die sich ihm immer auf neue Weise präsentiert. Als wir Bettina kennenlernten, ging es darum, abzuschätzen, wieviel Gesundheit und wieviel Nervosität in ihr steckt. Das Gespräch ist unser bevorzugter psychodiagnostischer Test. Wir hören einen Menschen an, und kein Testverfahren, so ausgeklügelt es auch sei, kann uns soviel Aufschluß geben wie gutes Zuhören. Aber die Grenze unseres Erfassens ist durch das Maß unserer Einfühlungsfähigkeit gezogen.

Manchmal denke ich, man sollte üben, die Sprechweise der Menschen durch Pantomime wiederzugeben. Zu diesem Zwecke müßte man ein Darsteller wie Marcel Marceau oder Samy Molcho sein. Es ist ja nicht leicht, mit Gesten die Sprechweise eines Menschen zu veranschaulichen. Aber als Versuch wäre es immerhin lehrreich.

Als Bettina mich zum ersten Mal konsultierte, fiel mir vor allem die eruptive, sehr schnelle Sprechweise auf. Sie war der erste Hinweis auf Bettinas Persönlichkeitsproblematik. Wie sollte das interpretiert werden? Jede psychische Funktion, die übersteigert ist, kann als Ausdruck von Geltungsstreben gedeutet werden. Wer z. B. zu laut spricht, sagt damit, daß er von der Welt sprechend Besitz ergreifen will. Er expandiert übermäßig. Auch das schnelle Sprechen zeugt von Ehrgeiz. Warum hat es denn jemand so eilig? Nur wer sich sehr hohe Ziele gesetzt hat, die über diejenigen der anderen hinausreichen, muß zum Schnellauf übergehen – für mittlere Ziele muß man sich nicht so beeilen. Bettinas Sprechen verriet also Ehrgeiz. Ich mußte mich fragen, warum sie so hoch hinauswill. Es war im übrigen ein Ehrgeiz, in dem der Kleinmut spürbar mitwirkte.

Dazu kam folgende Beobachtung. Jedes Gespräch ist wie ein Pingpong-Spiel. Jeder soll dabei drankommen. Kooperation ist notwendig. Allerdings findet man das bei uns selten. Meist entdecken Sie, daß Ihr Gesprächspartner zu wenig zuhört und selbst immer reden will. Das verringert die Verständigung.

Auch das hat seine psychologische Bedeutung. In jeder

menschlichen Beziehung, auch in einem Gespräch, sind wir immer Subjekt und Objekt zugleich. Solange man selbst spricht, ist man Subjekt und bestimmt den Verlauf des Dialogs; sobald der andere zu Wort kommt, ist man Objekt und muß dem anderen die Initiative einräumen. Wer nun hauptsächlich selbst zum Zug kommen will und beim Reden des anderen nervös wird, deutet damit an, daß sein Ehrgeiz ihm nicht die Ruhe läßt, die zum Zuhören nötig ist. Er will selbst immer aktiv sein. Er will andere formen und führen, aber nicht von ihnen geformt und geführt werden. Er hat Angst vor der Passivität. Sein Persönlichkeitsideal, das in manchen Fällen Züge von Gottähnlichkeit annimmt, erlaubt ihm nicht, Empfänger zu sein. Darunter leidet die Kommunikation, die wechselseitige Anregung. Ein auf diese Weise geführtes Gespräch dient mehr der Selbstdarstellung als der Verständigung. Man fühlt sich danach ebenso leer wie am Anfang. Das ist symbolisch für viele andere soziale Beziehungen.

Ein Gespräch führen lernen heißt: Beziehung erlernen. Darin liegt Geben und Nehmen, Verstehen und Sich-verständlich-machen. Das Gespräch ist eine der Künste, die viel zu wenig geübt werden.

Bettinas Sprechtempo machte es sehr schwer, sie zu verstehen und auf sie einzugehen. Ich fragte mich damals, ob sie vielleicht Angst davor habe, verstanden zu werden. Wir haben schon anläßlich anderer Fälle von dieser spezifischen Angst gesprochen. Menschen mit Intimitätsscheu befürchten, daß man sie fallenläßt, wenn man sie richtig kennenlernt. Das mag bei Bettina auch im Spiel gewesen sein. Sie hatte Angst davor, beurteilt zu werden. Vielleicht versetzt sie auch deshalb eine Prüfung so in Schrecken. Denn da muß man sich beurteilen lassen. Man kann auch nicht nur Subjekt sein – die Prüfer machen einen zum Objekt. Man muß sich im Sprechen auf sie einstellen und kann sie nicht überfahren.

Wie ist es eigentlich, Bettina: Hat man Sie im Laufe Ihrer Entwicklung nie auf Ihr schnelles Sprechen aufmerksam gemacht?

BETTINA: Ich kann mich nicht erinnern. Manche dachten sogar, ich sei besonders klug, weil ich so rasch reden kann.

RATTNER: Da sieht man, daß die psychologisch unwissende

Umwelt einem sogar Prämien für seine Fehlhaltungen erteilt. Da die meisten Menschen kontaktarm sind, beachten sie solche Symptome bei Kindern zu wenig. Man sollte die Heranwachsenden auf ihre Verhaltensanomalien freundlich aufmerksam machen. Was die Ich-Du-Beziehung behindert, soll beim rechten Namen genannt werden. Damit verbaut man soziale Fluchtwege und weist den Weg zu den Mitmenschen. Um auf die vorhin erwähnte Analogie zur Pantomime zurückzukommen: Ein überschnell sprechender Mensch macht den Eindruck von jemand, der sich auf die Zehenspitzen stellt, um zu demonstrieren, daß er nicht klein und dumm ist. Das kompensatorische Element wird hierbei deutlich. Ich erinnere mich an eine sehr schnell sprechende junge Dame, die mir sagte, als ich sie auf ihre Kindheit ansprach: »Ich galt immer bei meinen Geschwistern als die Kleine und Dumme. Das wollte ich aber nicht sein.« In ihrem Sprechstil war diese längst vergangene Situation erhalten geblieben.

Nun sagen wir immer, daß bei jeder neurotischen Entwicklung der Patient nicht nur an seiner Angst oder seinen Minderwertigkeitsgefühlen erkrankt, sondern auch an seinen Kompensationsversuchen. Die Neurose ist ein Gemisch von beiderlei: Kleinmut und Bestreben, daraus herauszugelangen. Man weiß nicht recht, was dabei das pathologischere Faktum ist. Unsere Therapie muß jedenfalls beide Pole der neurotischen Psyche ins Auge fassen. Man hebt nicht nur die Selbstachtung und den Lebensmut des Analysanden, sondern zerstört auch oder hemmt seine falschen Kompensationsbemühungen, in denen sich seine Schwäche verewigt. Die falschen Auswege aus der inneren Not müssen verbaut werden. Man läßt den Patienten gleichsam nicht mehr gegen die Wand rennen. Man läßt ihn auch nicht am Mitmenschen vorbeigehen, vorbeidenken, vorbeihandeln. Denn so würde er nie erfahren, was Mitmenschlichkeit ist. Und gerade das muß er beim Sprechen, Zuhören, Tun und Lassen erlernen.

Bettina hat sicher auch verborgene Minderwertigkeitsgefühle. Sie hatte keine Mutter und war gänzlich auf den sehr tüchtigen, im Beruf aufgehenden Vater ausgerichtet. Unsicherheit muß es in dieser Kindheit genug gegeben haben. Man spürt es heute noch an ihrer »Gangart«, am Stil ihres

Lebens und Erlebens. Dieser Lebensstil muß geändert werden. Und ein Teil dieser Änderung bestand darin, daß Bettina langsam sprechen und gut zuhören lernte. Wenn ihr etwas geholfen hat in der letzten Zeit, so war es vor allem dieses. Dazu natürlich auch das Erlebnis, von der Gruppe an- und ernstgenommen zu werden. So kam ihre Flucht vor sich selbst und vor dem Du zum Stillstand.

Ich will hier noch einen ziemlich weitläufigen theoretischen Kommentar geben. Man kann es unzweifelhaft so formulieren, daß der Sinn alles psychischen Verhaltens letztlich auch darin liegt, das Ich-Gefühl nicht sinken zu lassen. Was immer einer tut, es geschieht im Rahmen der Selbstbehauptung seines Ich. Ob einer der Prüfung ausweicht oder bei einer Debatte – im Moment, wo er nachgeben müßte – einen Wutausbruch bekommt oder dies und jenes, es geht immer um das Wertgefühl, welches das Ich in bezug auf sich selbst bewahren will. Gemäß seinen Kindheitserlebnissen hat jedermann einen eigenen Begriff von diesem Selbstwert und auch eigene Methoden, um diesen zu verwirklichen.

Nervöses Gebaren, unkommunikatives Sprechen, Angstmanifestation etc. müssen in diesem Zusammenhang gesehen werden. Wenn jemand als Kind ängstlich war, kann er (oder sie) durchaus auf die Idee kommen, daß ein Teil der Angst vermieden werden kann, wenn man Kontakt und Kommunikation mit den Menschen reduziert. Das färbt nicht nur auf den Sprechstil, sondern auch auf die Gedankenführung und Gefühlsbeteiligung im Umgang ab. Man agiert derart, daß der andere nicht nahe an einen herankommen kann. Wenn man das lange praktiziert, bekommt man wenig menschliches Echo. Man ist allein in der Welt. Man redet zwar mit vielen Menschen, wird aber hiervon nur wenig bereichert. Man gerät in ein emotionales Vakuum hinein und findet nicht den Zugang zu den Leuten. Diese Attitüde muß die Therapie abbauen. In ihr soll es erstmals im Leben des Analysanden zu echter Kommunikation kommen. Der Therapeut erzwingt diese personale Begegnung, indem er mit dem ganzen Gewicht seiner Persönlichkeit ein Beziehungsfeld strukturiert, in dem einer den anderen ins Auge fassen und verstehen muß. Das kann mitunter recht anstrengend sein. Der Patient wird an die Hand genommen und geführt, ohne daß er als Subjekt abdanken müßte. Bettina hat das anläßlich ihrer schriftlichen Prüfung erlebt, als wir es nicht zuließen, daß sie unsere Hilfeleistung zurückwies.

Was hat das Ich davon, wenn es der Kommunikation mit der Welt ausweicht? Nun, es kann sich leichter seinen Träumen von der eigenen Größe hingeben. Wer sich ernstlich mit der Welt einläßt, bekommt schweres Gepäck auf seine Schultern. Wenn er vorwärts gehen will, kann er dies nur Schritt für Schritt tun, denn er muß ja den Widerstand der Dinge überwinden und den Mitmenschen auf seinem Weg mitnehmen. Unwillkürlich wird er dabei etwas bedächtig werden. Ein allzu schneller Lebensrhythmus kann nur unter Aufgeben wesentlicher Umweltsbeziehungen durchgehalten werden. Man muß innerlich allein sein, um voranpreschen zu können. Und da man Angst vor Beziehung hat, stellt man es schon so an, daß menschliche Beziehungen dieses Alleinsein nicht durchbrechen. Die Therapie muß dies aber dennoch tun.

Da kommt mir eine Parallele zu einem psychopathologischen Zustandsbild in den Sinn. Ich denke an die sogenannte »Ideenflucht«. Wir finden sie u. a. bei manisch-depressiven Erkrankungen, in der manischen Phase. Der Patient hat zunächst Depressionen und fühlt sich schwerfällig, hoffnungslos, verzweifelt. Dann kommt es aber zu einem Umkippen der Gemütsverfassung. Plötzlich gerät der Patient in den manischen Überschwang. Nun glaubt er alles zu wissen, alles zu können, allen überlegen zu sein. Er glaubt, Gott oder gottähnlich zu sein. Oft entsteht hierbei auch ein zielloser Tatendrang, unqualifizierte Aktivität, unkontrolliertes Geldausgeben, Redeschwall etc. Das Persönlichkeitsgefühl ist unermeßlich ausgeweitet, aber ohne Realitätsbezug.

Wie sollen wir das verstehen? Im gewöhnlichen Denkprozeß hängen die Gedanken logisch zusammen, einer folgt aus dem anderen. Das nennen wir vernünftiges Denken. Immer besteht eine Beziehung zur Realität. Bei der Ideenflucht handelt es sich um einen Redefluß, der aus vagen Assoziationen besteht, oft nur klanglicher Art. Biologische Ursachen für dieses Krankheitsbild wurden bis jetzt nicht gefunden. Wir vermuten eine psychologische Dynamik. Vermutlich handelt es sich um einen Kompensationsvorgang für die zugrundeliegende Depression. Der Patient hat sich mit sich selbst und der Welt abgemüht und ist verzweifelt. Nun entledigt er sich aller Mühsal, verdrängt, was ihn belastet, und läßt seine Ängste unter den Tisch fallen. Nun kann er scheinbar unbeschwert in den manischen Überschwang übergehen. Er hat ja kein Gepäck mehr – also kann er schnell laufen. Sein Taten- und Rededrang, seine Ich-Inflation, sein allgemeines Lebenstempo deutet darauf hin, daß er sein Ich auf krankhafte Weise »gerettet« hat, indem er die Welt untergehen ließ. Die orthodoxe Psychoanalyse spricht auch davon, daß er sein Ich-Ideal über Bord wirft. Aber die Realitätsverdrängung ist wesentlicher. – Ich frage mich, ob man an diesem Fall nicht die Gesetzmäßigkeit der Charakterentwicklung verstehen lernen kann. Auch das Kleinkind ist zunächst der gesamten Umwelt ausgesetzt. Das geht nicht ohne Bedrohungsgefühl ab. Man kann diese Welt im gesamten nicht meistern. Nun findet das Kind einen Ausweg aus seinem Kleinmut, seiner Depression und seinen resignativen Tendenzen, indem es seinen Charakter aufbaut. Das geht so vor sich wie das Eintreten einer manischen Phase. Das Kind übernimmt aus der Welt nur jene Aspekte, mit denen es irgendwie noch zu Rande kommt. Darauf bezieht sich sein Charakter, der immer auch eine Reduktion der Umwelt auf das den Charakter Interessierende darstellt. Wir sehen und empfinden nur, was unsere Charakterstruktur in uns eingehen läßt. Besteht der Charakter in konsolidierter Form, so stellt er einen Schutz gegen weite Wirklichkeitsbereiche dar, die gar nicht mehr an das Individuum herankommen können. So ist der Charakter mit dem Zweck des Selbstschutzes geschaffen worden. Die Existentialisten sprechen von einer »Wahl der Persönlichkeit«. Und man wählt sich so, daß man aus dem Kuchen der Welt nur das herausschneidet, was man glaubt verdauen zu können.

Die Psychotherapie macht diese »Wahl« rückgängig und ersetzt sie durch ein Wählen, das mehr mit der Realität als Ganzem und mit der Existenz der Mitmenschen rechnet. Sie holt den Menschen aus seiner Verstiegenheit in die Gemeinschaft zurück. Sie macht ihm die Ich-Du-Beziehung in ihrer Totalität schmackhaft. Der Analysand verzichtet auf ein Königreich, das er in seinen Träumen besitzt, und erhält dafür ein Gärtchen auf der Erde, das er bebauen kann. Der Tausch ist sehr zu seinen Gunsten. Denn der manische Überschwang, den die Realitätspreisgabe ermöglicht, endet immer wieder in der Depression. Oder: der enge Charakterentwurf, der ein schier widerstandsloses Voranstürmen im Reich der Phantasien und der Einbildung ermöglicht, ist aus Einsamkeit entstanden und macht immer wieder einsam. Wir zeigen dem Analysanden, daß er sich besser und schöner verwirklichen kann, wenn er die Mitwelt einbezieht. Daß sich hierbei der Stil seines Erlebens und Sprechens, seine Kontaktfähigkeit und sein Verstehen ändern müssen, sollte klargeworden sein. Es wird auch Klarheit darüber bestehen, daß dies der einzige Ausweg aus Panik und ständig aufflackernder Lebensangst ist. – Welchen Fall könnten wir noch erörtern?

GÜNTHER: Ich bin vielleicht nicht ganz so unruhig wie Bettina, aber mein Hauptproblem ist die Schüchternheit. In den zwei Jahren meiner Gruppentherapie hat sich das ziemlich reduziert. Aber ich kann mich immer noch nicht leicht jemandem anvertrauen. Es fällt mir schwer, mich zu exponieren. Ich bin ein sehr zurückhaltender Mensch. Vor zwei Jahren kam ich nach Berlin. Damals waren meine Ängste riesengroß. Ich war damals im dritten Semester der Jurisprudenz. In den beiden ersten Semestern hatte ich viele Reisen gemacht. So kam ich mit dem Gefühl nach Berlin, ich sei im Studium im Rückstand und müsse vieles aufholen. Das versetzte mich in Panik. Ich zog mich von den Leuten zurück, hatte fast keine Kontakte und geriet unmerklich in Isolierung. Ein Motiv für das Studium in Berlin waren die politischen Vorgänge, für die ich mich sehr interessierte. Aber in meiner Panik sah ich mich ganz auf mich selbst zurückgeworfen. In den ersten Monaten hier kannte ich nur ganz wenige Leute: meine Zimmerwirtin, zwei Nachbarn, die in derselben Wohnung wohnten, und einige Studienkollegen. Zuletzt konnte ich gar nicht mehr arbeiten, was mich vollends aus der Bahn warf. Ich bekam furchtbare Angst. Ich erinnere mich, daß ich mich damals schrecklich schlecht gefühlt habe und daß mir das Leben völlig aussichtslos erschien. Gegenüber Mädchen war ich auch sehr scheu. Bis zu jenem Zeitpunkt – ich war 23 Jahre alt – hatte ich keine Intimbeziehung zu einem Mädchen gehabt. Auch das bela-

stete mich. Ich hatte das Gefühl, daß ich mein Studium nie beenden könnte. Auch Berufshoffnungen und Partnerschaft schienen unerreichbar. Ich war in einer totalen Sackgasse. Zufällig geriet ich in die Vorlesung von Herrn Rattner. Nach zwei Monaten wandte ich mich an ihn und kam dann in die Gruppe. Dort war ich zunächst ein Außenseiter, weil ich mich sehr schlecht fühlte. Im Dezember 1969 kam ich in die Gruppe. Im März 1970 hatte ich dann eine schwere Krise. Ich hatte dann bei Herrn Rattner Einzelsitzungen, die mir sehr gut taten. In anderthalb Monaten konnte ich meine Angst weitgehend abbauen, was auch damit zusammenhing, daß wir damals anfingen, mit den Gruppenmitgliedern täglich schwimmen zu gehen. Ich hatte dadurch die Möglichkeit, überhaupt Menschen kennenzulernen und Beziehungen anzuknüpfen. Nach kurzer Zeit fühlte ich mich sehr wohl. Ein halbes Jahr lang hatte ich dann ein psychisches Hoch: Ich hatte mich gefunden. Meine Angst vor zwischenmenschlichen Beziehungen war vermindert. In der Gruppe fühlte ich mich gut integriert. Von da an habe ich mich permanent weiterentwickelt.
Aber ich habe immer noch große Angst, wenn ich vor Menschen sprechen muß. Das zeigt sich auch im Studium beim Repetitor, wo ca. 50–60 Leute sind, die aufgerufen werden, um zu juristischen Problemen Stellung zu nehmen. Es fällt mir da immer schwer, etwas zu sagen. Jetzt geht es zwar erheblich besser als früher. Ich habe Fortschritte gemacht. – Der Ursprung meiner Angst liegt wohl in meiner Vaterbeziehung. Mein Vater ist ein sehr expansiver Mensch, sehr tüchtig im Beruf. Als ich zu Pfingsten zu Hause war, erlebte ich wieder, wie er den Raum um sich herum ausfüllt. Er drückt alle Menschen an die Wand, ohne es zu wissen und zu wollen. So spricht er z. B. sehr viel, sehr intensiv und lautstark. Ich kann mir denken, daß ich in der Kindheit nicht viel Chancen hatte, mich ihm gegenüber zu behaupten.

RATTNER: Um wieviel Jahre ist Heidi älter als Sie?

GÜNTHER: Dreieinhalb Jahre.

HEIDI: Ich möchte das bestätigen, was Günther sagte. Nur scheint es mir, wenn ich ihn heute so anhöre, daß seine Sprechhemmung wesentlich nachgelassen hat. Er hat ja auch letzthin in der Gruppe zweimal die Zusammenfassungen übernommen, und da sah man, daß er sehr gut sprechen kann, wenn er die Anfangshemmung überwindet. In unserem Elternhaus war er meistens wortkarg. Der Vater unterbrach einen auch ständig, wenn man mit ihm sprach. Er führte immer die Gespräche. Später, als Günther studierte, kam es stets zu Kampfgesprächen. Günther opponierte gegen unseren Vater. Dieser aber wischte alle Argumente vom Tisch, indem er behauptete, Günther müsse erst erwachsen werden. – Inzwischen hat auch der Vater mit Herrn Rattner Kontakt aufgenommen. Auch wir beide haben schon viele psychologische Gespräche mit ihm geführt. Wir können uns mit ihm viel besser verständigen.

GÜNTHER: Meine Opposition gegen meinen Vater rührt auch daher, daß er in seinem Denken sehr konservativ ist. Ich wollte ihm schon oft fortschrittlichere Gedanken begreiflich machen, aber er ließ einen nie ausreden. So kam es meistens zum Streit zwischen uns. Dann beginnt er aber lange Ausführungen zu machen. So war sein Redestil immer gewesen. In unserer Familie wurden wenig Gespräche geführt. Mein Vater übernahm dabei unwillkürlich die Initiative. Wir Kinder konnten da schon gar nichts sagen. Aber auch die Mutter war meistens Zuhörer. Ich erkläre mir meine Sprechhemmung so. Die Einschüchterung muß sehr früh erfolgt sein. Ich wurde auch oft kritisiert, daß ich zu leise spreche. Das war auch in der Schule ein Problem. Jetzt geht es schon etwas besser.

HEIDI: Ich erinnere mich auch daran, daß wir im Elternhaus sehr genau erzogen wurden. Wenn Günther sprach, hieß es jeweils: Nuschle doch nicht so. Drücke dich klarer aus. Das ist doch kein ganzer Satz. Du sprichst ja grammatikalisch nicht richtig! Man wurde auch immer unterbrochen. Mein Vater »führte« die Gespräche. Auch jetzt noch, wenn wir zusammensitzen, spricht er hauptsächlich, und wir sollen zuhören. Plötzlich sagt er aber: »Warum sprichst du denn nicht, Günther? Du hast ja den ganzen Abend nichts gesagt.«

GÜNTHER: Zu Pfingsten waren wir zu Hause. Mein Vater hielt uns große Vorträge über die Wirtschaftslage – er ist Direktor einer Holzfirma. Auch über die Währungsfragen wurden wir informiert. Er kann zwei bis drei Stunden ohne Pause sprechen. Man kann nichts dazwischen sagen.

Nach Abschluß seiner Ausführungen sagte er dann: »Und nun sprich du, Günther.« Aber ich bin dann bereits so voller Widerstand, daß ich auf Kommando nicht sprechen möchte. Er kann das nur schwer verstehen.

WOLFGANG: Ich möchte hierzu etwas ergänzen. Günther war zu Pfingsten mit Hilde zu Hause, hat also seine Freundin den Eltern vorgestellt. Dabei kam nach Hildes Meinung zum Vorschein, daß die Mutter doch eine recht starke Position in dieser Familie einnimmt. Sie »regiert« das Haus und »macht alles«. Hilde erzählte sogar, daß die Mutter den Gästen buchstäblich das Fleisch und die Knödel auf den Teller legt – man darf natürlich nehmen, was und wieviel man will. Die Aktivität der Mutter ist groß. Wahrscheinlich hat sie die beiden Kinder auch so erzogen. Damit nahm sie ihnen wohl auch das Selbstvertrauen. Die Kinder durften in der Familie wenig expandieren. Günther mußte bei dieser Erziehungssituation das Gefühl bekommen, daß man gegen die Welt nicht aufkommt. Das zeigt sich auch jetzt noch im Umgang mit ihm. Er wirkt mitunter sehr gespannt. Er kann sich schwer lockern – immer ist er auf Leistung hin orientiert. Das hat er seinem Vater abgeschaut. Genießen fällt ihm schwer. Auch an seinem Gesichtsausdruck kann man das manchmal bemerken. Die Stirne ist dann zusammengezogen, es entsteht der Eindruck von großem Ernst. Wie wenn er eine Last auf den Schultern tragen würde. Die Last wird wohl auch »sein Vater-Image« sein. In letzter Zeit ist aber Günther viel entspannter geworden. Er kann mehr aus sich herausgehen.

HEIDI: Unsere Mutter tut einem nicht nur die Knödel auf den Teller, sondern auch den Zucker in den Kaffee. Sie ist immer »hochbemüht«. Wenn ich ihr als Kind helfen wollte, sagte sie immer, das dauert mir zu lange: allein werde ich schneller fertig. Sie läßt niemand in ihrem Wirkungskreis etwas machen.

WOLFGANG: Ich möchte dazu noch beifügen, daß wir derzeit eine juristische Arbeitsgemeinschaft zu viert haben: Wir bereiten uns alle auf das Examen vor. Günther ist da derjenige, der die Gruppe in Bewegung hält. Er setzt die Maßstäbe, die für uns gelten. Er ist auch immer am besten vorbereitet. Er arbeitet intensiv und exakt. Ich selbst habe viel von ihm in dieser Arbeitsgruppe profitiert.

AXEL: Ich bin auch in dieser Gruppe. Ich kenne Günther seit drei Monaten. Er ist der ruhende Pol unserer Gemeinschaft. Er hat das meiste Wissen. Wenn wir nicht weiterkommen, können wir auf ihn zurückgreifen. Aber beim Reden läßt er uns immer den Vortritt. Er hält sich im Hintergrund, obwohl er mehr weiß als wir. Er kämpft einfach zu wenig. Ich war zu Ostern auch in Hamburg, habe aber seine Eltern nur kurz begrüßt. Vom Familienleben weiß ich daher nichts.

GÜNTHER: Mein Vater ist wirklich ein sehr kritischer Mensch. Ich habe als Kind keine Fehler machen dürfen. Als ich im Studium nur stockend vorankam, hatte ich sogleich das Gefühl, keine Existenzberechtigung mehr zu haben. Wer nichts leistet, ist nicht viel wert. Das hat uns mein Vater oft genug vorgelebt. Die Angst vor dem Fehlermachen drosselte meine Spontaneität. Die Therapie hat da viel gebessert. Aber meine Angst sitzt mir immer noch auf meinen Schultern und drückt mich nieder. Wolfgang hat ganz recht, daß ich zu ernst und zu pflichtbewußt bin.

RATTNER: Klaus, Sie kennen doch Günther auch schon lange. Was wissen Sie über seine Entwicklung?

KLAUS: Ich kann bestätigen, was gesagt worden ist. Die Entmutigung Günthers beim Sprechen muß sehr stark gewesen sein. Obwohl wir schon lange befreundet sind, fällt es ihm schwer, von sich persönlich zu sprechen. Er kann seine Gefühle schlecht verbalisieren. Aber er ist nicht nur in der Jurisprudenz beschlagen, sondern kann auch bei menschlichen Problemen unerhört viel Verständnis aufbringen. Er ist im Grunde enorm beziehungsfähig.

RATTNER: Es ist jetzt zwei Jahre her, daß mich Günther erstmals konsultiert hat. Er hatte sich damals ganz in seine Studien vergraben und kam nicht weiter. Die Ansprüche, die er an sich stellte, waren recht groß. Zu mir kam er ziemlich deprimiert und verzweifelt. Die ersten Besprechungen sind mir noch lebhaft in Erinnerung. Günther wollte mir damals mit großer Suggestivkraft weismachen, daß er ein dummer Mensch sei. Er habe einen ganz niedrigen Intelligenzquotienten. Es gehe bereits in Richtung auf Schwachsinn! Ich solle ja nicht versuchen, ihm das Gegenteil zu beweisen. Er wisse schon, daß man in der Psychotherapie den Patienten ermutigen wolle.

Ich mußte also mit der Korrektur dieser Selbsteinschätzung

sehr vorsichtig sein. Das muß man immer in solchen Fällen. Andererseits möchte ich dringend davon abraten, die negativistische Selbstdarstellung des Analysanden zu akzeptieren. Das wäre ihm denn doch nicht so recht, wie es zunächst scheint.

Das kommt einem in der Therapie manchmal wie ein launiges Spiel mit dem Kind vor, ein Hin- und Herreden. Dieses Spiel muß man wohl oder übel mit dem depressiven Patienten mitmachen. Sie kennen diese Art Wortgeplänkel bei Kindern: Man kann sich stundenlang auf diese Weise unterhalten. »Ich bin dumm.« »Nein, du bist klug.« »Ich bin aber doch dumm.« »Im Gegenteil, du bist gescheit.« Es fragt sich nun, wer den längeren Atem bei solchen Auseinandersetzungen hat.

Ich habe sofort gesehen, daß Günther ein fleißiger und tüchtiger Student ist. Er war nur so zusammengebrochen, weil er keine Kontakte hatte und seinen überhöhten Standards nicht genügen konnte. Er kam nun in die Gruppe und die Sache lief sehr gut. Bald nahm er Beziehung zu einigen Gruppenmitgliedern auf. Da fiel die Angst und die Schwermut von ihm ab. Er konnte wieder lernen. Auch interessierte er sich lebhaft für die Psychologie. Das Interesse ist inzwischen noch gewachsen.

Günther war einer unserer treuesten Mitarbeiter von Anbeginn. Sein Enthusiasmus für Tiefenpsychologie und Psychohygiene ist imponierend. Er hat sich mit ganzer Kraft unsere Erkenntnisse angeeignet.

Vor einem Jahr gab es wieder eine Krise, aber die war weniger lang und schlimm. Es waren wiederum die altbekannten Selbstverkleinerungstendenzen. Er ließ keinen guten Faden an sich. Das war schon mehr als Bescheidenheit: das war Selbstnegation, wie man sie in Depressionen oft findet. Ich deutete das so, daß er große Angst vor jeglicher Ich-Expansion hat (vor damit verbundenen Niederlagen, Fehlern etc.) und sich daher lieber mit Selbstkritik beschäftigt. Selbstanklagen sind weniger beschwerlich als das Kämpfen mit der Welt. Die Krise flaute nach ca. vier Wochen ab.

Günther hat auch Heidi nach Berlin gebracht. Er empfahl ihr, zu uns zu kommen, da sie mindestens so große Probleme hat wie Günther. Beide »Kinder« sind an ähnlichen Problemen erkrankt.

Ich hatte dann Gelegenheit, die Eltern kennenzulernen. Der Vater hat sich inzwischen für die Psychologie enthusiasmiert. Er hatte bereits einige Bücher hierüber gelesen. Das Gespräch mit ihm verlief sehr angenehm.
Aber es handelt sich wirklich um einen enorm expansiven Menschen. Er hat sich von unten heraufgearbeitet, offenbar mit riesigen Kraftanstrengungen, vom Angestellten bis zum Generaldirektor. Bis einer da hinaufkommt, muß er viel Verstand und Energie gebrauchen. Das merkt man ihm nachher an.
Der Vater ist jedoch ein liebenswürdiger Mensch. Wir haben uns ganz gut verstanden, und er ist auch durchaus bereit einzusehen, welche Fehler in der Erziehung der Kinder gemacht wurden. Aber er muß früher anders gewesen sein. Man kann sich denken, daß er Frau und Kinder durch Vitalität dominierte. Als ich ihn sah, verstand ich besser, warum sich Günther so zurückhält, warum er so kleinmütig ist und warum er beim Sprechen die Worte eher gepreßt hervorbringt.
Günthers Therapie bestand in einem Wegräumen seiner Skrupel, seiner Selbstzweifel und seiner Selbstverkleinerung. Er neigt immer dazu, den Fehler bei sich zu suchen, wenn etwas in einer Beziehung nicht klappt. Er vermeidet den Kampf und alle Auseinandersetzungen. Er mußte dazu erzogen werden, sich aufrechter und mutiger zu geben. Das war eine Geduldsarbeit; er hielt lange an seinen gewohnten Schutzmechanismen fest.
Wir fordern dann in der Therapie zu einer geradlinigeren Haltung, zu entschiedenerem Stehen zu sich selbst auf. Wer das lernt, kann den Menschen mehr helfen als jener, der immer in Selbstkritik verfällt. Letztere ist ja im Grunde auch Angst. Man kann den Mitmenschen nur zum Teil ein Partner sein, wenn man sich kleinmacht oder für klein hält. Die Mitmenschen brauchen ein Gegenüber, das Wohlbehagen, Munterkeit und Freude ausströmt. Auch Freude an sich selbst. Die Selbstbejahung wird so leicht auch zur Bejahung der anderen.
Wir verbauen hier wiederum einen Fluchtweg, den man sich als Kind zulegte, um dem Tadel und der Kritik auszuweichen.
Günther kam gut voran, aber es fehlte die Beitragsleistung

in der Gruppe. Das traut er sich noch zuwenig zu. Indessen kann er wunderbar sprechen, wie wir heute gehört haben. Wir müssen ihn nur mehr aus sich herauslocken. Allzuviel Schonung dürfen wir ihm nicht geben. Er soll nur immer wieder sprechen. Wie fühlten Sie sich heute, als Sie bei uns sprachen, Günther?

GÜNTHER: Sehr ängstlich.

RATTNER: Wir dispensieren Sie gleichwohl nicht vom Sprechen. Ein sanfter Zwang zur Korrektur uralter Verhaltensdynamismen kann dem Analysanden nicht schaden. Die Therapie ist eine Kraftanstrengung – sie erinnert an die Bemühung, einen Wagen, der tief in einer Wegspur fährt, aus dieser Spur herauszuheben – oder, um es weniger strapaziös zu formulieren, wie ein Schiff, dessen Steuer man herumdreht.

Ich will hier noch ein Beispiel geben, wie die Ich-Expansion von Günther gefördert wurde. Eines Tages überlegte ich mir, daß Günther allzu anspruchslos sei. Er ist doch Sohn eines Direktors, aber er fordert von seinen Eltern fast nichts. Wenn diese ihm etwas anbieten, hieß es immer, das brauche ich doch nicht. Manchmal dachte ich, er habe die drei mönchischen Tugenden adoptiert: Armut, Keuschheit und Gehorsam. Von der Keuschheit ist er in der letzten Zeit glücklicherweise abgekommen. Aber sein ganzes Verhalten weist eben ein Manko an Ich-Expansion auf.

Da kam ich auf die Idee, er solle sich doch von seinem Vater ein Auto schenken lassen. Günther opponierte zwar, aber ich konnte ihn von der »absoluten Notwendigkeit eines Autos« überzeugen. Heidi wußte auch davon. Nun fuhren sie beide nach Hamburg. Die Tage vergingen, aber Günther sprach nicht vom Auto. Bis Heidi den Vater hinterrücks informierte und dieser dann das erlösende Wort sprach: »Also Günther, wie ist das mit dem Auto?« Dann wurde das Auto gekauft.

Man versteht, daß es mir nicht um »das Auto« ging. Ich wollte, daß Günther fordern oder bitten lernt, daß er sich etwas schenken läßt. Er muß auch Ansprüche anmelden lernen. Das war der Sinn dieser Transaktion.

Günther will Jurist werden, aber seine Neigung zu psychologischen Problemstellungen ist so groß, daß er wahrscheinlich noch ein Psychologiestudium absolvieren wird. Wir begrüßen das sehr, denn wir brauchen Juristen, die auch Psychologen sind. Aber auch als Jurist wird er die Fähigkeit zur Ich-Expansion dringend benötigen. Wenn er als Strafverteidiger etwa vor Gericht steht, muß er die Kraft besitzen, dem Richter und den Geschworenen die Entstehung der delinquenten Handlung und des ihr zugrundeliegenden delinquenten Lebensstils zu verdeutlichen. Er muß auch der Gesellschaft zeigen, daß sie am Verbrechen des einzelnen mitschuldig ist. Als souveräne Persönlichkeit soll er in seiner Wirkungssphäre ein Förderer des menschlichen und sozialen Fortschritts werden.

Welchen Fall könnten wir noch besprechen? Jutta?

Jutta: Ich habe Angst, wenn ich unter Leuten bin und da sprechen soll. Meine Stimme zittert dann. Auch weiß ich nicht, wie ich formulieren und was ich sagen soll. Mir fällt vor lauter Befangenheit nichts ein.

Ursula: Jutta hat Angst vor engeren Kontakten, vor allem bei Leuten, von denen sie meint, daß sie ihr intellektuell überlegen seien. Aber auch im Gespräch mit Gleichaltrigen ist sie befangen. Sie meint immer, man werde Ansprüche an sie stellen, denen sie nicht genügen kann. – Ich will als ihre Schwägerin kurz ihre Anamnese schildern. Jutta ist das jüngste Kind einer Familie mit drei Kindern. Sie muß als Kind sehr niedlich gewesen sein. Sie ist auch viel verwöhnt worden. In der Schule hat man nie große Anforderungen an sie gestellt. Man nahm auch nicht an, daß sie eine höhere Schule besuchen werde. Die Mutter neigt sehr zum Nörgeln. Aber sie nörgelte nicht etwa, weil sie mit Jutta unzufrieden war – es war Gerede ohne Folgen. Jutta mußte zu Hause fast nichts tun.

Die Ehe der Eltern war sehr schlecht. Die finanzielle Situation war fast immer mies. Der Vater hat sich eine Zeitlang von der Familie distanziert. Er hatte eine andere Frau, schwankte aber immer zwischen dieser und seiner Familie. Als Jutta zur Analyse hierher kam (wir flogen längere Zeit immer von Hamburg für ein Wochenende nach Berlin, um hier unsere Sitzungen zu haben), fühlte sie sich rasch wohler. Sie gab damals ihre kaufmännische Lehre auf und begann am Wirtschaftsgymnasium zu studieren. Dort lernt sie jetzt sehr gut. Ihr Abitur ist gesichert. Aber sie hat immer noch mit ihren Minderwertigkeitsgefühlen zu schaffen.

Sie meint auch, daß sie häßlich sei. Vor allem besteht aber der Intelligenzkomplex. Das bessert sich jetzt, da sie am Gymnasium sieht, daß die anderen auch nur mit Wasser kochen.

In die Gruppe hat sie sich ein wenig integriert, aber das könnte noch besser werden. Sie hat noch Angst, allein hierherzukommen. Aber die Ängste sind im Abflauen.

JUTTA: Ich komme jetzt erst langsam darauf, daß mein intellektueller Minderwertigkeitskomplex doch nicht so berechtigt ist. Ich sehe, daß da ein Beziehungsproblem vorliegt. Ich halte zu viel Abstand zu den Menschen und lasse keinen an mich herankommen. Als Kind war mir am wohlsten, wenn ich allein war. Da blieb ich relativ ungestört und konnte meinen Träumen nachhängen. Nun muß ich aber lernen, mich mit den Menschen auseinanderzusetzen. Wenn ich zu Hause herumsitze, vertrödle ich noch viel Zeit. Ich blättere in Zeitschriften und kann nichts denken. Ich bin mir jetzt bewußt, daß meine Kontaktfähigkeit entwickelt werden muß.

EBERHARD: Ich war im Frühjahr mit Jutta eng befreundet. Wir hatten zwei Wochen lang eine intime Beziehung. Dabei fand ich Jutta sehr beziehungsfähig – ich machte da mehr Schwierigkeiten. Sie kann sehr lieb und umgänglich sein.

KLAUS: Auch ich habe festgestellt, daß man mit Jutta sehr gut reden kann.

RATTNER: Wie ist denn derzeit die Situation in der Schule und die häusliche Zusammenarbeit? Jutta wohnt ja mit Ursula und Jürgen zusammen. Wollen Sie das schildern, Ursula?

URSULA: Seit Juttas letzten Gruppensitzungen klappt die Zusammenarbeit im Haushalt geradezu phantastisch und mustergültig. Auch die Situation in der Schule ist erfreulich. Sie hat meines Erachtens im vergangenen halben Jahr sehr große Fortschritte gemacht.

RATTNER: Wir müssen Juttas Fall unter dem Aspekt sehen, ob sie Fortschritte gemacht hat, seit sie bei uns ist. Die Entwicklung ist unzweifelhaft sehr befriedigend.

Als sie noch am Wochenende von Hamburg nach Berlin kam, war sie anfänglich so schüchtern, daß man kaum ein Gespräch mit ihr führen konnte. Entstand in der Bespre-

chung eine kleine Pause, so fing sie an zu weinen. Damit wollte sie wohl für Mitleid plädieren. Die Hilflosigkeit war bei ihr enorm. Das kommt aus ihrer Verwöhnungssituation in der Kindheit, dem unruhigen, zum Teil lieblosen Milieu.
Es war ein großer Schritt, daß Jutta ihre Berufslehre aufgab und das Studium begann. In Hamburg hatte sie noch Mühe mit dem Lernen. Hier in Berlin geht es besser.
Wenn Jutta mit Leuten ins Gespräch kommt, ist sie befangen, und es fällt ihr nichts ein. Als ich das in Juttas Gruppensitzung hörte, wollte ich daraus nützliche Konsequenzen für ihren Lebensstil ziehen. Mir fiel eine Analogie auf: Wenn Ursula Jutta um einen Beitrag zur Haushaltsarbeit bat, hieß es immer: »Nicht jetzt – später!« Das war so eine Taktik. Nun meinte ich, daß sich derselbe Vorgang wiederholt, wenn sie mit Leuten spricht und auf Einfälle wartet. Ihr Unbewußtes sagt dann auch: »Nicht jetzt – später!« Wir empfahlen daher Jutta, in Zukunft williger und schneller die Haushaltsarbeiten zu übernehmen. Das hat sie nun auch getan. Daher wird sie wohl im allgemeinen auch schlagfertiger werden.
Da die Mutter so nörglerisch war, hatte Jutta gelernt, die Welt sich vom Leibe zu halten. Das wirkt sich auf ihre Kontaktfähigkeit noch störend aus. Sie wurde zur Träumerin, die sich um die Umwelt wenig kümmerte. In der Pubertät las sie Hunderte von Romanen, von denen sie jetzt nichts mehr weiß. Das war wohl nichts anderes als Realitätsflucht, kein echtes Interesse.
Jutta muß nun ins Leben einsteigen. Auch soziales Training tut not. Sie hat letzthin eine Party organisiert, von der man viel Positives gehört hat. Sie muß noch mehr auf die Gruppenmitglieder zugehen lernen. Dann werden ihre Ängste völlig verschwinden.
Es soll jeder von uns die großartige Chance wahrnehmen, daß er in der Gruppe ein Angebot von ca. 200 Beziehungspersonen vorfindet. Nicht jeder wird jedem passen, und man muß nicht mit allen Beziehung aufnehmen. Aber unter 200 Menschen müßten doch recht viele sein, die einem sympathisch sind. Man soll es sich nicht leicht machen mit der Ablehnung von Gruppenmitgliedern. »Der gefällt mir nicht, jener gefällt mir nicht ...« – das ist oft die Diktion

des Ängstlichen, der vor dem Kontakt zurückscheut und darum die anderen unbewußt abwerten muß.
Wer sich in die Gruppe integriert und möglichst zu vielen Beziehungen aufnimmt, gewinnt zahlreiche *auxiliary egos*, also Hilfs-Iche. Er erweitert sein Ich um alle jene, die er mag und die ihn mögen. Das ist eine gewaltige emotionale Horizonterweiterung. So viel soziale Interaktion, wie sie die Gruppe bietet, kann man kaum im Leben haben. Man kann viel aufnehmen und auch viel geben.
Wir rufen auf zu einem sozialen Training, welches nachholt, was man in der Kindheit versäumt hat. Ohne lebhaftes Sozialinteresse kann der Mensch nicht glücklich werden – er kann nicht einmal klug sein (im Sinne von Lebensklugheit), wenn er am Mitmenschen vorbeigeht.
Unsere Gruppentherapie ist eine Art Nacherziehung. Sie schafft eine große Pseudo-Familie, in der man einen Teil seiner Kindheitskrisen wiedererleben und diesmal besser verarbeiten kann. Die Angst des Menschen hat viele Ursachen – die Beziehungsschwäche scheint uns die wesentlichste zu sein. So muß jeder von uns seine Beziehungsfähigkeit entfalten, wenn er ichstark und angstfrei werden will. Er muß in sich das Gemeinschaftsgefühl entwickeln, welches in der Kindheit lahmgelegt wurde. Er muß sein Herz öffnen für die Welt. Er muß ein Mitspieler im großen Spiel des Lebens werden.

Gruppensitzung über einen ängstlich-depressiven Charaktertypus

RATTNER: Wer will heute sprechen? Gunda hat ein Problem? Kommen Sie nach vorne. – Ich stelle vor: Das ist Gunda. Viele von uns kennen sie sehr gut, andere überhaupt noch nicht. Wir werden also die Vorgeschichte einbeziehen müssen. Wie geht es Ihnen, Gunda?

GUNDA: Ich kann es schwer beschreiben. Ich fühle mich nicht so gut. Heute hatte ich z. B. ein Gefühl der völligen Interesse- und Lustlosigkeit. Ich weiß nicht recht, was ich arbeiten soll. Ich habe mich dann in die Sonne gelegt und wußte nichts mit mir anzufangen. Ich war unglücklich und konnte mich über nichts freuen. In letzter Zeit habe ich gelegentlich auch merkwürdige Alpträume. Auch diese sind schwer zu beschreiben. Sie sind furchteinflößend. Wenn ich so im Halbschlaf liege, habe ich so ein Entfremdungsgefühl. Ich bin wie gelähmt. Auch ist die Angst dabei, nicht mehr ganz aufwachen zu können. Ich fühle mich in solchen Situationen schwerfällig. – Ich möchte bemerken, daß ich einen Freund habe. In der Freundschaft fühle ich mich halb wohl und halb unwohl. Michael und ich kennen uns schon seit zwei Monaten. Er ist ruhig und kooperativ. Man kann mit ihm gut reden. Trotzdem fühle ich mich in dieser Freundschaft nicht geborgen.

HANS: Michael ist doch von Beruf Graphiker, nicht wahr?

GUNDA: Ja. Er hat kürzlich in der Gruppe gesprochen. – Ich gebe vielleicht ein Beispiel aus unserem Alltag. Gestern sagte Michael zu mir, wir wollen uns einen gemütlichen Abend machen. Dazu hat er nämlich aus Berufsgründen selten Zeit. Nun saß er abends vor dem Fernseher, und ich wartete, bis die Sendung zu Ende war. Dann fing aber noch ein Film an, und den wollte er auch noch sehen. Ich dachte, das sei gut so. Aber hernach stellte er noch einen Kriminalfilm ein. Das dauerte bis elf Uhr. Dann aßen wir Abendbrot. Nun waren wir aber schon beide müde, und es kam kein rechtes Gespräch mehr auf. Michael wollte noch in eine Kneipe gehen. Da war ich aber schon verärgert und ging nicht mit. Ich ging ins Bett. – Das ist ein wenig charakteristisch für unseren Alltag.

KLAUS: Warst du denn am nächsten Tag ärgerlich auf ihn?

GUNDA: Ich habe das unterdrückt. Michael ist ja sonst sehr lieb. Aber gelegentlich klappt es eben nicht so zwischen uns beiden. Unsere Kommunikation müßte noch ergiebiger werden. Oft ist es so, daß er arbeitet und ich lese. Und dann ißt man gemeinsam und spricht ein wenig. Vielleicht drücken wir uns beide vor dem Gespräch miteinander.

HANNA: War das früher bei euch anders?

GUNDA: Am Anfang schon; Michael hat mir viel über Politik erklärt. Jetzt sprechen wir etwas weniger.

HANNA: Und diese merkwürdigen Zustände im Halbschlaf: Glaubst du, daß diese im Zusammenhang mit deinem Enttäuschtsein zu erklären sind?

GUNDA: Das weiß ich nicht. Ich habe das meistens, wenn ich mich nachmittags hinlege. Eigentlich müßte ich ja für mein Studium arbeiten. Das bringe ich jedoch nicht fertig. Ich bin nicht aktiv genug und habe darum ein schlechtes Gewissen. Dann treten solche Zustände auf. Letzthin erwachte ich allerdings auch mitten in der Nacht und hatte einen ähnlichen Angstzustand. Da hing ein Rock am Fenster, und ich bildete mir ein, da stehe jemand. Es kamen dann Vorstellungsbilder von Händen, die auf mich zukommen, mich ergreifen. Es war furchtbar beängstigend. Ich konnte weder schlafen noch wach bleiben.

TUSCHY: Haben Sie diese Zustände speziell nach ähnlichen Enttäuschungen wie der gestrigen, oder kommt das jetzt allgemein vor?

GUNDA: Es ist im Grunde eine Dauerstimmung, aber bei solchen Vorfällen akzentuiert sich das.

TUSCHY: Sind das eigentliche Depressionen?

GUNDA: Halb Depression, halb Müdigkeit, halb Enttäuschtsein.

TUSCHY: Wer von euch ist gesprächsfähiger, Michael oder Sie?

GUNDA: Ich glaube, wir sind beide gleich. Es hängt von der Situation ab, wer auf den anderen zugeht. Michael ist schon aufgeschlossen und ergreift oft die Initiative zu gemeinsamen Gesprächen oder etwas zu unternehmen.

JÜRGEN: Aber woran liegt es, daß ihr zu wenig Gespräche habt? Liegt es am verschiedenen Tagesrhythmus? Man könnte das doch aufeinander abstimmen. Mußt du morgens zur Arbeit?

GUNDA: Nein. Ich möchte morgens gern mit der Gruppe schwimmen gehen. Sodann sollte ich etwas für mein Studium tun. Ich habe immer Angst, daß ich das nicht schaffe. Jetzt will ich an die Diplomarbeit gehen.

JÜRGEN: Wenn ihr aber eure Schlafenszeiten koordinieren würdet: Wäre es dann eventuell besser?

GUNDA: Wahrscheinlich. Er sollte wohl nicht so lange aufbleiben und dafür morgens mit mir aufstehen, auch zum Schwimmen mitkommen.

LYDIA: Kannst du etwas über deine Studiensituation berichten?

GUNDA: Ich habe mir letzthin überlegt, daß ich noch für ein Semester Stipendium bekomme. Hernach will ich für zwei Semester ein Darlehen aufnehmen. Also sollte ich in anderthalb Jahren meine Diplomarbeit und zwei große Gutachten verfassen und auch für die Prüfung lernen. Ich habe nun ständig Angst, daß ich damit in Zeitnot komme. Ich kann mir nicht recht vorstellen, daß ich mein Studium erfolgreich abschließe, dann eine Stelle bekomme usw.

HANNA: Was studierst du denn?

GUNDA: Psychologie. Das ist auch so eine Sache. Äußerlich verläuft mein Studium wie bei meinen Kommilitonen. Trotzdem habe ich immer das Gefühl, nicht vom Fleck zu kommen.

WOLFGANG: Glaubst du, daß du für dein Studium begabt bist? Ich meine z. B., Menschen zu verstehen etc.

GUNDA: Nein. Im Gegenteil. In den Gruppen z. B. vergesse ich oft, was in vorangegangenen Sitzungen gesagt wurde. In letzter Zeit glaube ich sogar, an Gedächtnisschwäche zu leiden. Wenn ich irgendwo was gehört habe, was mich interessiert, und ich will mich daran erinnern, so kommt das einfach nicht mehr. Besonders ärgere ich mich über mich, wenn in den Gruppen dazu aufgefordert wird, einen Fall zu rekapitulieren: Ich weiß dann keine Einzelheiten mehr und getraue mich nicht, mich zu melden.

HORST: Du sprachst von deiner Diplomarbeit. In welchem Stadium ist die?

GUNDA: Ganz am Anfang. Ich will über die »Psychologie des Mannes« schreiben. Dazu las ich bis jetzt zwei Bücher, die *Psychologie der Frau* von Herrn Rattner und von einer gewissen Illis Plenge *Die Emanzipation des Mannes.*

RATTNER: Bei Ihrer Diplomarbeit wird es viele Interessenten geben!

GISELA: Ist das Thema schon endgültig gewählt?

GUNDA: Ich sprach schon mit dem Assistenten, und der ist damit einverstanden. Ich wollte eben eine Arbeit schreiben und keine Experimente machen.

FALK: Wie viele Bücher mußt du für deine Arbeit lesen?

GUNDA: Es gibt vielleicht sechzig Bücher über dieses Thema. Aber ich werde nur einen Teil davon lesen müssen.

HORST: Hast du schon einen Termin für deine Arbeit?

GUNDA: Nein. Wenn ich ein Konzept habe, hole ich mir einen Termin. Man hat ein Jahr Zeit für eine solche Arbeit. Sie soll zwischen 50 und 150 Seiten haben.

GISELA: Hast du schon mit Leuten über dieses Thema gesprochen? Wie findet man das allgemein?

GUNDA: Fast alle finden das Thema gut.

TUSCHY: Wir werden jedenfalls alle hernach Ihre Arbeit lesen!

FALK: Hat das einen besonderen Grund, daß du keine experimentelle Arbeit gewählt hast?

GUNDA: Ja, ich mag Experimente nicht, sowohl aus Überzeugung als auch aus emotionalen Gründen. Literaturstudium ist mir lieber.

FALK: Kannst du uns dein Arbeitsverhalten, deine Arbeitsfähigkeit schildern? Wie ist so ein typischer Tagesablauf von dir?

GUNDA: Wenn es ideal ist, gehe ich morgens mit der Gruppe schwimmen. Nachher möchte ich nach Hause, um zu arbeiten. Aber dann fange ich an zu überlegen: Was soll ich denn nun zuerst tun? Ich versuche, mir einen Plan zu machen. Den verwerfe ich dann wieder. Nachher meine ich, es ist sowieso sinnlos, einen Plan machen zu wollen. Also einfach arbeiten? Das gelingt mitunter. Ich sitze dann über einem Buch und mache Auszüge. Oder ich fahre ins Institut und lese. Aber mehr als zwei Stunden halte ich das nicht aus. Dann wird es Mittagszeit, und ich gehe essen. Nach dem Essen kommt die kritische Phase: Ich werde müde. Nun folgt der innere Kampf: Schaffe ich es, aufzubleiben und etwas zu tun, oder lege ich mich hin. Meistens lege ich mich hin, vor allem dann, wenn ich nicht mit Leuten zusammen bin, die mich irgendwie stimulieren. In der letzten

Zeit war ich nachmittags bei Michael, und da konnte ich doch lesen. Aber das geht nur gegen innere Widerstände. Die Arbeit ist ein großes Problem bei mir.

HANNA: Hast du guten Kontakt mit den Leuten im Psychologischen Institut?

GUNDA: Ja, zum Teil. Wir haben z. B. eine Arbeitsgruppe, die jede Woche einmal stattfindet. Das geht über das Thema »Pädagogik«, jeder referiert einmal, und dann wird diskutiert. Dann haben wir wöchentlich eine Selbsterfahrungsgruppe, in der wir Gruppendynamik studieren. Persönlichen Kontakt habe ich mit einer Kommilitonin speziell. Die kenne ich schon vom Studienbeginn her.

HORST: Bist du viel allein, von den Arbeitskontakten abgesehen?

GUNDA: Mit den Institutsleuten habe ich nicht so viel zu tun. Mit denen kann man oft gar nicht so gut Kontakte pflegen.

HANS: Hast du Freundschaften sonst?

GUNDA: Ja. Hier in der Gruppe. Z. B. mit Roswitha. Dann habe ich noch eine Freundin in Westdeutschland. Und sonst noch »Gruppenleute«.

MARIA: Ich habe noch eine Frage über dein Unbehagen beim Lesen. Würdest du denn lieber etwas anderes tun, oder möchtest du dann nur schlafen?

GUNDA: Ja, schlafen. Aber vor dem Schlafen habe ich auch Angst. Wenn ich mich so nachmittags hinlege, so führt das eben zu dieser Depersonalisation. Ich bin dann nicht mehr ich selbst. Und habe Alpträume. Und ein schlechtes Gewissen.

GISELA: Also erholst du dich bei dem Nachmittagsschlaf gar nicht?

GUNDA: Ja. Es ist keine Erholung, denn abends bin ich gleichwohl rasch müde.

GISELA: Wie wäre es denn da mit Spazierengehen, anstatt zu schlafen?

GUNDA: Vielleicht wäre das gut. Aber ich kann mich dazu nicht aufraffen. Ich finde das dann sinnlos.

JÜRGEN: Ist die Möglichkeit ausgeschlossen, daß diese starke Ermüdbarkeit auf ein körperliches Leiden zurückzuführen ist? Wurde da eine ärztliche Untersuchung vorgenommen?

GUNDA: Mehrmals und gründlich. Ich bin körperlich gesund.

WOLFGANG: Was du bisher erzählt hast, knüpft ja typisch an

deine ganze Vergangenheit an. Das ist ja so das Lebensgefühl, aus dem du herkommst. Als die Beziehung zu Michael vor zwei Monaten anfing, meine ich, dich glücklicher und gelöster als sonst gesehen zu haben. Jetzt rutschst du wieder in deine alte Grundstimmung hinein. Siehst du das nicht auch so?

GUNDA: Ich glaube, du hast recht. Ich war da einfach optimistischer.

WOLFGANG: War denn da eure Kommunikation anders? Euer Tagesablauf?

GUNDA: Nein. Ich fühlte mich wohl anders.

FALK: Konntest du in der Zeit besser arbeiten?

GUNDA: Nein, auch nicht.

TUSCHY: Gibt es etwas, was Sie noch an Michael stört?

GUNDA: Ja, einige Eigenarten. Z. B. morgens ißt er nichts. Und abends spät hat er immer noch den Drang, wegzugehen. Er bleibt abends zu lange auf, dann kommt er morgens nicht aus dem Bett 'raus. Er nimmt sich immer vor, früh aufzustehen und auch zum Schwimmen zu kommen. Und wenn ich ihn dann früh wecke, ist er müde und sagt: Ach, laß mich doch schlafen!

TUSCHY: Gehen Sie dann ohne ihn schwimmen?

GUNDA: Ja. Aber ich hätte ihn gern dabei.

GISELA: Das sind aber nur oberflächliche Dinge, die dich stören. Wenn es nur das ist!

GUNDA: Nun ja, so viel stört mich ja an ihm nicht. Ich finde ihn sehr liebenswürdig und nett.

RATTNER: Wollen Sie nicht einen Selbstdeutungsversuch machen, Gunda? Sie sind schon lange bei uns und wissen viel über Psychoanalyse und Psychotherapie. Was liegt bei Ihnen vor? Warum diese Verstimmungen, diese Alpträume? Wir können zwei Gesichtspunkte geltend machen bei solchen Fragen, den kausalen und den finalen. Wir fragen: Warum und woher hat Gunda solche Stimmungen (Ursache)? Sodann fragen wir aber auch: *Wozu* macht sie solche Stimmungen? Was will sie damit? Zunächst müssen wir klären, ob an Michael tatsächlich viel Störendes ist. Wir hören von Gunda nicht sehr viel Relevantes. Aus meiner Einschätzung der Situation möchte ich sagen, daß das im Grunde eine ganz gute Liebschaft ist. Wenn Gunda es mit dem vergleicht, was sie vorher hatte, dann ist die Freundschaft mit Michael wirklich akzeptabel, trotz seiner Eigenarten. Nun könnten wir nach Gundas Kindheit fragen und von dorther ihre leichte Neigung zu Verstimmungen begründen. Das haben wir früher schon getan und schenken es uns jetzt. Wir wollen aber wissen, »zu welchem Zweck« sie solche unguten Gefühle in sich hervorruft. Was meinen Sie, Gunda: Welche unbewußte Intention ist da im Spiel? Deuten Sie selbst Ihr Unbewußtes!

Alpträume z. B. erzeugt man selbst durch eigene psychische Aktivität. Man produziert sie buchstäblich und erzielt damit eine Rückwirkung auf das eigene Gemüt, die man im Kampf mit der Umwelt brauchen kann. Man bewegt sich auf einer bestimmten Linie im Leben voran. Gefühle und Stimmungen sollen uns auf dieser Linie halten, sollen unseren »Lebensstil« bekräftigen. Wo steuert Gunda hin? Können Sie sich selbst auf die Schliche kommen?

GUNDA: Ich mache mir schon irgendwelche Gedanken. Ist etwa mein Alptraum ein Versuch, aus der Kooperation auszubrechen? Sehr kooperativ bin ich nicht. In der Zusammenarbeit mit anderen will ich es immer besser machen als sie. Oder ich möchte mich so hilflos hinstellen, daß sich alle um mich sorgen müssen. Ich schwanke zwischen diesen beiden extremen Haltungen, zwischen Ehrgeiz und Hilflosigkeit. Ich will gern bedauert werden. Oder andere sollen es für mich machen. Hinsichtlich meiner Diplomarbeit habe ich zügellose Vorstellungen, wie gut die werden soll. Aber da ich es nicht so perfekt machen kann, fange ich gar nicht an mit dem Schreiben. Und dann sage ich mir: Ach, ich tauge ja doch nichts, ich kann ja gar nichts. Ich finde mich einfach nicht zurecht.

MARIA: Und warum stemmst du dich jetzt gegen Michael? Irgendeine Abwehr steckt doch da drin.

GUNDA: Wenn ich ehrlich bin, habe ich einen untergründigen Groll gegen ihn, weil ich mich vernachlässigt fühle. Ich stelle eben hohe Ansprüche, vielleicht zu hohe. Wenn er nicht auf mich eingeht, bin ich gleich verstimmt. Er hat schon zu mir gesagt, ich sei besitzergreifend. Ich weiß aber nicht, ob er da recht hat oder nicht.

HANS: Du hast aber doch in früheren Gruppensitzungen zugegeben, daß du Neigungen zum Besitzergreifen hast.

GUNDA: Das kann sein. Ich stecke voller Wunschvorstellungen. Wahrscheinlich müßte Michael perfekt sein, um allen meinen Ansprüchen genügen zu können. Wenn irgend etwas bei uns schiefgeht, werde ich gleich sauer, und zwar auf ihn.

WOLFGANG: Aber ungeachtet dieser großen Ansprüche hast du Schwierigkeiten, eine konkrete Forderung zu äußern, nicht wahr? Du denkst dir das dann alles nur! Z. B. gestern beim Fernsehen hättest du ja auch was sagen können. Statt dessen brütest du noch mehr Vorwürfe aus.

GUNDA: Ich meine eben immer, er müßte das doch selbst wissen. Und anschließend überfällt mich das Selbstmitleid: Ich fühle mich wieder einmal schlecht behandelt.

RATTNER: Woran scheiterten denn die früheren Liebesbeziehungen in Ihrem Leben? Wie machten Sie es nur, um solche Beziehungen zu zerstören? Wie stellen Sie sich selber dabei ein Bein? Kann man da einen roten Faden erkennen?

GUNDA: Zuerst beginne ich die Liebschaft optimistisch. Aber bald fange ich an zu denken: Der Mann paßt ja doch nicht zu mir. Ich werde dann unruhig, wirke besitzergreifend und aggressiv. Wenn man sich, meiner Meinung nach, nicht genügend um mich kümmert, schwanke ich zwischen Depressionen und Aggressionen. Dann kommt es zum Bruch, entweder von meiner oder von der anderen Seite.

RATTNER: In welchem Stadium der Entwicklung sind Sie jetzt bei Michael?

GUNDA: Ich weiß es nicht. Rückzugstendenzen sind da. Ich male mir manchmal aus: Wenn ich mich von ihm zurückziehe, dann wird er schon sehen, was er an mir verloren hat.

RATTNER: Gunda webt an ihrem Schicksal. Sie greift immer wieder zielbewußt (natürlich unbewußt) auf Erfahrungen zurück, die ihr schon geläufig sind. In ihren Liebschaften herrscht tatsächlich so etwas wie ein »Wiederholungszwang«. Das geht immer ziemlich ähnlich: Die Liebschaft beginnt, dann plötzlich kommt die Unruhe über sie; anstatt sich für die Beziehung einzusetzen, läßt sie sich in die Pose des klagenden Kindes fallen und reagiert mit Klage, Anklage und Trauer. Dann beschwört sie völlig irreal Angstzustände, Verarmungsgefühle, Schwäche und Müdigkeit herauf. Hat sie sich in diese unglückselige Stimmung genügend eingefühlt, so gibt ihr das den Impuls, anklagend und aggressiv zu werden. Sie wird scharf gegen den Partner. Es ist oft an den Haaren herbeigezogen, was sie so unzufrieden macht. Wenn ich Michael an Gundas früheren Partnern messe, so meine ich, man könnte mit ihm ein ruhiges Verhältnis aufbauen. Aber das kann Gunda noch nicht. Die Klage-Anklage-Pose gefällt ihr noch besser. Das ist leichter, als sich mit dem Leben auseinanderzusetzen. Irgendwie muß sie in der Kindheit eingeübt haben: Wenn ich jammere, dann kommt jemand und nimmt mir die Lasten ab! Das versucht sie nun weiterhin so zu arrangieren. Darum kann sie auch nicht arbeiten. Es liegt gar nicht in ihrem Konzept, arbeiten zu können. Denn das hieße, alles Selbstmitleid beiseite schieben. Und auch in der Liebesbeziehung setzt sich diese Tendenz durch. Sie plagt den Partner dann mit irrationalen Kritiken und Unduldsamkeiten, anstatt das Verhältnis aufzubauen. Jeder muß seinen Partner ein Stück weit auf sich hin erziehen. Man muß sich aneinander anpassen. Mit elegischen Gefühlen, mit demonstrativer Trauer hilft man dem anderen nicht über seine Schwächen hinweg.

Da liegt offenbar ein Irrtum in der unbewußten Zielsetzung, der sich bei genauerer Untersuchung von Gundas Kindheits- und Erziehungssituation wohl erklären lassen würde. Wenn Schwierigkeiten im Leben auftauchen, dann setzt sie sich hin und döst. Oder sie hat Alpträume! Und wenn sie Alpträume hat, dann wird sie auch in Kampfstimmung sein und Michael mit Attacken der Unzufriedenheit und des Unmuts heimsuchen. Die Liebesbeziehung wird dann zu einem Machtkampf.

Manche Kinder bekommen noch am ehesten Liebe in einem lieblosen Milieu, wenn sie sich klein und schwach stellen. Wenn das bei Gunda so war, dann ist sie bis heute noch nicht davon losgekommen. Sie packt das Leben nicht an, sondern läßt sich in die Hilflosigkeit zurücksinken – man soll ihr die Last abnehmen! Die Müdigkeit paßt zu dieser Charakterhaltung. Es ist nicht sehr produktiv, die Welt anzujammern und anzuklagen. Das führt zu nichts. Auch wenn man mit solchen Mitteln mehr Liebe vom Partner erzwingen will, erzeugt man auf seiner Seite nur Unruhe und das Bedürfnis, sich abzusetzen. Liebe erhält eher noch der Freudige, Freundliche, Gebebereite. Wenn jemand die

Haltung des hilflosen Kindes demonstriert, gibt man ihm nicht Liebe, sondern höchstens Mitleid, und auch das nicht immer. Wer nun die Hilflosigkeit trainiert hat, muß dort versagen, wo er als aktiver, strebender, selbständiger Mensch auftreten sollte. Denn das hieße ja: erwachsen sein, die Härten des Lebens auf sich nehmen, gestalten und bauen an der Wirklichkeit. Klagendes Kind sein ist leichter. Auf Trost spekulieren ist einfacher. Im übrigen: Wo Klage ist, ist die Anklage nicht weit entfernt. Depressive Menschen sind oft sehr aggressiv – auf ihre Weise. So gelingt es ihnen immer wieder, auf Umwegen den anderen weh zu tun.

Wenn jemand arbeitsfähig werden will, so muß er das trainieren, er muß sich bemühen, Schritt für Schritt vorwärts zu gehen. Wenn jemand liebesfähig werden will, muß er lernen, tolerant zu sein, die Schwächen des Partners als Gegenstand der Auseinandersetzung anzunehmen und nicht zu verurteilen. Ohne Konzilianz ist eine Partnerschaft unmöglich.

Es ist oft erstaunlich, wie lange die Analysanden bei uns brauchen, bis sie von ihrer Kindheitsschablone loskommen. Man fällt immer wieder in die alten, gewohnten Verhaltensweisen zurück. Der in der Kindheit erworbene »Lebensstil« ist hartnäckig. Er setzt sich in der Arbeit und in der Liebe und im Sozialkontakt durch. Es ist schwer, den Charakter umzubauen. Gunda hat die Charakterformel »gewählt«: »Ich bin nicht für die Schwierigkeiten dieses Lebens gemacht. Mir muß man entgegenkommen! Ich habe Forderungen zu stellen! Denn ich bin ja so schwach und traurig!« Wo führt das nun hin? Wir brauchen doch eigentlich Menschen, die die Steine im Leben wälzen, nicht solche, die sich angesichts einer Schwierigkeit hinsetzen und weinen. Gunda muß nicht verzagen, sie kann mitarbeiten an der Gestaltung der Welt. Sie ist gesund und tüchtig, sie versteht etwas von Psychologie. Auch ihr Interesse an diesem Studium ist groß. Sie hat mehr Kräfte, als sie weiß. Aber die Kräfte passen nicht ins Konzept. Das andere – das Jammern – scheint der leichtere Weg zu sein. Aber die leichten Wege werden teuer bezahlt. Darum soll Gunda die geradlinigere Auseinandersetzung mit dem Leben wagen. Man muß sich nicht fallen lassen! Wenn die Liebschaft mit Michael weiterbestehen soll, so muß er eben derart beeinflußt werden, daß Kommunikation möglich ist. Jedenfalls soll man das versuchen. Wenn es nicht geht, muß man keine Alpträume provozieren. Man kann das auch rational durcharbeiten. Komme ich mit Michael zurecht? Wie ist er, verglichen mit meinen früheren Liebespartnern? Ich persönlich glaube, daß sich ein Verhältnis zwischen Gunda und Michael als sinnvoll erweisen wird. Zumindest für einige Zeit: Man muß ja nicht heiraten. Gunda verliert sich wohl in Illusionen. Sie träumt vom riesengroßen Glück und läßt dabei eine wichtige Liebschaft scheitern. Übergroße Wunschträume sind realitätsfeindlich. Sie verhindern, daß man die möglichen Freuden des Lebens genießt.

FALK: Ich finde, was Sie eben beschrieben haben, kommt auch in Gundas Stimme zum Ausdruck. Man empfindet diese stets als traurig und zaghaft. Sie gibt sich klagend.

GUNDA: Ich habe das selbst auch empfunden, konnte es aber nicht abstellen.

RATTNER: Der »Lebensstil«, das unbewußte Lebensprogramm ist derart penetrant, daß es in allen Lebensäußerungen für den Kundigen zum Vorschein kommt. Auch die Körperhaltung kann das zum Ausdruck bringen. Der entmutigte Mensch kommt schon so daher, daß man von weitem die Botschaft vernimmt: Von mir dürft ihr nicht viel erwarten! Ich bin klein und hilflos, ich bin ein ganz Armer! Diese Fehlhaltungen sollen wir auch, aber nicht nur, an den Äußerlichkeiten korrigieren. Wer wird sich denn so klein geben! Gunda ist tüchtiger, als sie meint. In Zeiten, in denen sie aktiv war, konnte sie schon einiges vorweisen. Gunda wurde auf uns durch die Beratungsstelle der Technischen Universität aufmerksam gemacht. Wenn ich den entsprechenden Assistenten treffe, macht er mir große Komplimente wegen Gundas Fortschritten. Sie sei in den Seminaren total verändert. Sie spreche frei und auch gut. Ihre Argumente seien immer stichhaltig. Gunda weiß viel und kann viel. Aber sie ist noch nicht in der Lage, das nutzbar zu machen. Sie muß auf die Trauerhaltung verzichten und ein »Mitspieler« werden. Das gibt mehr Freude als die sadomasochistische Rolle. Wenn die Mitmenschen Mitleid mit einem haben, so verschafft das wenig Genugtuung. Es ist ein billiger Triumph, eine Lebensmethode auf der Ebene der Regression. Man ist dann nicht Herr der Lage. Das kann man nur werden, wenn man sich regelrecht dem Leben stellt. Hierzu muß man Vernunft, Gefühl und Einsicht zu Hilfe nehmen. Beachten wir den Verlauf dieser Therapiesitzung. Gunda hat uns ein Problem vorgetragen, das unser Mitgefühl in Bewegung setzen sollte. Wir gingen darauf ein, aber wir haben kein Mitleid empfunden, sondern appellierten an Gunda, das Leben anzugehen. Wir ließen uns nicht auf das Niveau des bloßen Mitfühlens ein. Das ist der Sinn von Freuds berühmter Formel, daß die Therapie »in der Versagung« stattfinden müsse. Was soll das bedeuten? Der Analysand hat ein unbewußtes Projekt. Er will eine bestimmte Stimmung in seinem Gegenüber erzeugen, die ihn in seiner Lebenseinstellung bekräftigen kann. Z. B. er will Mitleid hervorrufen. Gunda liegt auf dieser Linie. Wenn man ihr zuhört, kommt leicht das Gefühl auf: Die arme Gunda, wir müssen besonders lieb zu ihr sein und nichts von ihr fordern! Wir hören diese Botschaft wohl, aber wir gehen nicht darauf ein. Es entsteht Hilfsbereitschaft in uns, aber nicht auf der Regressionsebene des Analysanden, sondern auf der Ebene des Appells zum Erwachsensein. Via Mitleid allein kann man nicht helfen. Die Therapie muß in einer mittleren, wohldosierten Gefühlslage stattfinden. Wir lassen den Analysanden nicht das Kind sein, das er einmal war und zwanghaft weiterhin bleiben will. Wir wollen eine erwachsene Gunda vor uns haben. So arbeiten wir in der Therapie, daß wir diese Zielvorstellung im Auge behalten und sie mit der neurotischen Zielsetzung des Analysanden konfrontieren. Wir müssen in jedem Fall lernen zu erfassen: Wie will der Analysand uns in seinem neurotischen Konzept haben? Und darauf gehen wir gerade nicht ein! Wir erziehen emotional durch »Versagung«, aber wir geben dem Analysanden die Möglichkeit, mit uns realistisch seine Situation durchzudenken und sich dann aktiv mit dem Leben und den Mitmenschen auseinanderzusetzen.

Literaturverzeichnis

ADLER, A.: *Über den nervösen Charakter,* Wien 1912
—: *Menschenkenntnis,* Frankfurt 1965
BENEDETTI, G.: »Die Angst in psychiatrischer Sicht«, in: *Die Angst,* Zürich 1959
BRAUN, L.: *Herz und Angst,* Wien 1932
CONDRAU, G.: *Angst und Schuld als Grundprobleme der Psychotherapie,* Bern 1962
FREUD, S.: *Hemmung, Symptom und Angst,* IMAGO London, Bd. 14, 1944
FROMM, E.: *Die Furcht vor der Freiheit,* Frankfurt 1966
HEDIGER, H.: »Die Angst des Tieres«, in: *Die Angst,* Zürich 1959
HELLNER, H.: *Über die Angst,* Stuttgart 1969
KIERKEGAARD, S.: *Der Begriff Angst,* Hamburg 1960
—: *Furcht und Zittern,* Hamburg 1961
—: *Die Krankheit zum Tode,* Hamburg 1962
KUNZ, H.: »Zur Anthropologie der Angst«, in: *Aspekte der Angst,* München 1972
PFISTER, O.: *Das Christentum und die Angst,* Zürich 1949
RICHTER, H. E.: »Zur Psychoanalyse der Angst«, in: *Aspekte der Angst,* München 1972
SPITZ, R.: *Die Entstehung der ersten Objektbeziehungen,* Stuttgart 1957
ZULLIGER, H.: *Die Angst des Kindes,* Frankfurt 1970
Die Angst, Studien aus dem C.-G.-Jung-Institut mit Beiträgen von Benedetti, Benz, Hediger, Jores, Schwarz, Neumann, Zulliger, Überwasser, Zürich 1959
Die politische und gesellschaftliche Rolle der Angst, mit Beiträgen von Fröhlich, Kanthack, Kleining, Milgram, Mühle, Nitschke, Schoene, hrsg. v. H. Wiesbrock, Frankfurt 1967

Weitere Bücher von Josef Rattner

Psychologie des Vorurteils

Eine tiefenpsychologische Untersuchung über das voreingenommene Denken und die autoritäre Persönlichkeit. Zürich/Stuttgart 1971.

Was ist Schizophrenie?

Psychologie und Psychotherapie schizophrener Erkrankungen. Zürich/Stuttgart 1964.

Der nervöse Mensch und seine Heilung

Charakterkunde und Psychotherapie des Nervösen. Zürich/Stuttgart ^{2}1969.

Psychologie der Frau

Die moderne Frau zwischen Mythos und Wirklichkeit. Zürich/Stuttgart 1969.

Verwöhnung und Neurose

Seelisches Kranksein als Erziehungsfolge. Eine psychologische Interpretation zu Gontscharows Roman «Oblomow». Zürich/Stuttgart 1968.

Erziehe ich mein Kind richtig?

Einführung in die tiefenpsychologische Kindererziehung. Zürich/Stuttgart ^{2}1970.

Tiefenpsychologie und Humanismus

Psychologische Untersuchung über Mensch und Menschlichkeit heute. Zürich/Stuttgart 1967.

Psychosomatische Medizin heute

Einführung in die seelischen Ursachen körperlichen Krankseins. Zürich/Stuttgart ^{2}1969.

Große Pädagogen

Eine Geschichte der Pädagogik der Neuzeit. München/Basel ^{2}1968.

Individualpsychologie – eine Einführung in die tiefenpsychologische Lehre von Alfred Adler

München 1971.

Das Wesen der schizophrenen Reaktion

Mit dem Hauptpreis der Medizinischen Fakultät Zürich für das Jahr 1961 ausgezeichnet. Eine tiefenpsychologische Untersuchung über die seelische Verursachung von Geisteskrankheiten. München/Basel 1963.

Kafka und das Vaterproblem

Psychologische Interpretation von Kafkas «Brief an den Vater» im Zusammenhang mit dem Vaterproblem in der Neurose. München/Basel 1964.

Alfred Adler in Selbstzeugnissen und Bilddokumenten

Reinbek bei Hamburg 1972.

Psychotherapie als Menschlichkeit

Olten/Freiburg 1972.

Der schwierige Mitmensch

Seelenärztliche Erfahrungen zur Selbsterkenntnis, Menschenkenntnis und Charakterkunde. Olten/Freiburg 1971.

Aggression und menschliche Natur

Individual- und Sozialpsychologie der Feindseligkeit und Destruktivität des Menschen. Olten/Freiburg 1970.

Psychologie der zwischenmenschlichen Beziehungen

Einführung in die neopsychoanalytische Sozialpsychologie von H. S. Sullivan. Olten/Freiburg 1969.

Tiefenpsychologie und Politik

Einführung in die politische Psychologie. Freiburg 1970.

Psychologie und Psychopathologie des Liebeslebens

München 1970.

Gruppentherapie – die Psychotherapie der Zukunft

Bergisch Gladbach 1972.

7–1–4–8–2